LIGUE DES SOCIÉTÉS DE LA CROIX-ROUGE

CONFÉRENCE

DES CROIX-ROUGES

DE

L'EUROPE ORIENTALE

VARSOVIE, 9-14 Avril 1923

7, Rue Quentin-Bauchart

PARIS

LA CONFÉRENCE DE VARSOVIE

9-13 Avril 1923

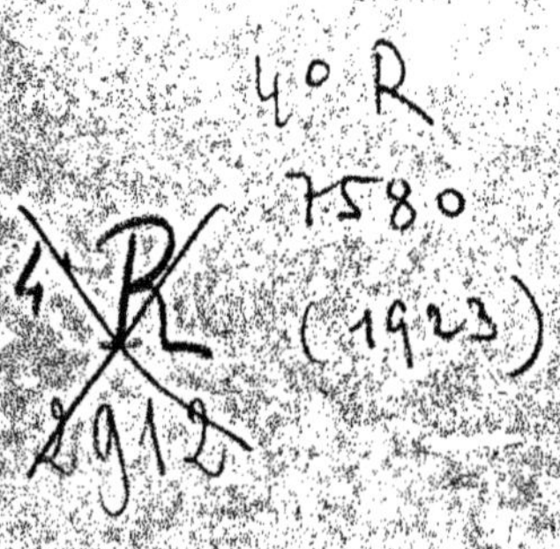

LA

CONFÉRENCE DE VARSOVIE

9-13 Avril 1923

COMPTE RENDU
RÉSOLUTIONS
RAPPORTS

BUREAU

Président d'honneur : M. le Dr CHODZKO, Ministre de l'Hygiène.

Président : Dr PROCHAZKA, Croix-Rouge tchéco-slovaque.

Vice-présidents : Mme STURDZA, Croix-Rouge roumaine; M. ZABOROWSKI, Croix-Rouge polonaise; Dr JOKSIMOVITCH, Croix-Rouge serbo-croato-slovène; Dr LEESMENT, Croix-Rouge esthonienne.

Secrétaire : Dr HUMBERT, Ligue des Sociétés de la Croix-Rouge.

DÉLÉGUÉS

Croix-Rouge bulgare : Professeur S. Kirkovitch.

Croix-Rouge de Dantzig : Dr Stade.

Croix-Rouge esthonienne : Dr Leesment, président; M. Amberg.

Croix-Rouge hongroise : Dr de Szukovathy.

Croix-Rouge lettone : Dr Matvejs.

Croix-Rouge polonaise : Général Haller, président; M. S. Zaborowski, président de la Direction générale; Professeur Krynski; M. Vladimir Krynski, ingénieur; Dr Alkiewicz; la Comtesse Tarnowska.

Croix-Rouge roumaine : Mme Sturdza, vice-présidente; M. Romanesco, chargé d'affaires.

Croix-Rouge serbo-croato-slovène : Dr Yoksimovitch, secrétaire général; Dr Rouviditch.

Croix-Rouge tchéco-slovaque : Dr V. Prochazka, vice-président; M. O. Dorazil.

SECRÉTARIAT DE LA LIGUE
DES SOCIÉTÉS DE LA CROIX-ROUGE

Dr René Sand, Secrétaire général; Dr F. Humbert; Capitaine Petersen.

INVITÉS

Croix-Rouge albanaise : Dr Sadeddin, directeur.

Croix-Rouge autrichienne : Dr Lamberger; Dr Viola.

Croix-Rouge britannique : Lady Muller.

Croix-Rouge finlandaise : M. de Gripenberg, secrétaire général.

Croix-Rouge française : Dr Baron, médecin-major de 1re classe.

Croix-Rouge suédoise : Général Jungstedt, vice-président.

Commission en Europe de la Croix-Rouge américaine de la Jeunesse : Miss E. Benedict; Miss Howarth.

Comité International de la Croix-Rouge de Genève : Mme Chapponnière-Chaix; M. Clouzot (représentant aussi l'Union Internationale de Secours aux enfants).

Société des Nations : Dr Rajchman.

Bureau International du Travail : M. Adam Rose.

Commission d'Études du Secrétariat international des Mouvements de la Jeunesse : M. Wyss, secrétaire général.

Ministère polonais de l'Hygiène : Dr Chodzko; Dr Sztoloman; Dr Trenkner.

Ministère polonais de la Guerre : Général Zwierzchowski; Général Trzemeski.

Ministère polonais du Travail et de la Prévoyance sociale : Dr Kuncewicz.

Comité polono-américain de secours aux enfants : Dr Gromski.

Société varsovienne contre la Tuberculose : Dr Dombrowski.

Ligue polonaise pour la lutte contre la dégénérescence de la race : Dr Wernic.

COMPOSITION DES COMMISSIONS

Première et quatrième Commissions.

Président : M. Sigismond Zaborowski, Croix-Rouge polonaise.

Secrétaire : Capitaine Carl Petersen, délégué de la Ligue des Sociétés de la Croix-Rouge.

Membres :

Lady Max Muller, Croix-Rouge britannique.
M. le Dr Baron, Croix-Rouge française.
M. Vladimir Krynski, Croix-Rouge polonaise.
M. O. Dorazil, Croix-Rouge tchécoslovaque.
M. Amberg, Croix-Rouge esthonienne.
Mme Sturdza, Croix-Rouge roumaine.
M. Romanesco, Croix-Rouge roumaine.
M. Joksimovitch, Croix-Rouge serbo-croate-slovène.
M. le Dr Sadeddin, Croix-Rouge albanaise.
M. Adam Rose, Bureau international du Travail.

Deuxième Commission.

Président : M. le Dr Joksimovitch, Croix-Rouge serbo-croate-slovène.

Secrétaire : M. le Dr Humbert, délégué de la Ligue des Sociétés de la Croix-Rouge.

Membres :

M. de Gripenberg, Croix-Rouge finlandaise.
M. le Dr Rajchman, directeur médical de la Société des Nations.
M. E. Clouzot, Union internationale de secours aux enfants et Comité international de la Croix-Rouge.
M. le Dr H. Leesment, Croix-Rouge esthonienne.
M. le professeur Léon Krynski, Croix-Rouge polonaise.
M. le Dr Lamberger, Croix-Rouge autrichienne.
M. le Dr Stztolzcman, ministère de la Santé publique en Pologne.

LA CONFÉRENCE DE VARSOVIE

L'idée des Conférences régionales des Sociétés de la Croix-Rouge poursuit son chemin et son succès. Après la Conférence de Bangkok qui groupait sept Sociétés d'Extrême-Orient, celle de Varsovie vient de réunir toute la ceinture d'États réorganisés qui, à l'est de l'Europe, s'étend des côtes albanaises à la mer Baltique; on voit s'ébaucher déjà l'organisation de la Conférence des Croix-Rouges de l'Amérique latine et le renouvellement des Conférences régionales de l'Extrême-Orient et de l'Europe orientale. Il est indéniable que les problèmes traités dans leurs grandes lignes aux Conférences internationales et aux Conseils généraux de la Ligue gagnent à être étudiés et élucidés de plus près dans leurs détails locaux d'application, par des groupes de pays géographiquement et économiquement voisins. Ces études détaillées permettent non seulement de précieux échanges d'idées entre les Sociétés nationales, mais elles apportent encore au Secrétariat de la Ligue d'utiles renseignements sur la meilleure manière dont il doit organiser son service d'intermédiaire, son rôle d'organe centralisateur d'information et d'organisation. Et puis, comme l'a excellemment dit le Dr Prochazka, ces Conférences régionales aident à franchir l'étape nécessaire à l'établissement d'une entr'aide réelle entre Sociétés nationales, par des rapprochements personnels et par le rapprochement des peuples. Cet esprit de collaboration et de réelle solidarité s'est manifesté d'un bout à l'autre de la Conférence. C'est grâce à lui qu'il a été possible d'aboutir si rapidement à des conclusions unanimes sur de nombreuses et importantes questions. L'une des principales était la fixation et la précision des rapports entre les Sociétés nationales et leurs gouvernements respectifs. Cette question d'organisation fut traitée à la fois par la 1re et par la 2e commission. Celle-ci eut à toucher ce sujet en s'occupant de la question des épidémies, après avoir entendu avec le plus vif intérêt un exposé captivant et richement documenté du Dr Rajchman sur la situation épidémique actuelle dans toute l'Europe. On a pu constater un accord complet entre les conclusions du Dr Rajchman et les déductions finales du rapport présenté par le Dr Podhorecki et le professeur

Krynski de la Croix-Rouge polonaise, sur la participation de la Croix-Rouge à l'action gouvernementale.

Il est clair que l'État doit garder la haute main dans toute lutte anti-épidémique; les résolutions adoptées par la Conférence l'ont clairement exprimé, mais l'action adjuvante de la Croix-Rouge ne peut pas être négligée. Si l'effort financier des pouvoirs publics, dans leur action permanente, est hors de proportion avec tout ce que peuvent jamais espérer de réunir les Croix-Rouges, il est certain que des organisations bénévoles peuvent apporter une aide immédiate en organisant des secours d'urgence, comme l'a rappelé le Dr Rajchman en citant l'œuvre de secours organisée en faveur des réfugiés de Constantinople. De plus, la Croix-Rouge peut assumer une grande responsabilité et accomplir un travail important pour prévenir les épidémies, en organisant la propagande de l'hygiène personnelle et collective, en répandant surtout dans les campagnes les notions essentielles à la préservation contre la maladie. Le professeur Kirkovitch, de la Croix-Rouge bulgare, a donné des exemples frappants de la participation de la population des villages à la lutte anti-épidémique, et le rôle que peut jouer la Croix-Rouge dans l'éveil de cette activité consciente fut dûment souligné.

Le Dr Lamberger, de la Croix-Rouge autrichienne, fit, au sujet de la coordination internationale des secours, diverses propositions qui trouvèrent leur écho dans les résolutions adoptées par la Conférence.

La discussion sur l'organisation de la Croix-Rouge a bénéficié dans diverses commissions de la présence de représentants autorisés des ministères polonais de la Guerre, de l'Hygiène, du Travail et de la Prévoyance sociale, de représentants des grandes institutions internationales, Comité International de la Croix-Rouge, Société des Nations, Bureau International du Travail, Commission en Europe de la Croix-Rouge américaine de la Jeunesse, et d'Associations volontaires telles que la Société polonaise contre la tuberculose, la Société contre la dégénérescence de la race, etc.

Le Dr Chodzko, ministre de l'Hygiène, président d'honneur de la Conférence, a relevé l'importance de cette collaboration des gouvernements et des organisations volontaires, en prononçant deux cordiales allocutions aux séances d'ouverture et de clôture. On ne parla pas seulement des relations entre les Sociétés de Croix-Rouge et les gouvernements, mais on discuta également les relations entre les associations bénévoles, et il est fort intéressant de constater que, comme à la Conférence régionale de Bangkok, l'assemblée adopta à l'unanimité le principe des Conseils nationaux d'hygiène qui se sont montrés si utiles dans les pays où ils ont pu être organisés. Une question de toute importance fut soulevée en outre par les délégués de la Croix-Rouge serbo-croato-slovène, qui demandèrent que des conventions internationales écartent toutes les difficultés qui ont entravé dans le passé les œuvres d'entraide créées par la Croix-Rouge en faveur des orphelins et des réfugiés. Enfin, l'activité permanente de la Croix-Rouge en temps de paix fut étudiée d'une façon particulièrement approfondie par la 3e commission, qui se mit d'accord sur le meilleur système pour activer en Europe orientale la formation du plus grand nombre possible d'infirmières visiteuses. On insista, comme en maintes autres occasions, et ce point mérite d'être relevé, sur l'importance de l'œuvre des infirmières dans les campagnes, et de la propagande d'hygiène jusque dans les districts les plus reculés. « Cette participation universelle, cette ramification de la Croix-Rouge dans tous les villages, a dit le Président, est indispensable à notre travail. Ce but ne peut être atteint que par la propagande, et c'est pourquoi nulle Croix-Rouge ne peut aujourd'hui se soustraire à cette obligation. »

La Conférence, constatant encore les progrès remarquables faits par la Croix-Rouge de la Jeunesse en Europe orientale, décida, pour accentuer et coordonner encore cette marche ascendante, de convoquer à Vienne, en septembre 1923, une Conférence européenne des Croix-Rouges de la Jeunesse.

La question de l'enseignement populaire de l'hygiène fut présentée avec ampleur, et l'on entendit des rapports excessivement complets de la part des membres de la Croix-Rouge tchéco-slovaque qui se sont acquis une large expérience dans ce domaine. Puis les délégués eurent l'occasion de se rendre compte des méthodes d'enseignement populaire pratiquées en Pologne, en faisant une rapide excursion jusqu'à Novo-Minsk, où fonctionnait justement l'équipe de propagande organisée par le P. A. K. P. D. (Comité polono-américain de secours aux enfants), avec la collaboration de la Croix-Rouge polonaise et de la Ligue des Sociétés de la Croix-Rouge. Les délégués purent se rendre compte de l'énorme succès de ce mode d'enseignement auprès des populations rurales, en voyant, au cours d'un après-midi, cinq à six troupes d'enfants envahir successivement la grange basse et obscure, mais abondamment aérée, où était monté l'appareil cinématographique. Le travail reprit de plus belle après cette demi-journée en plein air; les principes de la lutte anti-tuberculeuse et anti-vénérienne par l'intermédiaire des Croix-Rouges furent précisés en des formules très détaillées, mais susceptibles néanmoins de réunir l'unanimité des votes de la Conférence. Les travaux avaient été si bien préparés et si abondamment discutés dans les commissions que les délibérations en séance plénière, sous l'habile présidence du Dr Prochazka, ancien ministre de l'Hygiène et vice-président de la Croix-Rouge tchéco-slovaque, purent être menées assez rapidement pour permettre la clôture de la Conférence dès le vendredi soir, au lieu de la matinée du samedi 14 avril. Cette séance de clôture eut lieu dans les locaux de la Société médicale de Varsovie à laquelle s'était jointe l'Association médicale polonaise; leur président, le Dr Baczkiewicz, marqua, dans un charmant discours, la parfaite harmonie du corps médical polonais avec les aspirations de la Croix-Rouge.

A part les travaux en séance, de nombreuses excursions aux institutions sanitaires de la Croix-Rouge polonaise et de la ville de Varsovie avaient mis des exemples instructifs sous les yeux des délégués. Il faut citer en particulier la visite à l'Institut épidémiologique, à l'Institut de rééducation des mutilés et à la station de désinfection des wagons de chemins de fer par l'acide cyanhydrique. Les stations d'épouillage, de désinfection et de quarantaine du camp de Powazki furent également visitées par les délégués sous la compétente direction du Dr Sztolcman, du ministère de l'Hygiène.

L'importance de la Conférence fut soulignée par ses réceptions officielles, parmi lesquelles il faut compter la séance solennelle d'ouverture dans le Palais de la Présidence du Conseil, en présence du ministre de l'Hygiène, du ministre des Affaires étrangères, du corps diplomatique et de nombreuses personnalités officielles. S. E. M. Woyciechowski, Président de la République, fit à tous les délégués l'honneur de les recevoir dans l'historique décor du Palais du Belvédère, et répondit de la façon la plus cordiale à l'allocution présentée en français et en polonais par le Dr Prochazka. Une brillante réception eut lieu chez le général Sikorski, président du Conseil des ministres. Une soirée plus intime chez le comte Henri Potocki, vice-président de la Croix-Rouge polonaise, donna dès le premier jour aux délégués l'exemple de la traditionnelle hospitalité polonaise qui devait se continuer jusqu'au dernier jour de la Conférence.

De Varsovie, le programme de paix de la Croix-Rouge sort agrandi et éclairci. Dans son discours de clôture, le Dr Prochazka insista sur le fait que l'entr'aide réciproque des Sociétés nationales, des peuples et des gouvernements, encore trop peu développée et trop isolée, peut et doit acquérir un nouvel essor, — que «les rapports entre les Sociétés nationales doivent devenir toujours plus vivants, et que le développement toujours plus grand de ces relations est une tâche magnifique pour la Ligue autant que pour les Sociétés nationales ». Puis il indique un autre but élevé : « Il faut persuader à nos concitoyens que la tâche à laquelle nous nous consacrons est la plus importante de toutes celles qui demandent les efforts financiers d'un peuple. Lorsque tous en seront persuadés, nous aurons suffisamment de ressources à notre disposition pour assurer notre avenir et notre but, sans négliger aucun de nos intérêts nationaux. La Croix-Rouge était autrefois une formation de guerre : il est temps qu'elle devienne une formation de paix. »

8

« Les trois points que les Conseils généraux de la Ligue considèrent
comme leurs principales phases d'activité : formation du personnel
auxiliaire, enseignement populaire de l'hygiène, Croix-Rouge de la Jeunesse, renferment une profonde sagesse; et si ce principe est juste pour
toutes les Croix-Rouges, il acquiert une importance particulière pour
les Sociétés en voie de nouvelle organisation. »

Et le Dr Sand montra que le programme de guerre ne se heurte pas
au programme de paix de la Croix-Rouge ·

« Lorsque celle-ci ouvre des hôpitaux, accumule du matériel, réunit
« des ressources, forme du personnel, tient-elle réellement à s'en inter-
« dire l'emploi? N'est-il pas logique que tout ce dont elle dispose dans
« cet ordre d'idées, elle l'utilise en temps de paix pour le plus grand bien
« de la population civile? D'autre part, lorsqu'elle crée son armement
« hygiénique, lorsqu'elle forme des infirmières pour les consultations de
« nourrissons et les dispensaires anti-tuberculeux, lorsqu'elle répand
« des notions d'hygiène dans la population entière, lorsqu'elle forme la
« jeunesse aux habitudes saines et à la notion du devoir civique, ne
« prépare-t-elle pas, pour l'éventualité d'une guerre, une nation plus
« robuste et plus apte à remplir les devoirs multiples qui lui incomberont
« dans ces redoutables circonstances?...
« Mais si le programme de paix est sorti graduellement du programme
« primitif de la Croix-Rouge, si la Ligue doit *éduquer*, *coordonner* et *innover*,
« c'est pour faire avancer les progrès de la médecine sociale, c'est parce
« que la personnalité humaine a acquis à nos yeux une valeur à la fois
« morale et matérielle qui ne nous permet plus d'accepter que la maladie
« et la mort exercent leurs ravages sans que l'action la plus énergique
« et la plus raisonnée leur soit opposée. »

Dans une lettre adressée au Secrétariat de la Ligue après la clôture
de la Conférence, le général Haller, président du Comité de la Croix-
Rouge polonaise, répondait à ce discours :

« La Croix-Rouge est appelée à prendre un nouvel essor dans l'orga-
« nisation de la vie moderne; vigilante et dévouée, elle va à l'encontre
« des grandes souffrances qui accablent l'humanité et elle n'attend plus
« la guerre pour agir et pour aider. Le précieux soutien de la Ligue dans
« cette voie nouvelle s'est manifesté une fois de plus durant la Conférence
« de Varsovie, dont les suites, nous n'en doutons pas, seront fécondes
« en résultats. »

La lumière a jailli de ces discussions, la situation est plus nette que
jamais; l'unanimité de la Conférence a confirmé les vues des Conseils

généraux de la Ligue, elle a ratifié les mandats confiés à son Secrétariat.
Elle en a formulé de nouveaux, elle a indiqué par ses résolutions un certain nombre de désirs spéciaux dont la réalisation sera immédiatement
abordée.

Si des succès et des progrès ont été obtenus, la Croix-Rouge polonaise
peut en revendiquer une large part due à son inlassable travail d'organisation pratique; que le reste soit attribué au choc réciproque des idées,
au sincère désir d'entente, de collaboration et d'enseignement mutuel
qui n'a cessé, sous l'égide de la Croix-Rouge, d'animer tous les participants et invités à la Conférence.

PREMIÈRE JOURNÉE

(9 avril 1923)

SÉANCE PLÉNIÈRE

11 heures du matin, salle de la présidence du Conseil des ministres.

Sommaire. — Souhaits de bienvenue du général HALLER, au nom de la Croix-Rouge polonaise. — Souhaits de bienvenue du ministre d'Hygiène, M. le Dr CHODZKO, au nom du Gouvernement polonais. — Nomination du président de la Conférence. — Discours d'ouverture du Dr PROCHAZKA. — Nomination du Bureau.

Le général HALLER, président de la Croix-Rouge polonaise, souligne l'importance de la conférence d'aujourd'hui, réunie sous l'initiative de la Ligue des Sociétés de la Croix-Rouge. Cette Conférence dénote clairement le désir de la population de tous les pays de suivre toujours davantage le programme de paix de la Croix-Rouge et l'orateur donne quelques exemples tirés de l'activité de la Croix-Rouge polonaise.

Il proclame la présidence d'honneur du ministre de l'Hygiène, M. le Dr Chodzko, et soumet à l'Assemblée la désignation du Dr Prochazka, délégué de la Croix-Rouge tchécoslovaque, comme président de la Conférence.

Ces propositions sont adoptées par acclamation.

Le ministre de l'Hygiène, M. le Dr CHODZKO, apporte les souhaits de bienvenue du Gouvernement polonais, il reconnaît toute l'importance du programme de la Croix-Rouge; il esquisse rapidement ce qui dans son esprit constitue les cadres d'une activité fructueuse de la Croix-Rouge.

M. le Dr PROCHAZKA, Croix-Rouge tchécoslovaque, remercie l'assistance de l'avoir porté à la présidence, exprime sa gratitude aux autorités de la Croix-Rouge polonaise de leur accueil hospitalier et remercie la Ligue des Sociétés de la Croix-Rouge du travail qu'elle a accompli.

Il est ensuite procédé à l'élection des quatre vice-présidents.

Mme STURDZA, Croix-Rouge roumaine, demande qu'on attribue une vice-présidence à l'importante Croix-Rouge serbo-croate-slovène.

Sont élus :

Mme STURDZA, Croix-Rouge roumaine;
M. S. ZABOROWSKI, Croix-Rouge polonaise;
M. le Dr JOKSIMOVITCH, Croix-Rouge serbo-croate-slovène;
M. le Dr LEESMENT, Croix-Rouge esthonienne.

Les trois derniers fonctionneront comme présidents des trois sous-commissions.

Le Dr HUMBERT, de la Ligue des Sociétés de la Croix-Rouge, est désigné comme secrétaire de la Conférence.

Le PRÉSIDENT indique ensuite la répartition des délégués au sein des commissions qui sont chargées d'étudier les points 1 et 4 du programme général pour la première commission et les points 2 et 3 pour la deuxième et la troisième commissions. La répartition des délégués dans les différentes commissions est indiquée en annexe.

SÉANCE PLÉNIÈRE

16 heures de l'après-midi,
cercle des Fonctionnaires de l'État, Nowy Swiat 67.

Sommaire. — Message du Secrétariat de la Ligue et de diverses Sociétés de la Croix-Rouge. — Message de Mme CHAPONNIÈRE-CHAIX, du Comité international de la Croix-Rouge. — Allocution du général HALLER.

Présidence du Docteur PROCHAZKA

Le PRÉSIDENT annonce que le secrétaire général de la Ligue des Sociétés de la Croix-Rouge, le Dr René Sand, a été malheureusement retardé au cours de son voyage.

Le Dr HUMBERT, du Secrétariat de la Ligue, informe les délégués qu'un télégramme vient d'annoncer la prochaine arrivée du Dr Sand. Au nom de ce dernier et du Secrétariat de la Ligue tout entier il transmet à l'Assemblée les messages de la Ligue et précise le but des conférences régionales qui est d'approfondir les questions en rapport avec les circonstances locales et d'apporter au Secrétariat de la Ligue un enseignement précieux sur la meilleure manière dont il peut se rendre utile aux Sociétés nationales de la Croix-Rouge.

Le général JUNGSTEDT, vice-président de la Croix-Rouge suédoise, apporte à l'Assemblée les chaleureuses salutations de sa société et de son ferme et énergique président, S. A. R. le prince Charles de Suède. Le général Jungstedt rappelle l'aide considérable de son pays dans la lutte contre les épidémies et l'étroite collaboration qui se manifesta alors avec les médecins polonais.

M. DE GRIPENBERG, Croix-Rouge finlandaise, présente ses vœux à la Conférence et souligne que la Finlande, quoique faisant partie d'un groupement géographique différent, a tenu à prendre part dans cette Conférence à titre consultatif, non seulement à cause des questions très intéressantes qui y seront discutées, mais aussi pour rendre hommage aux deux grandes organisations qui ont convoqué cette conférence, à la Croix-Rouge polonaise et à la Ligue des Sociétés de la Croix-Rouge.

Mme CHAPONNIÈRE-CHAIX, du Comité international de la Croix-Rouge (à Genève), apporte les messages du Comité international qui a été très heureux de l'occasion fournie à Varsovie de discuter et d'approfondir toute une série de questions. Ceci ne manquera pas d'enrichir les délibérations de la onzième conférence internationale qui aura lieu cette année.

Le général HALLER, Croix-Rouge polonaise, remercie les délégués de leurs cordiales paroles, témoignant de leur intérêt pour la Croix-Rouge polonaise, et il prie les délégués de visiter les institutions sociales et hygiéniques de Varsovie, en particulier l'École des infirmières de la Croix-Rouge polonaise. Car la Pologne désire la paix et travaille pour la paix future. Néanmoins elle doit vouer une attention spéciale aux œuvres de guerre et d'après-guerre, telles que la question des réfugiés (baraques à Rovno, Baranowicze, Luck, etc.), des bourses pour jeunes gens démobilisés, etc. La Croix-Rouge polonaise possède dix hôpitaux et dispose de 2.000 infirmières. Ensuite l'orateur remercie les Sociétés de Croix-Rouge de l'étranger pour l'aide qu'elles ont donnée à la Pologne, tout spécialement à la Croix-Rouge américaine qui a tant fait pour son pays et pour sa Société. Il remercie également le Comité international de la Croix-Rouge pour lequel la Pologne gardera toujours une profonde reconnaissance. Le général Haller termine son allocution en rendant un hommage à la Ligue des Sociétés de la Croix-Rouge qui a pris l'initiative de cette conférence, apportant tant de nouvelles idées et méthodes qui élargissent le programme de paix de la Croix-Rouge.

21h 30. — Réception chez M. le comte Henri POTOCKI, vice-président de la Croix-Rouge polonaise.

DEUXIÈME JOURNÉE

(10 avril 1923)

TRAVAUX DES COMMISSIONS

PREMIÈRE COMMISSION

9 heures du matin.

Présidence de M. S. ZABOROWSKI

Secrétaire : capitaine PETERSEN.

Vu la présence du général TRZEMESKI, adjoint du général ŽWIERZ-CHOWSKI, chef du département sanitaire du ministère de la Guerre, le PRÉSIDENT propose de commencer par la discussion sur la coopération entre la Croix-Rouge et les Gouvernements.

Le général JUNGSTEDT, Croix-Rouge suédoise, expose l'organisation de la Croix-Rouge et la coopération entre cette Société et son Gouvernement. La Croix-Rouge est une institution presque officielle, qui garde néanmoins une liberté d'action presque absolue. Cette coopération est assurée par des représentants nommés par le Gouvernement, ainsi que par un représentant de l'armée, un représentant de la marine et un représentant du corps médical. Les chefs suprêmes médicaux de l'armée et de la marine ont, en outre, le droit d'assister aux réunions du Comité central. Dans chaque comité de district, le médecin inspecteur et chef de la province siègent avec droit de vote.

Mme STURDZA, Croix-Rouge roumaine, donne des détails sur l'organisation de la Croix-Rouge roumaine et la composition du Comité central, ainsi que sur l'activité des sous-comités.

14

Le Dr de Szukowathy, Croix-Rouge hongroise, résume l'expérience acquise par la Croix-Rouge hongroise, en ce qui concerne la situation du Comité central vis-à-vis des comités régionaux et locaux; il décrit l'organisation du secrétariat central.

Le Dr Sadeddin, Croix-Rouge albanaise, donne des détails sur l'organisation de la Croix-Rouge albanaise qui vient d'être formée sous son égide. Les résultats obtenus sont déjà satisfaisants; le Gouvernement accorde à la Croix-Rouge une subvention de 25.000 francs or.

Le capitaine Petersen, de la Ligue des Sociétés de la Croix-Rouge, cite quelques exemples du développement qu'a subi l'organisation de certaines Croix-Rouges. La Croix-Rouge norvégienne notamment, ayant porté son effectif à un total de 100.000 membres répartis dans quelques centaines de sections, s'est trouvée dans la nécessité de décentraliser son travail en formant un certain nombre de districts correspondant aux régions administratives du pays, avec un secrétaire permanent dans chaque secrétariat. Le Comité central reste l'organe directeur et le centre de la publicité, tandis que le travail actif est mené par les sections des districts.

M. Vlad. Krynski, Croix-Rouge polonaise, résume l'organisation de la Croix-Rouge polonaise, qui possède 420.000 membres.

Le capitaine Petersen constate que lorsqu'une société de Croix-Rouge englobe 2 % de la population le résultat est déjà très satisfaisant; la Croix-Rouge polonaise appartient donc au nombre des sociétés les plus développées.

M. Amberg, Croix-Rouge esthonienne, présente un exposé historique de la formation de la Croix-Rouge dans son pays. Cette Société profite d'un certain nombre de privilèges offerts par l'État, par exemple une taxe de 5 % sur les billets de chemin de fer, sur la vente de l'alcool et sur les billets de spectacle.

Mme Sturdza, Croix-Rouge roumaine, dit qu'en Roumanie le Gouvernement prélève une taxe très modique, 10 centimes roumains, perçue sous forme de timbre obligatoire.

Ce timbre est appliqué sur toutes les lettres, cartes postales, billets de théâtre, de concert ou de cinéma, actes, pétitions, etc.

Les sommes ainsi recueillies sont centralisées au ministère du Travail et de l'Assistance sociale, qui les répartit à son tour sous forme de subvention à toutes les œuvres de secours parmi lesquelles la Croix-Rouge vient naturellement au premier rang.

M. KRYNSKI, Croix-Rouge polonaise, pose des questions sur le même sujet.

Le D* DE SZUKOWATHY, Croix-Rouge hongroise, déclare que, conformément à sa longue expérience, quel que soit le nombre de volontaires et leur dévouement, un certain nombre d'employés bien rétribués sont nécessaires pour garantir la continuité et l'efficacité du travail.

Le D* DE SZUKOWATHY donne ses impressions sur le développement des activités de la Croix-Rouge en Amérique, ainsi que dans quelques autres pays; il étudie spécialement la coopération des autres sociétés avec la Croix-Rouge et indique l'avantage qu'il y a de placer toutes ces activités sous la direction technique de la Croix-Rouge.

Le capitaine PETERSEN décrit la formation des conseils nationaux d'hygiène aux États-Unis, en Belgique, en Finlande, en Tchécoslovaquie. Il rappelle qu'à la conférence de Bangkok, l'année dernière, une résolution a été adoptée à l'unanimité, recommandant la formation de conseils nationaux d'hygiène, en vue de réaliser la coopération susmentionnée. Les avantages principaux de ces conseils consistent dans la diminution des frais d'administration et aussi dans l'unification de la propagande et de la publicité, ainsi que dans la coordination de tous les efforts volontaires, coordination qui est applicable aussi au programme de la Croix-Rouge en temps de guerre.

M*** STURDZA, Croix-Rouge roumaine, craint que la réalisation d'un tel plan ne présente des difficultés pour l'activité de la Croix-Rouge en temps de guerre; il faut veiller, en appliquant ce principe, à ne pas diluer le rayon d'action de la Croix-Rouge, dont le but principal est l'activité en temps de guerre.

Le D* DE SZUKOWATHY, Croix-Rouge hongroise, est d'avis que l'activité de la Croix-Rouge en temps de paix est de la même importance que son activité en temps de guerre et que le but de cette conférence et de la Ligue des Sociétés de la Croix-Rouge est justement le développement de cette activité en temps de paix.

Le capitaine PETERSEN, sans vouloir juger quelle activité est la plus importante, — la chose varie selon les pays, — note que dans l'institution d'un Conseil national d'hygiène toutes les sociétés conservent dans leur domaine leur liberté d'action absolue; la Croix-Rouge forme le secrétariat technique; les sociétés qui ne sont pas reliées au service de santé en temps de guerre, sont amenées à s'intéresser au programme intégral de la Croix-Rouge, et cette dernière reste informée de toutes les forces béné-

voles qui peuvent être utilisées en cas d'urgence. Il propose qu'un projet
de résolution soit soumis à la séance plénière recommandant la création
des conseils nationaux d'hygiène.

M. ZABOROWSKI, Croix-Rouge polonaise, propose que le projet de
résolution soit rédigé pour la réunion de demain.

Cette proposition est acceptée.

<hr>

DEUXIÈME COMMISSION

9 heures du matin.

Présidence du docteur JOKSIMOVITCH

Secrétaire : Dᵣ HUMBERT.

<hr>

Le Dʳ RAJCHMAN, Société des Nations, fait un exposé captivant et
richement documenté à l'aide de nombreuses cartes et graphiques sur
la situation épidémique actuelle en Europe orientale.

Il montre l'expansion épidémique, se chiffrant par millions de cas,
du typhus exanthématique et de la fièvre récurrente en Russie et en
Ukraine. Il montre combien la décroissance a été rapide de 1922 à 1923.
Il y a encore des centaines de milliers de cas, mais ces chiffres ne sont
guère inférieurs aux moyennes d'avant-guerre, où ces maladies régnaient
à l'état endémique. Il n'y a, semble-t-il, pas à craindre que les épidémies
reprennent cette année comme l'année dernière, tout d'abord parce que
les habitants semblent avoir acquis une immunité relative, ensuite à
cause de l'amélioration de la situation économique et des progrès très
sensibles du trafic ferroviaire.

Quant au choléra, il y a encore de nombreux foyers endémiques, mais
on constate également une chute très sensible de la morbidité. La lutte
a été rendue très difficile par le nombre extraordinairement et anorma-
lement élevé des porteurs de germes, sains en apparence. Il faut mentionner que la Pologne a organisé, pour parer à ce danger, une surveillance
bactériologique très soignée et entretient de nombreux laboratoires sur
la frontière polonaise. Mais la plus grande menace pour la santé publique
russe est actuellement constituée par le paludisme, qui fait des millions
de victimes (9 millions pour l'année dernière). Cette maladie sévit sous
sa forme tropicale, particulièrement maligne, non seulement dans le Sud,
mais jusqu'à Moscou et Arkhangel. La mortalité atteint parfois 50%
des cas. Cela provient : 1º des troupes du Caucase qui ont traversé le
pays pendant la guerre ; 2º de l'afflux de la population de la Volga vers

le Sud en 1921 et du reflux de ces émigrants vers leurs anciens domiciles.

Vers le sud de l'Europe, un nouveau foyer épidémique vient d'éclater en Grèce, comme conséquence du mouvement migratoire et du rapatriement forcé (près d'un million d'habitants). Dans certaines régions la proportion des réfugiés atteint le cinquième ou la moitié de la population. Les graphiques de la Section d'Hygiène de la Société des Nations illustrent admirablement la répartition des foyers, la localisation des réfugiés et leur proportion par rapport à la population stable.

Le paludisme sévit également en Grèce, et surtout à Salonique, mais la solution du problème est plutôt de nature économique. La dysenterie amibienne et surtout bacillaire sévit également à Salonique. La Grèce est encore tout particulièrement exposée au danger du choléra par la configuration de ses côtes et sa nombreuse marine marchande.

Le rapport de la Croix-Rouge polonaise (par le professeur Krynski et le Dr Podhorecki) exprime admirablement le rôle des pouvoirs publics et le rôle des organisations volontaires. L'État doit garder la haute main dans la lutte antiépidémique. L'effort financier des pouvoirs publics a été énorme : Pologne, 12.000 livres; Roumanie, 380.000 livres; Lettonie, 70.000 livres; Lithuanie, 2.000 livres. Le service antiépidémique polonais a dépensé, depuis le début de la République jusqu'à juillet 1922, plus de 4 millions de livres, sans compter les efforts des municipalités, mais aussi des résultats importants ont été obtenus. La tâche du Gouvernement est encore de créer des bureaux d'information et de statistique, et de conclure entre pays voisins des conventions sanitaires qui sont parfois un élément de protection aussi puissant que les hôpitaux épidémiques. Le rôle des Croix-Rouges sera exposé par d'autres orateurs, mais il semble certain, au premier abord, qu'elle peut jouer un rôle important pour l'organisation des secours d'urgence. C'est ainsi que le C. I. C. R. a fait un appel et les Croix-Rouges américaine et britannique sont intervenues pour parer aux récents dangers épidémiques qui ont menacé Constantinople lors d'un afflux subit des réfugiés.

Comme exemple typique des compétences spéciales des Gouvernements, il semble bien que seule la Commission épidémique de la Société des Nations pouvait intervenir utilement pour apporter au Gouvernement grec son aide technique pour le service des vaccinations contre la variole, le choléra, la fièvre typhoïde, la dysenterie, etc. Ce sont là, au cours de la menace récente de ces maladies, des illustrations des services que peuvent rendre les deux groupes d'organisations, gouvernementales et volontaires.

Le Dr Joksimovitch, Croix-Rouge serbo-croate-slovène, remercie chaleureusement le Dr Rajchman de son exposé.

18

Le Dr LAMBERGER, Croix-Rouge autrichienne, revient à la question des compétences relatives. L'État possède la puissance, les ressources et l'autorité exécutive dont ne dispose pas la Croix-Rouge. Ce principe est clair. La Croix-Rouge ne peut pas non plus prendre la direction technique des opérations, faute de spécialistes qui seraient toujours à sa disposition. Le rôle de la Croix-Rouge reste dans le domaine de l'exécution pratique et de l'action auxiliaire du Gouvernement. On peut mentionner par exemple que la Croix-Rouge autrichienne a depuis vingt-deux ans un contrat avec le Gouvernement selon lequel elle s'engage à tenir du matériel (baraques, appareils, médicaments) et du personnel (désinfecteurs, infirmiers, etc.) prêts à intervenir selon les clauses du contrat. L'expérience a montré combien cette aide fut précieuse, grâce à un plan de décentralisation systématique et au principe de la création des unités mobiles et immédiatement extensibles. Il faut se souvenir que « les bacilles ne vont pas à la rencontre des laboratoires; ce sont les laboratoires qui doivent aller chercher les bacilles ». Il faut que les hôpitaux mobiles, les laboratoires, les stations de bains et d'épouillage, soient créés selon un modèle unique qui peut être facilement complété et agrandi. Le type autrichien d'ambulance de 150 lits peut, par exemple, être facilement étendu pour un service de 1.500 jusqu'à 2.000 lits.

Mais l'action antiépidémique dépasse parfois le cadre national. On devrait étudier la question d'un bureau central organisé qui disposerait de toutes les ressources volontaires disponibles dans tous les pays et aurait la compétence ou le droit contractuel de les mettre à la disposition immédiate des points menacés. L'orateur est prêt à préciser sa motion et la développer davantage.

Le professeur KRYNSKI, Croix-Rouge polonaise, présente les conclusions de son rapport (pp. 78 à 81 du texte français du rapport de la Croix-Rouge polonaise sur les épidémies, fait en commun avec le Dr Podhorecki), qui délimite exactement le rôle des Gouvernements et des Croix-Rouges.

Le professeur KIRKOVITCH, Croix-Rouge bulgare, revenant au rapport du Dr Rajchman, rapporte qu'en Bulgarie il a souvent constaté des formes tropicales du paludisme, mais que la population semble avoir acquis une certaine immunité, tandis que la maladie revêt des formes particulièrement graves parmi les Russes immigrés.

Quant à la question des épidémies, le point d'attaque par excellence est constitué par le village. Il faut veiller à l'égale distribution des médecins dans les campagnes, à la multiplication et à l'éducation du personnel. On a, par exemple, créé partout en Bulgarie pendant les épidémies des

« gardes sanitaires » improvisées qui ont grandement contribué à l'extinction de la maladie. Il faut ensuite créer de nombreuses colonnes mobiles de désinfection. Mais dans tous ces domaines la tâche prépondérante appartient à l'État.

Le Dr LAMBERGER dit que cette question est justement le point capital de la discussion. Le Croix-Rouge ne peut ni ne doit renoncer à la formation du personnel auxiliaire. Si ce rôle n'est pas réclamé et maintenu par la Croix-Rouge, elle n'a qu'à disparaître. Il ne faut pas l'abandonner. Elle a de tous temps été sollicitée par le soldat en temps de guerre, il en sent la nécessité pour son réconfort moral et physique. Ce principe doit être maintenu en temps de paix.

Le Dr JOKSIMOVITCH explique la plus grande extension des épidémies en Serbie, non par le manque d'organisation décentralisée comme en Bulgarie, mais par l'état de guerre prolongé qui a créé une misère effroyable et par une démobilisation hâtive qui a ramené de nombreux foyers de maladies dans les campagnes.

Il indique la répartition de la malaria tropicale en Serbie, qui semble augmenter avec le nouveau système de recrutement régional de l'armée qui a remplacé l'ancien recrutement régimentaire.

Le Dr HUMBERT, Ligue des Sociétés de la Croix-Rouge, précise que la formation du personnel bénévole dans les villages et l'enseignement épidémiologique adressé à la population rurale semblent être un devoir et une tâche essentielle que la Croix-Rouge peut remplir mieux que toute autre organisation, grâce à la ramification de ses sections locales. Il demande ensuite quelques renseignements supplémentaires au Dr Rajchman sur l'anomalie des porteurs de germes constatée en Russie et lui adresse les remerciements tout particuliers de la Ligue pour sa participation aux travaux de la Commission et pour son exposé captivant. Il constate avec plaisir qu'il y a accord absolu entre le point de vue du Dr Rajchman et les rapports présentés par la Croix-Rouge polonaise au sujet du rôle respectif de l'État et des organisations volontaires dans la lutte contre les épidémies. Il propose ensuite la formation d'une commission de rédaction qui formulera ces relations et sera chargée d'étudier de plus près la proposition si intéressante du Dr Lamberger.

Le Dr JOKSIMOVITCH est entièrement d'accord avec cette proposition et prie les docteurs Sztolcman et Lamberger et le professeur Krynski de se réunir dans ce but avant la prochaine séance officielle de la Commission.

---

9 heures du matin.

Présidence du docteur SAND,
remplaçant le Dr LEESMENT, Croix-Rouge esthonienne,
retenu à la deuxième Commission.

———

1. *Le développement des services d'infirmières visiteuses.*

Mme la comtesse TARNOWSKA, Croix-Rouge polonaise, résume son rapport sur le développement des services d'infirmières visiteuses en Pologne; elle émet notamment le vœu que la Ligue des Sociétés de la Croix-Rouge accorde des bourses permettant à des jeunes filles polonaises de faire leurs études d'infirmières visiteuses à l'étranger.

Le Dr SAND, Ligue des Sociétés de la Croix-Rouge, fait remarquer que la Ligue ne dispose d'aucun crédit à cet effet, mais qu'elle sera toujours heureuse d'intervenir auprès d'institutions, telles que la fondation Rockefeller, pour obtenir ces bourses.

Le Dr ALKIEWICZ, Croix-Rouge polonaise, a obtenu d'excellents résultats dans dix cercles de la Pologne par l'emploi de femmes appartenant à la population rurale et ayant reçu une formation très brève. Il sera nécessaire d'avoir recours à ces auxiliaires aussi longtemps qu'on ne pourra pas disposer d'un nombre suffisamment élevé d'infirmières diplômées.

Le Dr PROCHAZKA, Croix-Rouge tchécoslovaque, reconnaît également que la création d'un grand nombre d'auxiliaires rapidement formés est indispensable si l'on veut assurer le service à toute la population. La Croix-Rouge tchécoslovaque a eu recours dans ce but à une organisation qui existe jusque dans les moindres villages, le corps des pompiers volontaires. Sous les auspices de ceux-ci, des cours de premiers secours sont donnés aux hommes et l'enseignement des soins aux malades est donné aux femmes. Ces cours sont donnés par des médecins locaux, ils ont lieu le soir ou le dimanche et durent six semaines. Tout ce personnel peut être utilisé en temps de guerre.

Le Dr STADE, Croix-Rouge de Dantzig, constate également que la

formation et l'emploi d'infirmières visiteuses diplômées est trop onéreux
pour les pays représentés à la Conférence.

Le Dr ROUVIDITCH, Croix-Rouge serbo-croate-slovène, décrit la
formation des infirmières dans son pays.

Le général JUNGSTEDT, Croix-Rouge suédoise, rend compte de l'organisation des services sanitaires, institués dans les vastes régions désertes
où l'on se voit contraint de compléter le nombre restreint du personnel
sanitaire par un assez grand nombre de « samaritaines », par des institutrices des écoles ou des filles d'employés ou petits propriétaires ter-
riens qui, après avoir suivi un bref cours d'instruction, peuvent remplir les fonctions d'infirmières. Le fait qu'elles sont tout à fait au courant
des conditions locales a été d'une grande valeur pour l'activité de secours
de la Croix-Rouge.

Mme la comtesse TARNOWSKA craint que ces femmes ignorantes,
manquant de tact, incapables d'initiative ne soient un boulet formidable
qui viendra entraver la formation d'un corps compétent d'infirmières.

Le Dr PROCHAZKA, Croix-Rouge tchécoslovaque, déclare que le
recours à ces auxiliaires improvisées n'est qu'un pis aller, mais qu'il est
provisoirement inévitable, d'une part pour des raisons financières, et
d'autre part, parce qu'on ne peut pas laisser sans soins la plus grande
partie de la population. Dans certains districts, ces auxiliaires ont réduit
la mortalité infantile de 26 à 12 %.

Le Dr ALKIEWICZ, Croix-Rouge polonaise, partage cette manière de
voir et fait remarquer que cette méthode a encore l'avantage de faire
appel à des auxiliaires prises sur place, qui connaissent bien les besoins
et les conditions d'existence de la population.

Le Dr SAND rappelle que l'opposition de ces deux points de vue s'est
déjà montrée dans un grand nombre de congrès : d'une part, les direc-
trices d'école sont évidemment soucieuses de ne former qu'un personnel
d'élite; d'autre part, les administrateurs sanitaires, sachant combien cette
formation est lente et onéreuse, se préoccupent plutôt du nombre des
infirmières que de leurs qualités. Le sentiment de la Commission étant,
à une exception près, unanime en faveur de la seconde opinion, le Dr Alkiewicz est chargé de rédiger un vœu sur lequel la Conférence se pronon-
cera.

Le Dr PROCHAZKA, Croix-Rouge tchécoslovaque, revenant sur le discours prononcé la veille par le général Haller, ne peut admettre que la
préparation à la guerre soit le seul but ou même le but primordial de la

Croix-Rouge. Celle-ci ne peut vivre que sur une base démocratique, sa propagande doit amener la population entière à collaborer à l'œuvre entreprise.

Dans cette propagande les conférences n'ont qu'un effet momentané, alors que les cours ont une action durable et permettent de former un personnel qui, appliquant fréquemment l'enseignement reçu, à l'occasion des maladies et des accidents survenant dans les familles, n'oubliera pas son instruction et formera un noyau permanent de propagandistes d'hygiène.

M. DORAZIL, Croix-Rouge tchécoslovaque, résume ses rapports (Voir page 107).

Le Dr TRENKNER, représentant du ministère de l'Hygiène, fait remarquer que le rôle de propagande accompli dans d'autres pays par la Croix-Rouge, est exécuté en Pologne par le Comité polono-américain de secours aux enfants (P. A. K. P. D.), dont l'équipe de propagande parcourt sans cesse le pays.

Il rectifie l'impression produite par le discours du général Haller. Celui-ci montre que les divers ministères s'étant chargés du programme de paix de la Croix-Rouge, celle-ci ne peut s'occuper que de l'aide aux soldats et à la population pendant la guerre, en créant pendant la paix le matériel et le personnel nécessaires. Mais les sections locales peuvent prendre toute initiative qu'elles jugent utile.

Le Dr TRENKNER pense qu'un excellent moyen de propagande est représenté par les manuels scolaires et il émet le vœu qu'une résolution soit votée dans ce sens.

---

11 heures. — Visite de l'hôpital de la Croix-Rouge polonaise, à Varsovie, et de l'École des infirmières.

---

14 heures. — Visite de l'équipe mobile de propagande d'hygiène de P. A. K. P. D. (Comité polono-américain de secours aux enfants). Séance de démonstration à Novo-Minsk.

19^h 30. — Spectacle de gala à l'Opéra (Pan Twardowski).

TROISIÈME JOURNÉE

(11 avril 1923)

TRAVAUX DES COMMISSIONS

PREMIÈRE COMMISSION

9 heures du matin.

Présidence de M. S. ZABOROWSKI.

Secrétaire : Capitaine PETERSEN.

Le Dr LEESMENT, Croix-Rouge esthonienne, ajoute à son exposé d'hier les renseignements suivants :

Le budget de la Croix-Rouge de son pays était de 3 millions d'eestimark (1 dollar étant égal à 345 eestimark). Le Gouvernement a fourni 30 %, tandis que le reste, soit 70 %, provient des dons et des taxes prélevées sur les billets de chemin de fer, la vente de l'alcool et les billets de spectacles.

Le PRÉSIDENT propose que la Commission discute un projet relatif à la manière dont le Secrétariat de la Ligue des Sociétés de la Croix-Rouge pourrait aider les Sociétés de la Croix-Rouge.

M. DE GRIPENBERG, Croix-Rouge finlandaise, dit que c'est surtout par sa littérature extrêmement intéressante que la Ligue des Sociétés de la Croix-Rouge a donné de magnifiques impulsions à toutes les Sociétés de la Croix-Rouge, mais elle n'a pas encore pu répandre partout son magnifique enthousiasme inspirateur. Un contact plus personnel entre les représentants des Sociétés de Croix-Rouge et le Secrétariat de la Ligue pourrait seul y remédier. La Société finlandaise de la Croix-Rouge a eu la joie et l'avantage de pouvoir profiter de l'initiative de la Ligue qui a mis à sa disposition une bourse pour l'un de ses représentants, afin qu'il puisse se rendre au Secrétariat de la Ligue, où il est resté six semaines. Il est tout feu, tout flamme depuis son retour, et l'orateur a pu constater qu'il a pu déjà lancer toute une série d'activités nouvelles dans sa société; il est parvenu à communiquer un peu de sa chaleur à divers membres de la Croix-Rouge qui étaient restés jusqu'à présent tièdes et indifférents à la Croix-Rouge en temps de paix.

Il propose par conséquent que la Sous-Commission soumette à la Conférence un projet de résolution, recommandant à la Ligue de développer davantage cette forme d'activité et d'offrir si possible régulièrement des bourses à différentes sociétés, ou peut-être, mieux encore, à divers groupements de Sociétés de la Croix-Rouge.

Le capitaine PETERSEN donne quelques informations générales sur le contact personnel entre la Ligue et les Sociétés de la Croix-Rouge et des avantages qui en résultent.

Le PRÉSIDENT propose un projet de résolution à ce sujet qui est adopté à l'unanimité.

Le PRÉSIDENT présente ensuite encore un certain nombre d'autres projets de résolutions comme résultats de discussions et de rapports présentés à la Sous-Commission.

Après quelques discussions, la Commission a décidé de présenter ces résolutions, avec quelques légères modifications, à la prochaine séance plénière, à titre de résultat de l'activité de cette Sous-Commission.

DEUXIÈME COMMISSION

9 heures du matin.

Présidence du docteur JOKSIMOVITCH.

Secrétaire : Dr HUMBERT.

La Commission aborde le deuxième sujet à l'ordre du jour, la question des *Réfugiés*.

Le Dr MATVEJS, Croix-Rouge lettone, présente et discute le rapport qui a été distribué à l'Assemblée sur « La Latvie dévastée et sa restauration ».

Il présente une résolution demandant d'établir au Secrétariat de la Ligue un bureau d'information spécial, pour déterminer l'étendue des dommages de guerre et répartir d'une façon équitable les secours qui pourraient être distribués,

Le Dr HUMBERT fait remarquer que la question des dommages de
guerre proprement dits serait plutôt du ressort du Comité international
ou de la Commission mixte et que la Ligue est plutôt destinée à participer
à la reconstruction des œuvres relatives à l'hygiène. Il faudrait d'ailleurs
encore distinguer entre les œuvres de secours proprement dites et les
travaux de reconstruction économique des régions dévastées, qui n'ont
même pas pu être terminés aujourd'hui par les organismes gouvernementaux les mieux outillés. Il faudrait, semble-t-il, déterminer d'une
façon plus exacte, et dans un cadre plus étroit, l'aide que la Ligue pourrait être appelée à fournir.

Il est décidé d'étudier et de modifier dans ce sens la résolution du
Dr Matvejs.

M. CLOUZOT (C. I. C. R. et U. I. S. E.) précise que le Comité international s'efforce de dresser un état comparatif des dévastations de
guerre et qu'un représentant du C. I. C. R. et de l'U. I. S. E., M. Gallàti,
a participé au dernier congrès des régions dévastées qui s'est tenu à
Riga. La comparaison des dommages dans divers pays est relativement
facile, grâce aux documents publiés par les Gouvernements. Quant aux
secours, il faut des appels de grande envergure pour réunir des fonds
suffisants. Des sommes considérables ont déjà été employées en Russie
à la suite d'appels répétés, de sorte que les disponibilités actuelles sont
considérablement diminuées.

La Commission passe ensuite à la discussion du troisième point du
programme : *l'aide aux réfugiés et orphelins.*

Le PRÉSIDENT présente un rapport dans lequel il décrit l'aide apportée
aux réfugiés et orphelins dans le royaume des Serbo-Croates-Slovènes.
Il montre combien cette question des réfugiés, comme l'a démontré hier
le Dr Rajchman, est intimement liée à la question des épidémies. L'action
gouvernementale est également insuffisante pour apporter un soulagement immédiat à la misère des orphelins. La Croix-Rouge doit intervenir
dans ce domaine.

Des considérations politiques ont souvent été un obstacle à l'action
internationale apportée par les Croix-Rouges étrangères, en particulier
au transit des colis destinés aux réfugiés.

Étant donné que les réfugiés et orphelins ne peuvent dans la majorité
des cas se passer de l'aide étrangère, une résolution dans ce sens doit être
présentée à la séance plénière. On devrait perfectionner le service d'informations internationales sur la situation des réfugiés et orphelins, et
des conventions internationales devraient être conclues afin d'éviter
d'une façon définitive toutes les difficultés qui ont entravé dans le passé
les œuvres de la Croix-Rouge.

Il est décidé à l'unanimité de rédiger une résolution dans ce sens.

M. Clouzot remarque toutefois qu'il faut établir une distinction entre la question des orphelins, qui est avant tout nationale puisque les orphelins sont, dans la plupart des cas, considérés comme pupilles de la nation, et la question des réfugiés qui requiert une aide internationale.

Quant aux réfugiés, la Société des Nations possède un bureau qui s'occupe de leur situation juridique, mais non de leur porter secours. Pour pouvoir apporter une aide efficace et immédiate lorsque se produisent des émigrations en masse, il faudrait disposer d'un fonds international de secours.

La création de ce fonds ferait un grand pas en avant si chaque Société de Croix-Rouge inscrivait dans son budget ordinaire une somme, si minime soit-elle, pour les secours internationaux. Cela faciliterait certainement l'aide gouvernementale.

Le Dr Joksimovitch rapporte que la Croix-Rouge serbo-croate-slovène inscrira une somme réservée uniquement à ce but dans le budget de l'année prochaine.

M. Clouzot suggère que la Croix-Rouge pourrait préparer l'opinion des parlements appelés à voter les subventions par l'intermédiaire de l'Union interparlementaire.

La Commission revient ensuite à la question de la *lutte contre les épidémies*.

Le professeur Krynski, Croix-Rouge polonaise, dit que dans les pays de l'Europe Orientale c'est à l'État qu'incombe le rôle principal et dirigeant. Les institutions de la Croix-Rouge doivent joindre leurs efforts à ceux de l'État, mais leurs actions devraient être soumises à l'approbation de l'organe qui poursuit la lutte antiépidémique. Grâce à ses nombreuses et vastes ramifications dans tous les pays, la Croix-Rouge peut assumer une grande responsabilité, fournir une aide efficace dans la lutte contre les maladies, et entreprendre des campagnes de propagande destinées spécialement à prévenir l'éclosion des épidémies.

Le Dr Lamberger présente un rapport confirmant la suprématie de l'État qui a la puissance financière, matérielle et l'autorité directrice; mais il reste à la Croix-Rouge un large programme exécutif.

La capacité exécutive de la Croix-Rouge dépend de divers facteurs, parmi lesquels il faut compter la formation complète de fonctionnaires de la Croix-Rouge, compétents, autant au point de vue technique, qu'au point de vue administratif. Il désire dans ce but la création de cours obligatoires d'une durée de deux à quatre semaines, pour les fonctionnaires,

employés et collaborateurs techniques de la Croix-Rouge. Dans le même
ordre d'idées il serait utile de publier un guide précis sur l'organisation,
la composition et le fonctionnement de la Croix-Rouge dans ses relations
nationales et internationales. Il est décidé à l'unanimité de présenter
à la séance plénière des résolutions dans ce sens.

TROISIÈME COMMISSION

9 heures du matin.

Présidence du docteur LEESMENT.

I. *Remarques au sujet du discours du général Haller.*

Le Dr ALKIEWICZ, Croix-Rouge polonaise, fait remarquer que si le général HALLER a paru souligner particulièrement le programme de guerre,
la Croix-Rouge polonaise a accepté le programme de paix de la Ligue,
elle l'applique et la population montre une compréhension remarquable
de ses activités de paix.

II. *Le développement des services des infirmières visiteuses.*

Le Dr ALKIEWICZ présente un projet de résolution qui après discussion générale est adopté.

III. *L'enseignement populaire de l'hygiène.*

M. Adam ROSE, Bureau international du Travail, voudrait voir introduire dans les résolutions un passage relatif à l'enseignement de l'hy
giène dans les milieux ouvriers, conformément au rapport du professeur
CAROZZI, chef du service d'Hygiène industrielle au Bureau international
du Travail.

Le Dr SAND demande aux délégués des diverses Croix-Rouges d'in-
diquer brièvement quelles sont les méthodes d'enseignement populaire
qui leur ont donné les meilleurs résultats.

Le général JUNGSTEDT, Croix-Rouge suédoise, donne connaissance
des différentes méthodes de propagande qui furent adoptées en Suède.
L'organisation d'une semaine de la Croix-Rouge surtout a donné d'excellents résultats. Il cite quelques exemples.

Le Dr STADE, Croix-Rouge de Dantzig, a constaté également que l'influence de la semaine de la tuberculose a donné à Dantzig des résultats considérables.

Mme STURDZA et le D^r DE SZUKOWATHY partagent la même opinion.

Le Dr ALKIEWICZ est du même avis, mais il estime qu'il faut en outre distribuer des petits tracts pendant toute l'année.

Le Dr STADE accorde une grande influence à la presse et surtout aux journaux du dimanche.

Le Dr LEESMENT estime excellentes les brochures publiées par la Ligue.

Le Dr SAND rappelle qu'en outre la Ligue envoie à chaque Croix-Rouge trois articles populaires par mois et qu'elle leur prête ses clichés. Mais il faut se rappeler qu'aucun texte, aucun cliché n'est adaptable à tous les pays.

Le Dr STADE appuie cette manière de voir. Même dans un seul pays il y a des différences de psychologie et de culture qui nécessitent une adaptation spéciale du matériel de propagande.

Le Dr TRENKNER signale qu'en Pologne la couverture des bulletins des écoliers sert à la propagande de l'hygiène.

La Commission décide que M. DORAZIL et le Dr STADE rédigeront un vœu exprimant les opinions émises au sujet de l'enseignement populaire.

IV. *La Croix-Rouge de la Jeunesse.*

Le Dr VIOLA, Croix-Rouge autrichienne, propose un appel au corps enseignant du monde entier. La Croix-Rouge de la Jeunesse est le côté pratique de la réforme scolaire.

Mme STURDZA déclare que le but de la Croix-Rouge de la Jeunesse ne peut être qu'hygiénique et non pédagogique.

Miss BENEDICT estime que l'influence de la Croix-Rouge de la Jeunesse sur la réforme scolaire doit être indirecte. Mais la Croix-Rouge luttant pour l'hygiène du corps et de l'esprit, ne peut se désintéresser du régime scolaire.

Mme CHAPONNIÈRE-CHAIX fait remarquer que les Gouvernements entendent en général rester entièrement libres en ce qui concerne les questions scolaires.

Le Dr STADE dit qu'il est impossible d'enseigner l'hygiène à l'école sans la collaboration des instituteurs et sans intervenir dans le programme scolaire. Plus le corps enseignant s'intéressera aux méthodes de la Croix-Rouge de la Jeunesse, plus il modifiera sa façon actuelle d'enseigner.

M. KRYNSKI, le professeur KIRKOVITCH et le D^r DE SZUKOWATHY montrent le danger qu'il y aurait à identifier la Croix-Rouge de la Jeunesse avec la réforme scolaire. Présentons plutôt la Croix-Rouge de la Jeunesse comme une aide pour l'instituteur dans son enseignement.

Miss BENEDICT et le Dr SAND se déclarent d'accord.

Deux projets de résolutions présentés par le Dr VIOLA sont acceptés à l'unanimité.

---

12 heures. — S. E. M. Stanislas WOJCIECHOWSKI, président de la République Polonaise, fait aux membres de la Conférence l'honneur de les recevoir au Palais Belvédère. Allocution du Dr PROCHAZKA, président de la Conférence. Réponse de S. E. le président de la République.

SÉANCE PLÉNIÈRE

3 heures de l'après-midi.

Présidence du docteur PROCHAZKA.

Sommaire. — Rapport de la deuxième Commission. — Rapport de la troisième Commission. — Discussion.

Le PRÉSIDENT annonce le rapport de la deuxième Commission.

La résolution correspondant à la motion du professeur KRYNSKI sur la question des épidémies est votée à l'unanimité (Voir compte rendu de la séance du 11 avril de la deuxième Commission).

Le PRÉSIDENT regrette d'avoir été retenu par d'autres travaux et de n'avoir pas pu participer aux discussions sur la question des épidémies. Il demande une adjonction dans le sens d'une contribution des Croix-Rouges à l'information épidémiologique. Les rapports officiels mettent parfois six semaines pour parvenir d'une contrée à l'autre par la voie diplomatique. Si les Croix-Rouges se communiquaient entre elles les informations qu'elles possèdent on pourrait obtenir des nouvelles plus rapides.

Mme STURDZA demande si la Croix-Rouge peut assumer cette responsabilité.

Le Dr STADE dit que la Convention de Paris prévoit la transmission directe, à côté de la voie diplomatique. Il y aura ainsi trois services d'information superposés, et cela compliquera la situation sans l'améliorer.

Le Dr LAMBERGER sait bien que la communication directe est prévue par la Convention de Paris, mais la pratique est différente de la théorie Il apprécie tout particulièrement les services d'information que pourraient se rendre mutuellement les autorités sanitaires des frontières.

Le Dr PROCHAZKA confirme que les résolutions de la Convention de Paris n'ont pas encore trouvé de réalisation pratique. En attendant, le Secrétariat de la Ligue pourrait rechercher les moyens d'obtenir des communications rapides entre les Croix-Rouges.

Le général HALLER croit que la Ligue devrait s'adresser aux Gouvernements pour accélérer la mise en pratique de la Convention de Paris. La Ligue ne devrait entreprendre une tâche d'information que si les Gouvernements se déclarent impuissants à établir des communications rapides.

M. CLOUZOT dit qu'il sera bientôt procédé à une nouvelle revision de la Convention sanitaire internationale et qu'il serait peut-être opportun que la Ligue demandât à se faire représenter à la Conférence ou que les Croix-Rouges fissent présenter leurs vœux par les délégués de leurs Gouvernements respectifs.

Le Dr JOKSIMOVITCH précise qu'en Serbie les rapports épidémiologiques sont transmis par télégraphe aux médecins de district et de là au ministère de l'Hygiène. La transmission est ralentie ensuite par le formulaire international qui est établi sous la forme d'un rapport hebdomadaire. Il serait simple de compléter ce procédé par un rapport immédiat indiquant simplement le lieu et la date de l'éclosion des foyers épidémiques.

Le Dr PROCHAZKA dit que, d'une façon générale, il serait désirable que les Sociétés nationales des Croix-Rouges entretiennent et développent entre elles des rapports plus rapprochés et plus fréquents. Les Croix-Rouges s'ignorent trop en dehors des conférences annuelles ou bisannuelles.

La troisième *résolution* de la deuxième Commission concernant les orphelins et réfugiés exprimant le vœu que des conventions internationales écartent les difficultés qui ont entravé dans le passé l'aide de la Croix-Rouge envers les réfugiés et orphelins. Cette résolution est adoptée à l'unanimité.

Le PRÉSIDENT annonce ensuite le rapport de la troisième Commission.

La *première résolution* recommande de développer le service des infirmières spécialement dans les campagnes et demande aux pouvoirs publics d'employer à l'avenir de préférence le personnel de la Croix-Rouge, en lui assurant, autant que possible, dans la législation future, des avantages, tels que pensions, retraites, etc.

Seconde résolution. — La Conférence recommande aux Sociétés nationales de la Croix-Rouge d'accorder une attention toute spéciale à la propagande, au moyen d'équipes mobiles, de brochures et d'articles, transmis régulièrement à la presse quotidienne.
La Conférence recommande encore l'organisation périodique de « Semaines d'éducation populaire ».

Le général HALLER présente l'objection de l'insuffisance des fonds des Croix-Rouges nationales pour organiser des équipes mobiles de propagande. Il propose que le Secrétariat de la Ligue soit chargé d'organiser des équipes mobiles, qui seraient mises à tour de rôle pendant une période de quelques semaines à la disposition des Croix-Rouges nationales. Chaque Croix-Rouge pourrait participer dans une certaine mesure à la création de ces équipes.

Le Dr SAND dit qu'il serait difficile au Secrétariat de la Ligue de posséder un nombre d'équipes assez grand pour suffire, dans toutes les parties du monde, aux besoins des quarante-cinq Sociétés membres de la Ligue.

Le Dr STADE ne croit pas qu'un travail utile puisse être accompli au moyen d'une équipe fournie par le Secrétariat. Le matériel doit forcément s'adapter aux besoins des différents pays et doit être créé sur place.

Le Dr PROCHAZKA ajoute qu'il ne faut pas rejeter sur le Secrétariat toute la responsabilité de la création de ces équipes. Chaque Société nationale doit garder son autonomie dans la publication du matériel distribué lors de la propagande. Par contre, le Secrétariat pourrait créer une équipe de démonstration, qui donnerait aux Sociétés nationales et aux Gouvernements une idée exacte de ce moyen de propagande, en excitant le désir de continuer l'expérience à leurs propres frais. C'est ainsi que la première équipe de démonstration fournie par la Ligue à la Tchécoslovaquie a contribué à la création de nombreuses équipes qui parcourent actuellement le pays. Le Gouvernement, convaincu désormais de l'utilité de cette mesure, subventionne cette nouvelle activité de la Croix-Rouge.

La Conférence vote à l'unanimité une adjonction à la présente résolution demandant au Secrétariat de la Ligue d'envisager dans la mesure du possible la création d'une équipe de démonstration.

Par la *troisième résolution* la Conférence décide d'exprimer sa gratitude à ceux des éducateurs qui ont apporté leur contribution à la Croix-Rouge de la Jeunesse, et d'adresser un pressant appel aux instituteurs et institutrices du monde entier, afin d'obtenir leur coopération dans le développement de cette œuvre.

Quatrième résolution. — A l'invitation de la Croix-Rouge autrichienne, la Conférence admet le principe d'une Conférence de la Croix-Rouge de la Jeunesse qui aura lieu à Vienne, en automne 1923.

M. ZABOROWSKI demande que la Conférence formule un vœu : le Secrétariat de la Ligue devrait s'adresser aux Gouvernements afin de faciliter le voyage et le passage des frontières aux délégués et représentants aux Conférences régionales et internationales.

Le vœu est adopté à l'unanimité.

---

17 heures. — Visite du Château Royal et de la cathédrale de Saint-Jean.

QUATRIÈME JOURNÉE

(12 avril 1923)

TRAVAUX DES COMMISSIONS

TROISIÈME COMMISSION

9 heures du matin.

Présidence du docteur LEESMENT

I. *Démonstrations locales intensives d'hygiène.*

Le Dr SAND et le Dr HUMBERT insistent sur les avantages de ces démonstrations.

Le D^r DE SZUKOWATHY montre le bénéfice matériel que les compagnies d'assurance américaine réalisent par leur propagande d'hygiène.

Le Dr STADE rappelle qu'avant la guerre une tentative de lutte intensive contre la tuberculose avait été faite à Hümmling en Allemagne. La mortalité n'a cependant que peu diminué. La difficulté des démonstrations semblables réside dans les dépenses qu'elles entraînent. Sans aucun doute ces dépenses sont productives, mais il y a des pays qui sont dans l'impossibilité de les faire.

Une résolution présentée par le Dr SAND est acceptée.

II. *Protection de l'enfance.*

Le Dr TRENKNER, du ministère de l'Hygiène polonais, et le Dr KUNCEWICZ, du ministère du Travail polonais, font un exposé détaillé de la protection de l'enfance en Pologne.

Le PRÉSIDENT remercie les deux orateurs.

Le Dr HUMBERT propose une résolution qui est acceptée.

III. *Lutte contre la tuberculose.*

Le D^r DE SZUKOWATHY, au nom du Dr LAMBERGER, expose que la Croix-Rouge autrichienne a créé des dispensaires antituberculeux modèles et que les femmes de la Croix-Rouge autrichienne ont formé une Union contre la tuberculose. Il propose une résolution, qui est acceptée, de remercier et de féliciter les femmes autrichiennes.

Le Dr TRENKNER fait un exposé sur la lutte contre la tuberculose en Pologne. C'est surtout l'enfant qu'on cherche à protéger.

Le Dr STADE résume son rapport et demande à la Ligue d'établir des statistiques de morbidité comparées au sujet de la tuberculose.

Le Dr HUMBERT répond que la Ligue ne peut faire ce travail elle-même, mais qu'elle s'adressera à l'Union internationale contre la tuberculose, dont le Secrétariat lui a été confié. Il insiste sur la nécessité de la propagande antituberculeuse dans les campagnes, que la Croix-Rouge est particulièrement à même d'accomplir. La Croix-Rouge de la Jeunesse aussi peut jouer un rôle important dans l'éducation antituberculeuse.

Le professeur KIRKOVITCH estime que l'action dans les campagnes est la plus nécessaire. Des sections rurales de la Croix-Rouge devraient collaborer avec les sections rurales de la Ligue antituberculeuse.

Mme STURDZA voudrait que la Croix-Rouge accomplisse toute son œuvre antituberculeuse par l'intermédiaire des associations contre la tuberculose.

Le Dr HUMBERT, le Dr STADE et le professeur KIRKOVITCH estiment qu'il suffit de recommander la coopération entre ces deux organismes.

La comtesse TARNOWSKA note que la tuberculose fait des progrès parmi des infirmières polonaises.

Le Dr STADE remarque que cette situation a été signalée dans d'autres pays aussi. Elle peut provenir du recrutement parmi des personnes non immunisées.

Le Dr HUMBERT signale le rôle important que jouent à cet égard les conditions d'existence.

Le Dr TRENKNER met en garde contre le surmenage des infirmières.

Il est décidé que le Dr HUMBERT et le Dr STADE présenteront une résolution au sujet de la lutte contre la tuberculose.

SÉANCE PLÉNIÈRE

3 heures de l'après-midi.

Présidence du docteur PROCHAZKA.

Sommaire. — Lecture des résolutions des première et troisième Commissions. — Rapport du Dr SADEDDIN sur la Croix-Rouge albanaise.

Le Dr HUMBERT procède à la lecture des sept résolutions de la première Commission, qui sont toutes adoptées à l'unanimité.

Le Dr SAND procède ensuite à la lecture de la deuxième partie des résolutions de la troisième Commission. Elles sont adoptées à l'unanimité.

Étant donné que les travaux des Commissions seront terminés dans la matinée du vendredi, le PRÉSIDENT propose de clôturer la Conférence dès vendredi après-midi. Les délégués sont d'accord. La séance de clôture aura lieu à la Société médicale de Varsovie, rue Niecala, 7. M. le ministre de l'Hygiène, le Dr CHODZKO, président d'honneur, assistera à cette séance.

Le Dr SADEDDIN, Croix-Rouge albanaise, exprime tout d'abord la reconnaissance de sa Société envers le Secrétariat de la Ligue des Sociétés de la Croix-Rouge de l'avoir invité à cette Conférence. Il exprime également à la Croix-Rouge polonaise ses remerciements pour son aimable accueil. Il expose la situation en Albanie. Ce pays si éprouvé depuis 1909, lors de la révolution contre les Turcs, n'a acquis son indépendance qu'en 1914, après la guerre balkanique. Le paludisme y sévit. Ensuite l'Albanie fut dévastée pendant la grande guerre. La Croix-Rouge albanaise fut formée seulement en 1922, et cette jeune Société a besoin d'appui. (*Applaudissements.*)

Le PRÉSIDENT exprime toute la sympathie de l'Assemblée pour la jeune Croix-Rouge albanaise et formule une résolution demandant au Secrétariat de la Ligue de donner, dans la mesure du possible, tout son appui à cette nouvelle Société. Cette résolution est adoptée à l'unanimité.

21ʰ 30. — Soirée chez M. le général SIKORSKI, président du Conseil des ministres

---

CINQUIÈME JOURNÉE

(13 avril 1923)

9 heures. — Visites des filtres et de la station centrale de canalisation de Varsovie.

Visite de l'installation de désinfection des voitures de chemins de fer par l'acide cyanhydrique.

TRAVAUX DES COMMISSIONS

TROISIÈME COMMISSION

Présidence du docteur LEESMENT

I. *Prophylaxie des maladies vénériennes.*

Le Dr WERNIC, de la Société polonaise contre la dégénérescence de la race, complète le rapport qu'il a présenté en décrivant les activités anti-vénériennes de ces deux dernières années.

Mme STURDZA décrit l'action des équipes mobiles antivénériennes qui parcourent les campagnes roumaines pendant l'été.

Le Dr STADE et le Dr WERNIC remarquent que c'est seulement un pis aller, la continuité du traitement n'étant pas assurée.

Le Dr TRENKNER rappelle que là où il existe une pénurie de méde-cins, dans les Carpathes, par exemple, on a installé les médecins dans les centres d'où ils rayonnent de façon à visiter chaque commune de leur district une fois par semaine.

Le Dr ROUVIDITCH, Croix-Rouge des Serbes, Croates et Slovènes, expose que, dans son pays, les médicaments sont donnés gratuitement aux malades atteints des affections vénériennes.

Le D^r DE SZUKOWATHY dit qu'il existe en Hongrie une Ligue contre les maladies vénériennes, mais la Croix-Rouge désire prendre en main cette lutte.

Les résolutions proposées par le Dr WERNIC sont adoptées.

II. *Hygiène industrielle.*

M. Rose résume le rapport présenté par le Bureau international du Travail et en présente les résolutions.

III. *Rapport sur les centres de protection de l'Enfance.*

Le Dr Humbert présente une résolution demandant des informations de la part des Sociétés nationales de la Croix-Rouge au sujet des centres de puériculture créés par la Croix-Rouge américaine.

Cette résolution est adoptée.

IV. *Les autres activités de la Croix-Rouge en temps de paix.*

Le général Jungstedt, Croix-Rouge suédoise, qui avait l'intention de faire une conférence sur l'activité de secours de la Croix-Rouge suédoise dans les vastes régions désertes du pays, dont il a déjà cité quelques extraits à une session précédente, y renonce en considération de l'heure avancée.

On décide d'annexer tous les discours au compte rendu.

SÉANCE PLÉNIÈRE ET SÉANCE DE CLOTURE

3 heures de l'après-midi.

Séance tenue dans le local de la Société médicale de Varsovie, qui, d'accord avec l'Association des médecins, a gracieusement exprimé le désir d'affirmer ainsi « la solidarité de la médecine pratique avec les buts et l'idéal de la Croix-Rouge ».

Présidence du docteur PROCHAZKA.

Sommaire. — Allocution du Dr Baczkiewicz, président de la Société médicale de Varsovie. — Rapport du Dr Gromski, du P. A. K. P. D. — Communication de M. Wyss sur le camp international pour enfants chétifs. — Résolution finale présentée par la Croix-Rouge suédoise. — Discours de clôture du Président. — Allocution du ministre de l'Hygiène, le Dr Chodzko, et du général Haller. — Message de la Croix-Rouge roumaine.

Le Dr Baczkiewicz, président de la Société médicale de Varsovie, adresse un souhait de bienvenue aux délégués de la Croix-Rouge et précise les relations de la médecine pratique et de la Croix-Rouge. Il termine en souhaitant longue vie à la Ligue des Sociétés de la Croix-Rouge et aux Sociétés nationales représentées à la Conférence.

Le Dr Gromski, directeur médical du P. A. K. P. D. (Comité polono-américain de secours aux enfants), présente un rapport très documenté et très détaillé, au point de vue médical et administratif, sur les soixante-dix-sept centres d'assistance aux nourrissons, créés en Pologne.

Le Président annonce ensuite à la Conférence que M. Wyss, du Secrétariat international des mouvements de la jeunesse, a fait le voyage de Suisse à Varsovie pour faire une communication à l'Assemblée.

M. Wyss : La Conférence internationale de Bruxelles des mouvements de jeunesse a lancé l'idée d'un vaste camp international qui réunirait pendant l'été un grand nombre d'enfants débilités pour leur offrir pendant quelques mois les avantages d'une vie hygiénique en plein air, avec la collaboration des boys-scouts, des groupements de jeunesse, etc., Divers plans ont été étudiés, mais il semblerait particulièrement avantageux, au point de vue économique et climatérique, d'établir ce camp en Basse-Autriche, dans une localité spécialement choisie par la Com-

mission d'études. La jeunesse suisse a déjà recueilli une partie des fonds.
Mais il serait surtout désirable d'obtenir du matériel de campement,
tel que tentes, lits, etc. Les groupements de jeunesse ont reçu l'accueil
le plus bienveillant du Comité international de la Croix-Rouge et de la
Ligue des Sociétés de la Croix-Rouge et ils espèrent l'appui de la Conférence des Croix-Rouges de l'Europe Orientale.

M. Clouzot appuie chaleureusement l'exposé de M. Wyss. Il insiste
sur la similitude d'intérêts avec le mouvement de la Croix-Rouge de la
Jeunesse. La Conférence pourrait formuler un vœu exprimant son intérêt
à la question.

Le Président prie M. Clouzot de bien vouloir rédiger ce vœu.

Mᵐᵉ Sturdza décrit une colonie de vacances, créée en Roumanie
selon les mêmes principes d'entr'aide de la jeunesse.

Le Dʳ Humbert annonce que le général Jungstedt et M. Romanesco
renoncent à la lecture de leurs rapports qui contiennent des renseignements détaillés sur l'activité de paix de leurs sociétés. Ces rapports seront
publiés *in extenso*.

Le Secrétaire procède ensuite à la lecture des résolutions adoptées
par la troisième Commission dans ses séances des 12 et 13 avril, ainsi que
des résolutions présentées par le Dʳ Matvejs sur la situation en Lettonie,
et par M. Clouzot. Toutes ces résolutions sont adoptées à l'unanimité.

Le général Jungstedt présente une déclaration exprimant les remerciements de la Conférence aux Croix-Rouges des pays qui sont venus en
aide à l'Europe Orientale, à la Croix-Rouge polonaise et à la Ligue des
Sociétés de la Croix-Rouge pour l'organisation de cette Conférence, au
Comité international de la Croix-Rouge, aux pouvoirs publics, etc.

Le Dʳ Sand exprime sa satisfaction de l'entière réussite de la Conférence; répondant au vœu qui lui a été exprimé de divers côtés, il propose
le renouvellement d'une Conférence régionale dans deux ans et suggère
Budapest comme lieu de la réunion.

M. Romanesco ne possédant pas d'instructions de la Croix-Rouge
qu'il représente fait des réserves sur le lieu de la Conférence.

Le Dʳ Joksimovitch fait la proposition d'adopter le principe d'une
Conférence régionale dans deux ans en laissant au Secrétariat de la Ligue
le soin de fixer le lieu de la Conférence après entente avec les Sociétés
nationales.

40

Le général Haller appuie cette proposition, qui est adoptée à l'unanimité, après une déclaration du Dr Szukowathy se ralliant à ce point de vue.

Le Président :

« Mesdames, Messieurs,

« Nous approchons de la fin de nos travaux. J'ai comme premier devoir d'adresser mes remerciements les plus chaleureux à nos hôtes, la Croix-Rouge et les autorités polonaises, pour leur hospitalité, pour leur souci de notre bien-être physique et intellectuel, dans la capitale de la République, pour l'intérêt si vif qu'ils ont témoigné à notre travail. Je remercie du fond du cœur tous nos nouveaux amis varsoviens, si nombreux que je ne peux les énumérer. Je dois me contenter d'affirmer, au nom de tous les participants et délégués de cette Conférence, que les six jours passés à Varsovie nous laisseront un souvenir indélébile.

« J'adresse encore mes remerciements aux délégués du Secrétariat de la Ligue des Sociétés de la Croix-Rouge pour l'aide organisatrice et tous les efforts qu'ils ont déployés pour la réussite de la Conférence et je remercie non moins chaleureusement tout le personnel du Secrétariat de la Ligue pour leur splendide travail.

« Les travaux des Commissions et ceux des séances plénières ont abouti à d'heureux résultats, qui sont condensés dans les résolutions que vous avez votées. Il s'agira maintenant, dès notre retour, de transformer en réalisations pratiques tout ce que nous avons décidé.

« Permettez-moi, Mesdames et Messieurs, de vous exprimer franchement mon opinion générale sur les Conférences de la Croix-Rouge et sur le travail et les devoirs de la Croix-Rouge en Europe Orientale; cette opinion ne fait partie d'aucune de nos résolutions, elle n'exprime qu'une opinion purement personnelle, mais je préfère terminer ainsi notre conférence que de vous adresser encore quelques phrases banales de politesse officielle.

« Il peut y avoir des opinions divergentes sur les Conférences de Croix-Rouge, mais il y a une chose certaine, c'est qu'elles nous apportent une somme respectable d'informations, venant de situations et de pays différents, qui contribue à notre connaissance du vaste domaine de la prévoyance sociale. Nous pouvons beaucoup apprendre les uns des autres, non seulement par des rapports, plans, cartes ou diagrammes, mais aussi par des entretiens ou des relations personnelles.

« Si théoriques que peuvent paraître les résolutions qui résultent de nos travaux, elles font cependant avancer notre plan de prévoyance sociale en faveur des malheureux, des malades, des déshérités; je dirais plus encore, elles apportent leur part, si minime soit-elle, à notre idéal du bien-être social de tous nos concitoyens, au rapprochement d'un ancien rêve : l'établissement du royaume de Dieu sur la terre.

Si nous revenons au temps présent, on peut dire que nos Conférences ont l'immense avantage de contribuer au rapprochement des peuples.

Nous venons de contrées diverses, nous appartenons à des races ou des pays qui peuvent connaître des divergences politiques ou économiques; puis, nous nous apercevons que nous sommes tous en présence des mêmes misères, que nous entendons tous le même cri de détresse des malades, des orphelins, des isolés et des réfugiés. Il y a quelque chose qui peut tous nous unir, qui peut établir entre nous une vraie confraternité : c'est l'ancienne et la nouvelle conception de la Croix-Rouge, c'est l'honneur et le devoir d'en élever toujours le symbole aux yeux de l'humanité et d'essayer de toutes nos forces de l'atteindre et de le réaliser.

Comment y parviendrons-nous?

« N'oublions pas, tout d'abord, que les temps nouveaux demandent des méthodes nouvelles. Le nouvel essor de la démocratie que nous devons diriger vers les voies les plus élevées, réclame impérieusement la collaboration de tous les éléments de la population.

Cette participation universelle, cette ramification de la Croix-Rouge jusque dans les villages les plus reculés, est indispensable à notre travail. Ce but ne peut être atteint que par la propagande, et c'est pourquoi nulle Croix-Rouge ne peut aujourd'hui se soustraire à cette obligation.

Bien plus, la tâche difficile de la Croix-Rouge ne peut être accomplie sans l'entr'aide réciproque des Sociétés nationales, des peuples, des Gouvernements.

Nous voyons à chaque nouvelle Conférence que cette entr'aide est trop peu développée, que l'action des Croix-Rouges et des peuples reste trop isolée; il me semble presque que nous n'avons pas encore franchi la première étape qui mène à cette entr'aide, nous n'avons pas appris suffisamment à nous connaître. Les rapports entre les Sociétés nationales ne doivent pas se limiter aux conférences, ils doivent devenir plus vivants; le développement toujours plus grand de ces relations est une tâche magnifique pour la Ligue, autant que pour les Sociétés nationales.

Je crois d'ailleurs que l'une des plus sages résolutions issues des Conférences de la Ligue est celle qui conseille aux Sociétés nationales de concentrer leur activité sur trois points : la formation du personnel auxiliaire, l'enseignement populaire de l'hygiène et la Croix-Rouge de la Jeunesse. Les Sociétés nationales de Croix-Rouge n'ont pas encore assez suivi ce conseil. Il peut arriver, il est vrai, que des circonstances spéciales nécessitent la concentration sur d'autres points. C'est d'une

42

façon pressante que je recommande néanmoins ce programme à votre attention. Il contient une profonde sagesse, il repose sur trois piliers fondamentaux sur lesquels peut s'élever un édifice durable. Si ce principe est juste pour toutes les Croix-Rouges, il acquiert une importance toute particulière pour les nouvelles sociétés nationales en voie d'organisation.

« L'activité de la Croix-Rouge de tous les pays est menacée aujourd'hui par d'innombrables difficultés économiques, par un manque universel de ressources financières. Afin d'échapper à cette difficulté, nous n'avons qu'une seule issue, c'est de persuader nos concitoyens que la tâche à laquelle nous nous consacrons est la plus importante de toutes celles qui peuvent absorber les ressources financières d'un peuple. Il faut créer entre les membres des Croix-Rouges de tous les pays cette compréhension mutuelle de nos besoins réels que je désirais tout à l'heure voir s'établir entre représentants de la Croix-Rouge à l'occasion de nos réunions régionales ou internationales. Ainsi se répandra l'idée que nos efforts pour secourir ceux qui crient dans la détresse doivent passer avant la préparation de nouvelles guerres et la construction d'instruments belliqueux.

« Lorsque nous en aurons persuadé les peuples, nous aurons suffisamment de ressources à notre disposition pour assurer notre avenir et nos buts, tout en sauvegardant tous les intérêts nationaux. Les Croix-Rouges étaient autrefois des formations de guerre, il est temps qu'elles deviennent des formations de paix.

« Je termine par l'espoir que la franchise des paroles que je viens de prononcer ne heurte personne; je suis animé du seul désir que cet idéal devienne bientôt l'idéal commun et définitif de tous les peuples.

« Pozwolcie mi rowniez skierowac kilka slow pod adresem Polskiego Czerwonego Krzyza. Mielismy obecnie sposobnosc was poznac, nauczylismy sie was cenic i zblizylismy sie do was. To tez prosimy was, Bracia, azebyscie nas w dobrej zachowali pamieci i z calego serca zyczymy, azeby wam powodzenie w wykonaniu Waszych zamierzen sprzyjalo. My zas zawsze gotowi jestesmy wam dopomoc. Badzcie szczesliwi dowidzenia. »

M. le ministre Chodzko exprime ses regrets du trop court séjour des délégués à Varsovie, remercie l'Assemblée au nom du Gouvernement polonais pour l'intérêt porté aux institutions du pays, et souhaite que les délégués conservent le meilleur souvenir de la Pologne.

Le Dr Sand se réserve d'adresser ses remerciements et ses vœux à l'Assemblée à la réunion de ce soir.

Le Président proclame la clôture de la Conférence.

Le général HALLER adresse encore à l'Assemblée ses cordiaux et chaleureux messages.

M. ROMANESCO

« MONSIEUR LE PRÉSIDENT,

« La délégation de la Croix-Rouge de Roumanie et, avec votre per-
mission, les délégations des Croix-Rouges orientales, ne veulent pas
quitter Varsovie sans vous apporter, ainsi qu'à la Croix-Rouge polonaise
tout entière, l'expression de leurs sentiments de vive reconnaissance
pour l'accueil si chaud, si amical, si fraternel — oserai-je dire — qu'elles
ont reçu dans votre pays.

Les délégations des Croix-Rouges rentreront chez elles en emportant
des exemples précieux et aussi le souvenir ému d'une hospitalité seigneu-
riale digne des traditions historiques d'un aussi noble pays.

« Nous transmettons également au Comité de la Ligue, par le bienveillant intermédiaire du Dr Sand, du Dr Humbert et du capitaine
Petersen, tous nos remerciements pour l'organisation parfaite et la haute
compétence qui ont guidé nos débats.

« Il ne nous reste plus qu'à souhaiter que le prochain congrès des
Croix-Rouges orientales nous réunisse à nouveau dans le même esprit
de bienveillance, d'amour du prochain et de *paix*. »

Réception dans la bibliothèque de la Société médicale de Varsovie.

---

21 heures. — Dîner à l'hôtel de l'Europe, offert par M. le Dr SAND,
secrétaire général de la Ligue des Sociétés de la Croix-Rouge.

Samedi, 14 avril 1923.

10 heures. — Visite de l'Institut épidémiologique de Varsovie.

11^h 30. — Visite de l'Institut physiothérapique militaire « Pilsudski »
(hôpital Mokotow).

DISCOURS

prononcé par le docteur SAND, à la réception du 13 avril 1923.

« EXCELLENCE, MONSIEUR LE PRÉSIDENT, MESDAMES, MESSIEURS.

« Au nom de la Ligue des Sociétés de la Croix-Rouge, que j'ai l'honneur de représenter ici, avec mes deux collègues dont vous avez tous
apprécié le talent et le dévouement, M. le Dr Humbert et M. le capitaine

41

Petersen, je tiens tout d'abord à exprimer nos sentiments envers le chef
de l'État qui nous accor le sa gracieuse hospitalité. Son Excellence
M. le Président de la République polonaise nous a fait l'insigne honneur
de recevoir les membres de la Conférence dans son Palais du Belvédère;
pour nous accorder audience, il a abrégé la durée de son séjour à la campagne. Nous sommes profondément sensibles à ce témoignage de bienveillance, et j'adresse à Son Excellence M. le Président de la République
l'hommage respectueux de notre très vive gratitude.

« Son Excellence M. le Président du Conseil a donné à notre séance
inaugurale une consécration solennelle en nous ouvrant, pour cette céré-
monie, les portes du Palais de la Présidence, où, hier encore, aux côtés
de Mme Sikorska, il nous accueillait avec une cordialité et une bonne
grâce qui nous ont infiniment touchés.

« Son Excellence M. le Ministre des Affaires étrangères a bien voulu
s'intéresser personnellement à notre Conférence. Leurs Excellences
MM. les Ministres de la Guerre, du Travail et de la Prévoyance sociale,
de l'Hygiène se sont fait représenter par des délégués éminents qui ont
pris une part importante à nos délibérations. Son Excellence M. le
Ministre de l'Hygiène, le Dr Chodzko, nous a, en outre, non seulement
accordé l'honneur de sa présence, mais encore il a pris la parole en deux
occasions. La haute autorité de l'homme qui a su mener à bien, en quelques années, cette tâche de Titan qu'est l'assainissement d'un pays
envahi par les maladies les plus redoutables, nous a été le plus précieux
des patronages.

« Pour toutes ces marques de sympathie, j'exprime ici la reconnaissance sincère de la Ligue des Sociétés de la Croix-Rouge.

« Je désire remercier également les autorités municipales de Varsovie,
ainsi que la Société médicale de Varsovie et l'Association médicale polonaise, qui nous ont reçus officiellement, marquant ainsi combien le corps
médical polonais est en parfaite harmonie de sentiments et d'action avec
la Croix-Rouge.

« Je remercie la Croix-Rouge polonaise, qui, préparant cette Conférence avec un soin et une diligence en tous points remarquables, a eu le
souci constant du confort et de l'agrément de chacun de nous. Citer des
noms est impossible, car il faudrait énumérer tout le Comité central,
tout le Conseil de Direction, tout le Comité de Varsovie, mais je ne puis
me dispenser de dire notre reconnaissance personnelle à M. le général
Haller, à M. le comte Henri Potocki, à M. Zaborowski, à Mlle Pasz-
kowska, au Dr Podhorecki.

« J'exprime aussi notre gratitude à toutes les Croix-Rouges qui ont
bien voulu se faire représenter à cette Conférence et qui ont ainsi, par
un bel exemple, montré leur volonté de collaboration. Comme l'a dit

45

notre président, les relations entre Croix-Rouges sont trop peu nombreuses; les réunions du Conseil général ont lieu tous les deux ans seulement, les Conférences internationales sont plus rares encore; il est éminemment désirable que les Croix-Rouges s'écrivent, s'envoient des représentants, organisent des réunions. La Croix-Rouge est l'école de la solidarité, et celle-ci ne peut se manifester pleinement que par le travail en commun.

« Je remercie les différents organismes représentés à la Conférence, et tout d'abord le Comité international de la Croix-Rouge, dont nous sommes heureux de saluer ici les délégués, la Société des Nations et le chef éminent de sa section d'hygiène, M. le Dr Rajchman, le Bureau international du Travail, l'Institut Pasteur, l'Union internationale de secours aux enfants; la Commission en Europe de la Croix-Rouge américaine de la Jeunesse, la Société varsovienne contre la tuberculose, la Ligue polonaise contre la dégénérescence de la race.

« Je remercie enfin notre président, M. le Dr Prochazka, qui a dirigé nos débats avec une autorité et une compétence remarquables. Si notre travail a pu être aussi rapide et aussi précis, c'est certainement à lui que nous le devons, et je suis sûr qu'en lui exprimant ma reconnaissance, je suis votre interprète à tous.

« Dans son discours d'ouverture, M. le général Haller nous a montré que la préparation à l'œuvre du temps de guerre doit rester, dans les circonstances actuelles, la mission la plus importante de la Croix-Rouge; mais je sais être d'accord avec lui en disant qu'il ne faut pas opposer l'un à l'autre, comme deux ordres d'activité essentiellement différents, le programme de guerre et le programme de paix de la Croix-Rouge. Quand celle-ci organise des hôpitaux, accumule du matériel, réunit des ressources, forme du personnel, peut-elle, aussi longtemps que dure la paix, s'en interdire l'emploi? N'est-il pas logique, humain et favorable même à son travail en temps de guerre, que tout ce dont elle dispose dans cet ordre d'idées, elle l'utilise d'une façon permanente pour le plus grand bien de la population? D'autre part, lorsqu'elle crée son armement hygiénique, lorsqu'elle instruit des infirmières, pour les consultations de nourrissons et les dispensaires antituberculeux, lorsqu'elle répand des notions d'hygiène dans les masses, lorsqu'elle exerce la jeunesse aux habitudes saines et à la notion du devoir civique, ne prépare-t-elle pas pour l'éventualité d'une guerre, une nation plus robuste et plus apte à remplir les graves devoirs qui lui incomberont dans ces redoutables circonstances?

« Le programme de paix est sorti graduellement du programme primitif de la Croix-Rouge. Comme l'a rappelé l'un de ceux qui ont pris

, une part remarquée à nos délibérations, M. le Dr Stade, délégué de la
Croix-Rouge de Dantzig, dès 1896, la Croix-Rouge allemande érigeait
un sanatorium antituberculeux; des résolutions au sujet de la tuberculose
ont été votées par les Conférences internationales de la Croix-Rouge de
Londres et de Washington, en 1907 et en 1912.

« La création de la Ligue, en 1919, ne fut que l'expression concrète
de ce mouvement qui, d'année en année, avait gagné en puissance et en
ampleur. La Ligue aide les Sociétés nationales de la Croix-Rouge à appliquer le programme de la médecine sociale, qui s'est imposé aux pouvoirs
publics, aux hygiénistes et à l'opinion pensante. Pourquoi ces préoccupations d'hygiène populaire sont-elles devenues aujourd'hui prépondé-
rantes? L'un des membres de cette Conférence m'a rapporté que lorsqu'il
dirigeait, il y a quelques années, une consultation de nourrissons dans
le nord de la Russie, une femme du peuple lui dit : « A quoi bon faire
tant d'efforts pour les petits enfants? Il y en aura toujours, on les rem-
place facilement. » Cette femme exprimait inconsciemment une opinion
qui, sans jamais peut-être avoir été énoncée d'une façon formelle, inspi-
rait cependant les dirigeants il y a un certain nombre d'années. Il semble
que l'on voyait alors, ou du moins on agissait comme si l'on voyait dans
la population une sorte de réservoir humain qui se remplit automati-
quement, sans qu'il soit besoin de s'en occuper autrement que pour y
puiser des soldats et des travailleurs, et pour y prélever des impôts. Nous
ne pouvons plus admettre cette conception. La personnalité humaine
a acquis à nos yeux, en dépit des hécatombes de la guerre, une double
valeur morale et matérielle, qui ne nous permet plus de laisser la maladie
et la mort exercer leurs ravages sans qu'une action énergique et raisonnée
leur soit opposée.

« J'ai parlé de la valeur matérielle de l'homme; elle était faible du
temps où l'État faisait peu de sacrifices pour l'instruction, pour le bien-
être et pour la santé de la population. Mais aujourd'hui, lorsqu'une femme
est enceinte, nous lui envoyons une infirmière visiteuse et nous l'amenons
à une consultation pré-natale; au moment de son accouchement, nous la
faisons aider par un médecin ou par une sage-femme; nous la plaçons
dans une maternité ou nous lui accordons une allocation spéciale; la
mère et le nourrisson visitent ensuite la consultation infantile; plus tard,
l'enfant fréquente la garderie, le jardin d'enfants, l'école. Pour celle-ci,
aucun bâtiment n'est trop beau ni trop bien approprié; le médecin et
l'infirmière scolaire viennent s'y placer aux côtés de l'instituteur. Nous
nous occupons ensuite de l'orientation professionnelle et de l'instruction
professionnelle de l'enfant. Nous organisons la tutelle sanitaire des
apprentis. Un vaste système d'assurances sociales garantit la classe
ouvrière contre les dommages de la maladie, des accidents, de l'invalidité,

du chômage, de la vieillesse. Nous construisons des cités-jardins, nous organisons les loisirs de l'ouvrier, nous multiplions les œuvres de santé et d'éducation. Autrefois, la mort d'un enfant ou d'un adolescent ne représentait d'autre sacrifice que les larmes de sa mère et les fatigues stériles de son père. Actuellement, sa disparition est une perte matérielle considérable pour la société, qui s'est imposé des dépenses élevées afin d'en faire un citoyen utile et fort.

« Telle est, avec la reconnaissance de la valeur morale de la vie humaine, la raison pour laquelle la médecine sociale s'est élevée au premier rang de nos préoccupations.

« De plus, les découvertes de la science appliquée nous ont montré dans quelles proportions considérables nous pouvons réduire les fléaux que l'on jugeait autrefois inévitables : la Nouvelle-Zélande qui, déjà, avait la mortalité infantile la plus basse du monde entier, a, en quinze ans, abaissé encore celle-ci de près de moitié (1). La lutte contre la tuberculose, commencée aux États-Unis il y a trente ans, a été si efficace qu'aujourd'hui les sanatoria et les hôpitaux pour tuberculeux ne parviennent plus à remplir leurs salles. En Suède, la loi du 1er janvier 1919 a réduit les maladies vénériennes de 60 % pour l'ensemble du pays, de 70 % à Stockholm. Enfin, la législation belge sur l'alcool, qui se borne à interdire la vente des liqueurs au détail, a eu pour conséquence la disparition de près de la moitié des cabarets; les colonies de vagabonds se sont vidées; on n'amène plus d'alcooliques dans les asiles; la criminalité a diminué.

« On le voit, les efforts des hygiénistes ne sont pas vains; bien dirigés, ils conduisent au succès en une période de temps relativement courte. La santé est à qui veut la payer et en organiser la défense.

« Dans cette immense campagne, quel est le rôle des pouvoirs publics et quel est celui de la Croix-Rouge? On a beaucoup discuté sur ce point, et je me permettrai de vous donner ici mon opinion personnelle : que l'État, les provinces, les communes, assument toutes les responsabilités qu'ils prennent pour eux la plus grande part du programme de l'hygiène, c'est ce que tout le monde doit désirer, car l'action des pouvoirs publics a une continuité et une extension dont l'initiative privée est incapable; mais quelle que soit l'ampleur de cette intervention, il restera toujours à la Croix-Rouge trois rôles importants : *éduquer, coordonner, innover.* *Éduquer,* parce que cette tâche est de celles qui ne sont jamais complètement remplies et que la Croix-Rouge peut atteindre des classes de la population qui sont hors de la portée des administrations. *Coordonner,* parce que tant d'institutions diverses concourent aux œuvres d'hygiène

---

(1) Mortalité par mille naissances, pour la période 1906-1910 : 70; en 1921, 40.

48

qu'une unification des efforts est indispensable, et aucun organisme n'est
mieux placé que la Croix-Rouge pour s'y employer. Enfin, *innover*, parce
qu'il y a toujours un travail de pionnier à accomplir, les autorités ne
pouvant adopter une méthode ou une action que lorsque des essais préa-
lables en ont établi l'utilité.

« Les procédés dont se servira la Croix-Rouge sont ceux sur lesquels
l'accord unanime s'est fait au Conseil général de la Ligue des Sociétés
de la Croix-Rouge, à Genève, en 1922 : *l'instruction populaire* en matière
d'hygiène, qui éveille l'intérêt des masses; *l'activité des infirmières visiteuses*, qui porte l'éducation dans les familles, et la *Croix-Rouge de la
Jeunesse*, qui forme l'enfance aux habitudes d'hygiène, à la pratique du
devoir civique, à l'esprit de solidarité internationale.

« Et cette dernière mission m'amène à la réflexion que je voudrais
vous soumettre en guise de conclusion.

« La Croix-Rouge possède, en ce qui concerne ses activités de guerre,
son pacte écrit : la Convention de Genève et les Conventions qui l'ont
complétée. Elle a formulé, en ce qui concerne ses activités de paix, son
programme qui est fixé par les statuts de la Ligue et les décisions de
son Conseil général. Mais au-dessus de ces documents, il est un principe
non écrit qui donne à la Croix-Rouge sa haute mission pacificatrice.
Loin d'avoir été instituée pour légitimer la guerre ou la rendre plus
acceptable, en soulageant les souffrances qu'elle provoque, elle a été
créée en horreur de la guerre, et, toujours, le Comité international aussi
bien que la Ligue ont affirmé leur volonté de lutter pour la paix, toujours
la Croix-Rouge a maudit la guerre. Demandez-vous à l'issue de cette
Conférence où des délégués venant de vingt États divers ont délibéré
en collaborateurs, en camarades, si une réunion semblable eût été aussi
cordiale en dehors de la Croix-Rouge et de l'esprit qui anime ses membres.

Songez aussi à ce fait : lorsque deux nations entrent en guerre, elles
n'ont plus chez l'autre d'ambassadeur ni de consuls; elles cessent toute
relation par le chemin de fer, la poste, le télégraphe; les échanges de
personnes et d'idées sont arrêtés. De tout ce réseau touffu qui traversait
la frontière, un seul fil subsiste, c'est la Croix-Rouge. Le privilège qui
lui est ainsi conféré de rester l'unique institution rappelant à deux peuples
obstinés à se détruire, que des deux côtés de la ligne qu'ils se disputent,
ce sont cependant des hommes qui souffrent et qui meurent, ce privilège
est, à mon avis, le plus haut et le plus noble que possède la Croix-Rouge.

« Et je voudrais, lorsque chacun de vous rentrera demain dans son
pays, pour y reprendre sa tâche bienfaisante, qu'il réponde, si quelqu'un
vient à l'interroger sur l'institution à laquelle nous venons de vouer de
nouveaux efforts : « La Croix-Rouge? C'est le chemin le plus court et le
plus sûr du cœur d'un homme aux cœurs de tous les autres hommes. »

RÉSOLUTIONS

Les délégués présents à la Conférence des Croix-Rouges de l'Europe Orientale et représentant les Sociétés de la Croix-Rouge de : Bulgarie, Dantzig, Esthonie, Hongrie, Lettonie, Pologne, Roumanie et du Royaume des Serbes-Croates-Slovènes et de Tchécoslovaquie, ont voté à l'unanimité les résolutions suivantes :

TRAVAUX DE LA PREMIÈRE COMMISSION

Sommaire.

A. Développement de la Croix-Rouge en Europe Orientale; perfectionnement de l'organisation, recrutement des membres, propagande dans le public; collaboration avec d'autres organisations.

1. Situation du Comité central vis-à-vis des comités régionaux et locaux.
2. Organisation du Secrétariat central.
3. Personnel bénévole et personnel rétribué.
4. Campagnes de recrutement et appel de fonds.
5. Coopération avec les services gouvernementaux.
6. Coopération avec les associations privées ou semi-officielles.

B. Comment le Secrétariat de la Ligue peut-il aider les Sociétés nationales de l'Europe Orientale?

I

Organisation.

Pour donner une base solide à l'organisation d'une Société de Croix-Rouge, il est désirable que les sections locales soient groupées en divisions correspondant aux districts administratifs du pays. Le travail actif sera décentralisé et confié à ces divisions ou à ces sections, conformément aux instructions précises données par le Comité central qui reste l'organe directeur de la Croix-Rouge et son centre naturel de publicité et de propagande.

II

Recrutement de nouveaux membres, et ressources budgétaires.

La Conférence estime qu'un recrutement étendu de membres est indispensable pour donner à la Croix-Rouge un caractère populaire, mais elle reconnaît que dans les circonstances qui règnent actuellement dans la plupart des pays de l'Europe Orientale, la cotisation des membres ne peut suffire à équilibrer le budget de la Croix-Rouge. Il est donc nécessaire de faire appel dans ce but au Gouvernement et à la générosité publique. La Conférence recommande à la Ligue des Sociétés de la Croix-Rouge d'étudier les moyens applicables à ces pays :

a) Pour augmenter les ressources des Sociétés nationales en faisant appel au public, aux institutions privées et aux pouvoirs publics (par des impôts accordés à la Croix-Rouge);

b) Pour diminuer les dépenses de ces Sociétés par certains privilèges et exemptions que peut conférer le Gouvernement.

III

Collaboration avec les Gouvernements.

La Conférence reconnaît qu'une coopération de la Croix-Rouge avec le Gouvernement est indispensable, la Croix-Rouge gardant toutefois son indépendance et son initiative dans l'exécution de son programme en temps de paix.

IV

Conseils nationaux d'hygiène.

La Conférence recommande que les Sociétés nationales de l'Europe Orientale favorisent, chacune dans leur pays, la formation d'un Conseil d'hygiène, dont le but serait de coordonner les activités éducatives des œuvres s'occupant d'hygiène et d'assistance sociale, à la condition que la Croix-Rouge forme le secrétariat technique et le centre de l'organisation de ce Conseil, et que les Sociétés représentées au Conseil gardent leur liberté d'action absolue.

V

Conférences régionales.

La Conférence reconnaissant la grande valeur des conférences organisées par les groupes de Sociétés de la Croix-Rouge, recommande à la Ligue des Sociétés de la Croix-Rouge d'étudier la répartition de ces Sociétés en groupes géographiques en vue de l'organisation :

a) De conférences périodiques;

b) De réunions occasionnelles de délégués de Sociétés de Croix-Rouge faisant partie d'un même groupe.

Dans la mesure du possible, la représentation des Sociétés nationales au Conseil directeur et au Secrétariat de la Ligue des Sociétés de la Croix-Rouge doit tenir compte de ces groupes.

VI

Stages d'études.

La Conférence, reconnaissant l'utilité pour les Sociétés nationales d'envoyer un membre de leur personnel faire un stage au Secrétariat de la Ligue des Sociétés de la Croix-Rouge, recommande à celui-ci de développer et de systématiser cette pratique.

Ces visites seraient plus fructueuses si elles avaient lieu par roulement régulier entre les divers groupes de Sociétés nationales. Ce système laisserait un temps de préparation suffisant aux personnes appelées à faire un stage. Celles-ci devraient non seulement étudier au Secrétariat de la Ligue les questions qui pourraient présenter un intérêt pour leurs groupes de Sociétés, mais aussi rendre service à la Ligue comme experts dans les questions concernant ces mêmes Sociétés. Ils suggéreraient au Secrétariat les initiatives pouvant augmenter les possibilités de contact direct entre la Ligue et les Sociétés nationales.

VII

- *Publications et matériel de propagande.*

La Conférence approuve vivement la publication d'un bulletin périodique par chacune des Sociétés de la Croix-Rouge. Elle apprécie l'aide fournie par les circulaires d'information de la Ligue des Sociétés de la Croix-Rouge, circulaires qui procurent des matériaux nouveaux utilisables pour des publications. Elle recommande à la Ligue une étude approfondie du développement de cette activité, la priant, si possible, de publier ces circulaires à intervalles plus rapprochés, ce qui en faciliterait l'utilisation pour la propagande en dehors des publications spéciales de la Croix-Rouge.

La Conférence recommande aussi à la Ligue des Sociétés de la Croix-Rouge d'étudier la possibilité de mettre à la disposition des Sociétés des dessins, photographies, clichés, etc., ayant rapport aux articles des circulaires d'information.

Sommaire.

Les activités de paix de la Croix-Rouge en Europe Orientale.
Œuvres spéciales de secours immédiat. Action de la Croix-Rouge dans :
    1. La lutte contre les épidémies;
    2. La reconstitution des régions dévastées;
    3. Les secours aux réfugiés, aux orphelins, etc.

VIII

Organisation de la lutte contre les épidémies.

Dans la lutte contre les épidémies dans les pays de l'Europe Orientale, c'est à l'État qu'appartient le rôle principal et directeur.

Les institutions de la Croix-Rouge doivent joindre leurs efforts à ceux de l'État, mais leur action doit être soumise à l'approbation de l'organe qui dirige la lutte antiépidémique. Grâce à ses nombreuses et puissantes ramifications dans tous les pays, la Croix-Rouge peut assumer une grande responsabilité et accomplir un travail important pour prévenir l'éclosion des épidémies, en organisant la propagande de l'hygiène personnelle et collective.

IX

Renseignements épidémiologiques.

La Conférence charge, en outre, le Secrétariat de la Ligue d'étudier les voies et méthodes par lesquelles les Croix-Rouges pourraient se transmettre entre elles des informations épidémiologiques.

X

Organisation internationale des œuvres de secours en cas d'épidémie, et instruction internationale du personnel de la Croix-Rouge.

1° Pour l'internationalisation et l'unification des actions dirigées contre les épidémies et les calamités, la Conférence propose au Secrétariat d'étudier le principe d'un contrat qui assurerait à un organisme central, tel que la Ligue, la disposition de ressources matérielles, formations sanitaires et d'équipes de secours, tandis que l'action exécutive resterait décentralisée.

2º Pour assurer l'unification dans l'exécution des actions internationales, il serait hautement désirable d'arriver à l'introduction de cours obligatoires, d'une durée de deux à quatre semaines, portant sur tous les sujets concernant la Croix-Rouge, pour tous les fonctionnaires permanents, employés et collaborateurs techniques de la Croix-Rouge;

3º Dans le même ordre d'idées, il serait nécessaire d'éditer un manuel, guide ou almanach, résumant toutes les données essentielles sur la Croix-Rouge sous son aspect national et international.

XI

Aide aux orphelins et réfugiés.

La Croix-Rouge, dont la tâche la plus importante, en temps de paix comme en temps de guerre, est de travailler au progrès de l'hygiène et au soulagement des souffrances humaines, considère qu'elle doit continuer de fournir une aide matérielle et morale aux réfugiés et orphelins.

Dans la plupart des cas, les réfugiés et les orphelins ne peuvent pas se passer de l'aide étrangère, et les expériences de la guerre récente ont montré diverses imperfections auxquelles doit remédier notre organisation future.

La Conférence charge le Secrétariat d'entreprendre des démarches :

1º Afin d'améliorer le service d'informations international sur la situation des réfugiés et orphelins, et

2º Afin que des conventions internationales écartent toutes les difficultés qui ont entravé dans le passé les œuvres d'entr'aide créées par la Croix-Rouge en faveur des orphelins et réfugiés.

XII

Régions dévastées et situation en Lettonie.

La Conférence, sur le rapport de la Croix-Rouge lettonne qui a jeté une vive lumière sur la situation des habitants des contrées de la Lettonie dévastées par la guerre, sur les souffrances des habitants et surtout de la jeunesse scolaire, qui est empêchée d'aller à l'école par suite du manque de vêtements, de chaussures et de livres :

a) Exprime le désir que la Ligue des Sociétés de la Croix-Rouge, si elle ne peut procurer d'aide matérielle à la Croix-Rouge lettonne, veuille bien, du moins, répandre la connaissance de cette situation critique par une publicité détaillée;

b) Exprime sa profonde et sincère compassion à la malheureuse population lettonne qui se trouve dans une situation désespérée,

Sommaire.

Les activités permanentes de paix de la Croix-Rouge en Europe Orientale.
  1. Le développement des services d'infirmières visiteuses et l'instruction de ces dernières.
  2. L'enseignement populaire de l'hygiène.
  3. Les démonstrations d'hygiène dans une région déterminée.
  4. La Croix-Rouge de la Jeunesse.
  5. La protection de l'enfance.
  6. La lutte contre la tuberculose.
  7. La campagne contre les maladies vénériennes.
  8. Les autres activités de la Croix-Rouge en temps de paix.

XIII

Infirmières-visiteuses.

La Conférence des Sociétés de la Croix-Rouge de l'Europe Orientale recommande aux Sociétés de la Croix-Rouge d'instituer spécialement à la campagne un service d'infirmières chargé de l'assistance et de l'éducation, dans le domaine de l'hygiène sociale; ce personnel donnera éventuellement ses soins aux malades.

L'éducation de ce personnel doit, en principe, faire l'objet de cours complets d'une durée de plusieurs années.

Cependant, afin de hâter l'exécution du programme tendant à fournir aux campagnes les infirmières nécessaires, et afin de ne pas se heurter à des difficultés financières insurmontables, il peut être indiqué, suivant l'exemple tchèque, de recruter sur place un personnel auxiliaire ayant subi une courte préparation dans le domaine de l'assistance et des soins aux malades.

La Conférence demande aux pouvoirs publics (ministères de l'Hygiène, ministères de l'Assistance publique), d'employer principalement à l'avenir le personnel de la Croix-Rouge pour les soins aux malades en dehors des hôpitaux.

La Conférence prie également les Gouvernements d'imposer aux provinces et aux communes, dans les nouvelles lois et les nouveaux règlements, le devoir de participer à l'entretien et autant que possible aux pensions de retraite des infirmières en fonctions dans les provinces et les communes,

XIV

Enseignement populaire de l'hygiène.

La Conférence des Sociétés de la Croix-Rouge de l'Europe Orientale recommande aux Sociétés nationales de la Croix-Rouge d'accorder une attention toute spéciale à l'éducation et à la propagande de l'hygiène dans la population.

La Conférence recommande à chaque Société nationale d'agir auprès du ministère d'Hygiène afin que cette propagande soit confiée à la Croix-Rouge.

Cette propagande doit notamment se baser sur des conférences accompagnées de projections lumineuses. A cet effet, des équipes mobiles pourvues d'appareils cinématographiques circuleront dans le pays et donneront des causeries populaires illustrées de films portant sur les soins à donner aux enfants, sur la tuberculose, sur les maladies vénériennes et sur l'alcoolisme. Ces équipes pénétreront dans les écoles et les fabriques; elles visiteront non seulement les villes, mais aussi les petits villages.

Comme l'expérience l'a démontré, la Ligue peut rendre un service considérable aux pays ne possédant pas encore ces équipes en se chargeant d'une démonstration à cet égard, et le Secrétariat de la Ligue est invité à envisager, dans la mesure du possible, la création d'une équipe type de démonstration.

Les Sociétés nationales de la Croix-Rouge doivent s'efforcer de publier des brochures et des affiches d'hygiène et d'envoyer aux journaux quotidiens des articles de propagande.

La Conférence recommande tout spécialement l'organisation périodique de semaines d'éducation populaire au cours desquelles on traitera du point de vue social les questions d'hygiène, avec le concours de la presse, de tous les organismes dont l'appui pourrait être profitable.

XV

Propagande d'hygiène dans les milieux industriels.

La Conférence des Croix-Rouges de l'Europe Orientale recommande aux Sociétés de la Croix-Rouge d'accorder toute leur attention à la propagande d'hygiène dans les établissements industriels et au sein des groupements ouvriers.

XVI

Démonstrations d'hygiène.

La Conférence des Croix-Rouges de l'Europe Orientale affirme les avantages considérables que présente l'organisation, par la Croix-Rouge, en collaboration avec les pouvoirs publics et les associations privées, de démonstrations locales intensives d'hygiène comme celles de Framingham et de Jumet.

XVII

Croix-Rouge de la Jeunesse.

La Conférence des Sociétés de la Croix-Rouge de l'Europe Orientale exprime sa profonde gratitude à ceux des éducateurs qui ont apporté leur concours à la Croix-Rouge de la Jeunesse.

Désirant former la jeunesse de tous les pays à la pratique de l'hygiène, et lui inculquer un esprit de devoir civique, sachant qu'on peut toujours compter sur le dévouement et l'esprit idéaliste du corps enseignant, la Conférence adresse un pressant appel aux instituteurs et aux institutrices du monde entier car, seule, leur collaboration permettra le développement de la Croix-Rouge de la Jeunesse comme partie intégrante de l'éducation de l'enfant. L'expérience pédagogique acquise dans divers pays a montré les bénéfices considérables que l'école retire de cette méthode.

XVIII

Conférence internationale de la Croix-Rouge de la Jeunesse.

Sur l'invitation de la Croix-Rouge autrichienne de la Jeunesse, la Conférence accepte en principe qu'une Conférence de la Croix-Rouge de la Jeunesse ait lieu à Vienne en septembre 1923.

Elle confie à la Ligue le mandat de fixer avec les Sociétés nationales de Croix-Rouge la date exacte de la Conférence.

XIX

Protection de l'enfance.

Les Sociétés de la Croix-Rouge, réunies à Varsovie, affirment le principe de leur souci constant de la protection de l'enfance, qui peut se manifester :

a) Par l'action directe,

b) Par le mouvement de la Croix-Rouge de la Jeunesse qui vise à réaliser l'hygiène par l'exemple,

en gardant dans toutes les circonstances un contact étroit avec les pouvoirs publics et les associations spécialisées pour la protection de l'enfance.

XX

Enquête sur les œuvres de protection de l'enfance.

Les Sociétés de la Croix-Rouge de l'Europe Orientale, réunies à Varsovie, décident, afin de répondre à un vœu adressé au Secrétariat de la Ligue par la Section de protection de l'enfance de la Croix-Rouge américaine, d'adresser périodiquement au Secrétariat de la Ligue toutes les informations qu'elles pourront recueillir dans leur pays, sur les centres de puériculture créés au lendemain de la guerre dans les pays de l'Europe Orientale par les Croix-Rouges étrangères, et remis ultérieurement soit à la Croix-Rouge, soit aux autorités municipales ou gouvernementales.

Cette enquête, dont les résultats seront publiés et envoyés à tous les intéressés par le Secrétariat de la Ligue, a pour but de déterminer les variations régionales d'administration, et d'en déduire des conclusions importantes sur la création éventuelle de nouvelles œuvres, spécialement dans les districts ruraux.

XXI

Lutte antituberculeuse.

Dans leur participation à la lutte antituberculeuse les Sociétés nationales de la Croix-Rouge doivent travailler en étroite liaison ou par l'intermédiaire des associations antituberculeuses nationales et internationales.

a) Les Sociétés de Croix-Rouge, réunies à Varsovie, considérant que des statistiques exactes et comparables sont la base indispensable de toute lutte antituberculeuse, demandent au Secrétariat de la Ligue d'utiliser ses relations internationales pour activer l'établissement de ces statistiques.

b) La Conférence estime que la Croix-Rouge, dont l'organisation peut atteindre toutes les classes de la population, est particulièrement bien placée pour diriger une propagande intense contre la tuberculose, en s'attachant plus que dans le passé à l'éducation hygiénique des populations rurales. Les comités centraux devraient en outre s'efforcer d'élargir la compréhension de ces questions parmi les comités locaux qui leur sont subordonnés.

c) La section de la Ligue qui s'occupe de la Croix-Rouge de la Jeunesse peut accomplir une tâche importante en répandant parmi les écoliers les notions essentielles à la lutte antituberculeuse, tout en développant la santé physique des enfants.

d) Aucune organisation n'est mieux placée que la Croix-Rouge pour préparer l'opinion publique aux progrès futurs de la législation anti-tuberculeuse.

e) Lorsque les Croix-Rouges prennent des mesures pour le soin des tuberculeux, elles devraient se vouer tout particulièrement aux œuvres de préservation de l'enfance, telles que colonies de vacances, préventoriums, écoles de plein air, etc.

f) La Conférence des Croix-Rouges de l'Europe Orientale exprime son admiration et sa reconnaissance aux femmes dont le dévouement infatigable a si puissamment contribué à la lutte contre la tuberculose.

XXII

Lutte contre le péril vénérien.

La Conférence des Croix-Rouges de l'Europe Orientale considère la lutte contre les maladies vénériennes comme un des besoins les plus pressants de l'heure actuelle, vu leur grande dissémination après la guerre.

Cette lutte nécessite des secours matériels, éducatifs et médicaux en utilisant la collaboration de la Croix-Rouge avec les associations spécialisées dans la lutte antivénérienne.

Ces efforts s'occuperont tout spécialement :

a) De l'éducation morale de la jeunesse par la fondation de sociétés de moralité publique, ou par l'introduction de conférences et d'occupations spéciales dans les cercles de la Croix-Rouge de la Jeunesse. On tentera encore de répandre des notions plus exactes d'hygiène dans les classes les plus pauvres de la population;

b) D'éloigner de la jeunesse les tentations de la vie sexuelle par le développement des goûts sportifs.

Ces efforts viseront en outre :

c) A l'abolition des maisons de tolérance dans les pays où elles existent encore, les considérant comme une source de débauche, d'alcoolisme et de traite des blanches;

d) A l'abolition de l'inique réglementation de la prostitution, qui donne une fausse sécurité à la jeunesse, et à l'introduction de lois instituant dans certains cas le traitement obligatoire, la notion de la responsabilité de la contamination d'autrui et l'interdiction du mariage aux malades contagieux;

e) A l'introduction dans tous les hôpitaux de la Croix-Rouge de salles spéciales pour les maladies vénériennes, et, en l'absence d'hôpitaux, la création de dispensaires généraux, en vouant une attention spéciale aux maladies vénériennes;

f) A une propagande énergique, au moyen de conférences, projections lumineuses, films, brochures, tracts et publications périodiques dans tous les milieux. Il est en outre essentiel d'intéresser à cette action toutes les infirmières de la Croix-Rouge;

g) Toute lutte contre les maladies vénériennes doit être entreprise en étroite collaboration avec les associations antivénériennes;

h) Le Secrétariat de la Ligue est prié d'aider les Sociétés de la Croix-Rouge de l'Europe Orientale à réunir le matériel nécessaire à la propagande contre les maladies vénériennes;

i) La Conférence est favorable à l'idée d'un enseignement universitaire sur la signification sociale des maladies vénériennes.

VŒUX ET RÉSOLUTIONS GÉNÉRALES DE L'ASSEMBLÉE PLÉNIÈRE

Vœu présenté par M. S. Zaborowski, président de la Croix-Rouge polonaise.

XXIII

Le Secrétariat de la Ligue est invité à s'adresser aux Gouvernements afin de faciliter le voyage et le passage aux frontières des délégués et représentants aux Conférences nationales et internationales.

XXIV

Résolution présentée par le Dr Prochazka, de la Croix-Rouge tchécoslovaque.

La Conférence des Sociétés nationales de la Croix-Rouge de l'Europe Orientale demande au Secrétariat de la Ligue de bien vouloir donner son appui, dans la mesure du possible, à la nouvelle Croix-Rouge albanaise, afin de lui aider à surmonter les difficultés matérielles inhérentes à sa première période d'organisation.

Résolution présentée par M. Clouzot,
du Comité international de la Croix-Rouge.

XXV

La Conférence des Sociétés de la Croix-Rouge de l'Europe Orientale recommande aux organisations représentées et spécialement aux sections de jeunesse des Sociétés de la Croix-Rouge de prêter leur appui moral,

matériel et financier au Secrétariat international des mouvements de
jeunesse pour l'organisation du camp pour enfants débiles qu'il se propose d'établir en juillet et août dans la Basse-Autriche.

Résolution présentée par le général Jungstedt, Croix Rouge suédoise.

XXVI

La première Conférence des Sociétés de la Croix-Rouge de l'Europe
Orientale tient à exprimer aux Sociétés de la Croix-Rouge des autres
pays qui leur sont venues en aide dans leur lutte contre les maux terribles
dont l'Europe Orientale a été frappée à la suite de la grande guerre, et, en
premier lieu à la Croix-Rouge américaine, la plus vive et la plus sincère
reconnaissance.

La Conférence applaudit à l'initiative prise par le Secrétariat de la
Ligue en convoquant la présente réunion et à toute l'œuvre entreprise
par la Ligue. Elle remercie chaleureusement la Croix-Rouge polonaise
de son accueil. Elle témoigne encore sa gratitude à la Croix-Rouge polonaise, ainsi qu'au Secrétariat de la Ligue, pour la bonne préparation des
travaux de la Conférence. Elle sait particulièrement gré aux hautes autorités polonaises, aux délégués du Comité international de la Croix-Rouge,
aux délégués des Croix-Rouges participant à titre d'invités à la Conférence des Croix-Rouges de l'Europe Orientale, aux délégués de la Société
des Nations, du Bureau International du Travail, de l'Institut Pasteur
et d'autres grandes institutions, ainsi qu'aux représentants des ministères polonais de la Guerre, de l'Hygiène, du Travail et de la Prévoyance
sociale, d'avoir bien voulu honorer de leur présence cette réunion, faci-
litant ainsi son travail et augmentant son utilité.

Résolution présentée par le Dr Yoksimovitch,

de la Croix-Rouge serbo-croate-slovène.

XXVII

La Conférence adopte le principe du renouvellement dans deux ans
d'une Conférence régionale des Sociétés de la Croix-Rouge de l'Europe
Orientale, en laissant au Secrétariat de la Ligue le soin des préparatifs
de lieu et de date.

RAPPORT DU SECRÉTARIAT DE LA LIGUE
CONCERNANT LES MÉTHODES LES PLUS PROPRES
A AIDER EFFICACEMENT
LES SOCIÉTÉS NATIONALES DE LA CROIX-ROUGE
DES PAYS DE L'EUROPE ORIENTALE

La première résolution, adoptée par le Conseil général de la Ligue des Sociétés de la Croix-Rouge lors de sa deuxième session, tenue en mars 1922, définit la fonction primordiale du Secrétariat de la Ligue qui est d'aider les Sociétés nationales de la Croix-Rouge à développer leur organisation, à accroître le nombre de leurs membres, encourager les œuvres de paix destinées à améliorer la santé, prévenir la maladie et atténuer les souffrances dans leurs pays respectifs, en adoptant les méthodes appropriées à leurs différentes traditions nationales et en collaborant avec leurs gouvernements et les organisations ayant des buts similaires.

Le Conseil général a recommandé au Secrétariat de concentrer principalement son activité immédiate sur les sections de l'Organisation, de l'Enseignement populaire de l'hygiène, des Infirmières visiteuses et de la Croix-Rouge de la Jeunesse.

La tâche du Secrétariat est lourde; les Sociétés nationales qu'il s'estime heureux de pouvoir aider et servir sont, seules, juges des résultats qui ont jusqu'à présent couronné ses efforts.

Il est, par conséquent, de la plus haute importance que le Secrétariat puisse consulter, à l'occasion des conférences régionales, les représentants de groupes de Sociétés nationales, leur exposer son plan d'action, le soumettre à leurs critiques, à leurs conseils et à leurs suggestions.

On a été généralement d'accord pour reconnaître que les échanges de renseignements entre les différentes Sociétés nationales de la Croix-Rouge, permettant à chacune de tirer profit de l'expérience des autres, est le premier devoir du Secrétariat de la Ligue. Pour ce qui concerne la centralisation de la documentation, il est évident que le Secrétariat doit surtout compter sur la collaboration des Sociétés nationales. L'analyse des renseignements recueillis est confiée aux différents membres du Secrétariat et c'est par les publications, la correspondance et les visites personnelles que ces renseignements sont disséminés.

En ce qui concerne les publications, les délégués présents à la Conférence connaissent probablement tous la revue mensuelle de la Ligue *Vers la Santé* et la « Circulaire d'Informations », publiée également tous les mois par le Secrétariat. Les délégués des Sociétés nationales rendront le plus grand service au Secrétariat de la Ligue en lui communiquant toute indication qui pourrait intensifier l'utilité de ces publications pour les Sociétés nationales. Les délégués trouveront peut-être intéressant de connaître le nombre de publications distribuées par la Ligue aux pays représentés ici. Nous publions ci-dessous quelques chiffres concernant l'envoi de ces publications :

PAYS	VERS LA SANTÉ	CIRCULAIRE D'INFORMATIONS
Albanie.	22	4
Bulgarie.	74	7
Dantzig.	20	3
Esthonie.	26	1
Hongrie.	47	4
Lettonie.	23	1
Lithuanie.	22	1
Pologne.	75	14
Roumanie.	60	14
Royaume des Serbes-Croates et Slovènes.	148	5
Tchéco-Slovaquie	66	10

D'autre part, nous serions vivement reconnaissants aux délégués présents à la Conférence de Varsovie de bien vouloir nous communiquer leurs observations sur les visites faites de temps en temps à leurs Comités centraux par les membres du Secrétariat. Nous estimons qu'en mettant les membres du Secrétariat en contact direct et personnel, même pour de courtes périodes, avec les problèmes qu'ont à résoudre les Sociétés nationales de la Croix-Rouge, et avec les personnalités qui dirigent les œuvres des Sociétés nationales, nous nous assurons des facilités qu'aucune autre méthode ne nous donnerait pour mieux connaître la situation de chaque Croix-Rouge, étudier leurs besoins particuliers, déterminer si la collaboration du Secrétariat est opportune et la forme qu'elle doit revêtir.

Toutes les Sociétés de la Croix-Rouge, représentées à Varsovie, à l'exception de la Croix-Rouge albanaise de création récente, ont, au cours de l'année écoulée, reçu la visite d'un ou de plusieurs membres du Secrétariat.

Telle est donc la première fonction du Secrétariat et la plus élémentaire : celle d'un bureau d'information et de documentation pour les Sociétés nationales. Mais le Conseil général a confié à la Ligue un mandat plus vaste. Le Secrétariat de la Ligue a été conçu dès le début comme devant être quelque chose de plus qu'un simple centre de concentration et de distribution d'informations. Il a été constitué de façon à grouper un personnel spécialisé susceptible de rendre service aux Sociétés nationales grâce à des connaissances techniques correspondant aux œuvres de paix les plus importantes, lorsque pour des raisons d'économie ces Sociétés ne peuvent elles-mêmes disposer d'un tel personnel.

Le Conseil général, lors de sa deuxième réunion, spécifia que, afin de répondre aux besoins des Sociétés nationales, il était désirable que le Secrétariat portât une attention toute particulière aux questions d'Organisation, d'Enseignement Populaire de l'Hygiène, des Infirmières Visiteuses et de la Croix-Rouge de la Jeunesse; il a également approuvé l'action des sections de la Protection de l'enfance et de la Tuberculose et adopté une résolution en faveur de la réorganisation de la section des Maladies vénériennes.

Le Secrétariat de la Ligue est actuellement composé de la façon suivante (Voir tableau page 8.)

En conformité avec cette conception du Secrétariat qui en fait un centre coopératif d'experts et de techniciens mis à la disposition des Sociétés nationales, des spécialistes, membres du Secrétariat, ont été délégués pour des périodes prolongées auprès de certaines Sociétés, pour les aider à mettre sur pied, au point de vue technique, certaines de leurs œuvres. C'est ainsi que le Secrétariat de la Ligue a, pendant dix-huit mois, fourni une directrice à l'école pour infirmières créée à Belgrade par la Croix-Rouge serbe-croate-slovène. De même, le concours d'un membre de la section de l'Enseignement Populaire de l'Hygiène a été mis à la disposition des Croix-Rouges polonaise et tchécoslovaque pendant plusieurs mois, afin de les aider à organiser des équipes mobiles de propagande; la Croix-Rouge roumaine d'autre part a bénéficié pendant une période prolongée, du concours d'experts dans les questions de protection de l'enfance, désignés par le Secrétariat de la Ligue. Nous avons parlé dans un rapport antérieur de la question des démonstrations intensives d'hygiène dans des districts déterminés et il est probable que lorsque de nouvelles expériences de ce genre seront tentées par des Sociétés nationales de Croix-Rouge, le Secrétariat de la Ligue sera invité à prêter sa coopération et le concours de membres de son personnel comme il l'a fait pour la démonstration d'hygiène organisée actuellement en Belgique.

Une autre manifestation de l'accroissement et de la valeur du travail du Secrétariat de la Ligue, dus au transfert de ses services à Paris, est la fréquence croissante des visites des délégués de Sociétés nationales. Depuis son installation à Paris, les représentants de vingt-deux

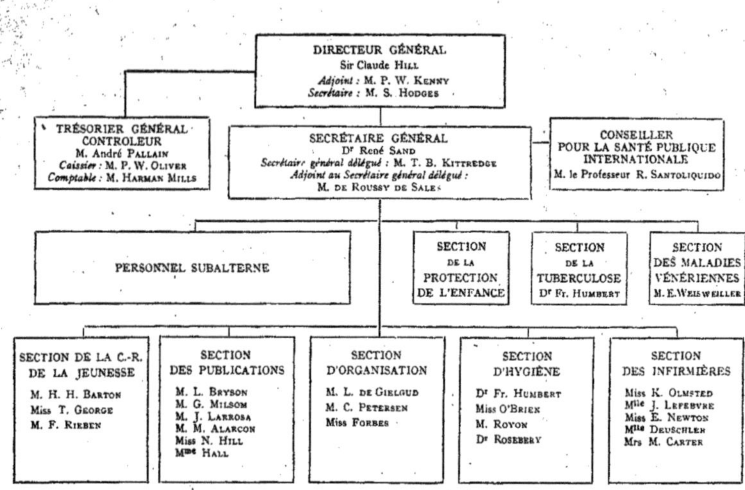

DIRECTEUR GÉNÉRAL
Sir Claude Hill
Adjoint : M. P. W. Kenny
Secrétaire : M. S. Hodges

TRÉSORIER GÉNÉRAL CONTROLEUR
M. André Pallain
Caissier : M. P. W. Oliver
Comptable : M. Harman Mills

SECRÉTAIRE GÉNÉRAL
Dr René Sand
Secrétaire général délégué : M. T. B. Kittredge
Adjoint au Secrétaire général délégué :
M. de Roussy de Sales

CONSEILLER POUR LA SANTÉ PUBLIQUE INTERNATIONALE
M. le Professeur R. Santoliquido

PERSONNEL SUBALTERNE

SECTION DE LA PROTECTION DE L'ENFANCE

SECTION DE LA TUBERCULOSE
Dr Fr. Humbert

SECTION DES MALADIES VÉNÉRIENNES
M. E. Weisweiller

SECTION DE LA C.-R. DE LA JEUNESSE
M. H. H. Barton
Miss T. George
M. F. Rieben

SECTION DES PUBLICATIONS
M. L. Bryson
M. G. Milsom
M. J. Larrosa
M. M. Alarcon
Miss N. Hill
Mme Hall

SECTION D'ORGANISATION
M. L. de Gielgud
M. C. Petersen
Miss Forbes

SECTION D'HYGIÈNE
Dr Fr. Humbert
Miss O'Brien
M. Royon
Dr Rosebery

SECTION DES INFIRMIÈRES
Miss K. Olmsted
Mlle J. Lefebvre
Miss E. Newton
Mlle Deuschler
Mrs M. Carter

Sociétés nationales de la Croix-Rouge parmi lesquelles les Croix-Rouges
bulgare, hongroise, polonaise et tchécoslovaque ont été reçus au Secrétariat. Ces visiteurs ont pu se rendre compte par eux-mêmes du travail
du Secrétariat de la Ligue et ils ont eu au cours de leur séjour l'occasion
de puiser à plusieurs sources une documentation détaillée concernant
les activités de la Croix-Rouge qui les intéressaient particulièrement.

Trois Sociétés nationales, les Croix-Rouges hongroise, finlandaise et
britannique, ont délégué au Secrétariat de la Ligue des membres de
leur personnel qui ont fait un séjour prolongé. Nous espérons que leurs
visites au Secrétariat auront eu des résultats satisfaisants et que d'autres
Sociétés nationales suivront leur exemple.

La question des méthodes que doit employer le Secrétariat a été
exposée en détail dans le premier rapport du volume de documents préparés pour la deuxième session du Conseil général de la Ligue et dont
des exemplaires ont été envoyés l'an dernier à toutes les Sociétés nationales. Des exemplaires de ce rapport sont à la disposition des délégués
qui assistent à la Conférence de Varsovie.

Actuellement, les Sociétés nationales, membres de la Ligue, font appel
de plus en plus fréquemment au service des brochures et au service
des films du Secrétariat de la Ligue. D'autre part, le Secrétariat, agissant comme représentant collectif des Sociétés nationales de la Croix-
Rouge qui font partie de la Ligue, est invité de plus en plus souvent
à participer à des Conférences internationales. Sa collaboration avec
la Société des Nations, le Bureau International du Travail, le Comité
International de la Croix-Rouge de Genève, la Fondation Rockefeller
et l'Institut Pasteur, croît également dans des proportions notables. Il
convient aussi, à propos des Conférences internationales, d'attirer l'attention des délégués des Sociétés nationales de la Croix-Rouge
sur le fait que, dernièrement, et à une ou deux reprises, des de-
mandes ont été adressées au Secrétariat de la Ligue, pour qu'il délègue
un de ses membres, comme représentant d'une Société nationale particulière à une Conférence internationale, à laquelle cette Société ne pouvait, pour des raisons d'économie, envoyer un délégué à ses propres
frais. L'exemple le plus récent, au mois de février dernier, est celui de
la Croix-Rouge chinoise qui s'est fait représenter par un membre du
Secrétariat au Congrès de l'Union Internationale du Secours aux Enfants
qui a eu lieu à Genève. Cette disposition peut, dans certaines circonstances, être utile à certaines Sociétés de Croix-Rouge des pays de l'Europe Orientale et leur épargner à l'occasion l'envoi d'un délégué de leur
propre pays à la Conférence, lorsque cette Conférence a lieu dans un
pays à change prohibitif.

Il n'est guère nécessaire de parler ici du rôle du Secrétariat dans

l'organisation et la convocation des Conférences générales et partielles.
Les premières, c'est-à-dire les réunions du Conseil général de la Ligue,
sont déterminées par son Règlement intérieur; les secondes sont de deux
sortes : Conférences générales, comme celle de Varsovie, la deuxième de
ce type, la première ayant eu lieu au Siam, à Bangkok, au mois de
décembre 1922 et Conférences d'ordre technique qui ne sont pas limi-
tées géographiquement, mais d'après le sujet même de la discussion.
A ce type appartient la Conférence officieuse de la Croix-Rouge de la
Jeunesse, tenue à Paris au mois de juillet 1922. Il est logique que le
Secrétariat de la Ligue facilite l'organisation de Conférences qui, tout en
n'étant pas des Conférences de la Croix-Rouge proprement dites, touchent à des questions inscrites au programme de paix de la Croix-Rouge.
C'est ainsi que le Conseil européen pour la formation des Infirmières
fut tenu au siège de la Ligue au mois de mars de cette année. Rappe-
lons également que la section de la Tuberculose de la Ligue fait office
de Secrétariat pour l'Union Internationale contre la Tuberculose; de
même qu'une Union Internationale contre le Péril vénérien fut fondée
en janvier dernier par une Conférence qui s'est tenue à Paris sous les
auspices de la section des Maladies vénériennes de la Ligue.

En ce qui concerne les Conférences régionales, nous espérons que les
délégués à la Conférence de Varsovie voudront bien exprimer leur opinion sur l'utilité de ces réunions ainsi que sur la restriction ou l'extension des programmes et sur l'opportunité de convoquer ces Conférences
à intervalles réguliers.

Nous nous permettons d'espérer que les Sociétés nationales représentées voudront bien reconnaître que les facilités d'échanges de vues
et d'expériences offertes par ces Conférences sont de la plus haute valeur
et que les résolutions de la présente Conférence seront telles qu'elles
donneront au Secrétariat des directives sur les lignes qu'il doit suivre
pour répondre aux besoins les plus importants des Sociétés nationales
de la Croix-Rouge de l'Europe Orientale.

RAPPORT SUR L'ACTIVITÉ
DE LA CROIX-ROUGE DE ROUMANIE

I. — Collaboration de la Croix-Rouge avec les Services de l'État.

Le Ministère de la Santé accorde par l'entremise de la Direction de l'Assistance sociale des subventions aux différentes œuvres philanthropiques d'utilité publique, augmentant ainsi les ressources qu'elles se procurent par leurs propres moyens.

Ces subventions ont resserré les liens entre ces différentes œuvres, le Ministère de la Santé et la Direction de l'Assistance sociale. Leur programme d'activité a pu être élargi, le nombre des assistés considérablement augmenté.

L'État se borne à exercer un contrôle sur les subventions qu'il accorde, afin de s'assurer de leur bonne utilisation.

Parmi les sociétés subventionnées, citons :

La Société de Prophylaxie de la Tuberculose, qui possède dans le pays 5 sanatoria et 25 dispensaires, dont 5 à Buccarest, et compte 26 comités locaux;

La Société du prince Mircea, pour la protection de l'enfance, la Société des Orphelins de guerre et la Société des Invalides de guerre.

Il convient de mentionner que la Société des Orphelins de guerre ainsi que la Société des Invalides ont été créées pendant la guerre sous les auspices de la Croix-Rouge.

La Croix-Rouge collabore avec le Service sanitaire civil et le Service sanitaire militaire auxquels, d'après ses statuts, elle doit subordonner son action.

II. — Collaboration de la Croix-Rouge
avec les associations privées et semi-officielles.

La Croix-Rouge de Roumanie collabore étroitement avec la Société de Prophylaxie de la Tuberculose et avec la Société pour la lutte contre la Tuberculose infantile qui sont des associations privées. Elle les aide fréquemment en leur cédant du matériel, des vivres et des médicaments soit gratuitement, soit au prix coûtant.

III. — Les activités de paix de la Croix-Rouge en Europe Orientale.

La Croix-Rouge roumaine a commencé par porter secours aux Ukrainiens réfugiés en Roumanie; puis, à l'époque de la dislocation de l'armée Wrangel, un grand nombre de soldats appartenant à celle-ci ayant été ramenés de Constantinople en Roumanie dans l'état de dénuement le plus complet, la Croix-Rouge leur est venue en aide en leur distribuant des vêtements, des vivres et des médicaments.

De nombreux Israélites obligés de fuir la Russie ayant été recueillis par leurs coreligionnaires, la Croix-Rouge leur prêta des lits, des matelas, etc.

Aujourd'hui encore la Croix-Rouge vient en aide aux réfugiés russes internés dans les camps de Fagaras et de Kichenau en leur donnant gratuitement des médicaments.

Tous ces dons tant en argent qu'en nature ont dépassé la somme de 450.000 lei.

En réponse à l'appel du Comité international de la Croix-Rouge, la Croix-Rouge roumaine a donné 50.000 lei pour les affamés de Russie, 20.000 lei au Croissant Rouge ottoman et 20.000 lei à la Croix-Rouge grecque.

A ces dons doit être ajoutée une somme de 20.000 lei donnée en faveur de la lutte entreprise en Arménie, contre la malaria et la syphilis.

Plusieurs tentatives ont été faites pour grouper en une seule institution les différentes écoles d'infirmières qui travaillent isolément. Ces efforts n'ont pas abouti jusqu'à présent.

La Croix-Rouge a organisé un cours pour la formation d'infirmières bénévoles; les cours théoriques et pratiques se donnent dans différents hôpitaux.

La Croix-Rouge de Roumanie a créé une section de la Croix-Rouge de la Jeunesse. Le corps enseignant lui accordant tout son concours, les meilleurs résultats sont à espérer.

En collaboration avec la Société de Prophylaxie de la Tuberculose et la Société pour la lutte contre la Tuberculose infantile, la Croix-Rouge a organisé de nombreuses colonies de vacances; elle aide les comités locaux à créer sans cesse de nouveaux dispensaires.

Pour combattre les maladies vénériennes, la Croix-Rouge a organisé des équipes mobiles dont la direction est confiée à un médecin, à la disposition duquel on met tout le personnel nécessaire, une camionnette, des médicaments, des pansements, des instruments.

Sur les indications du Service sanitaire, ces équipes se transportent dans les régions les plus contaminées et, pendant les quatre mois d'été,

luttent activement contre les maladies vénériennes, et obtiennent les
résultats les plus encourageants, aussi le nombre des équipes augmente
chaque année.

La meilleure propagande étant celle de l'exemple concret, la Ligue
des Sociétés de la Croix-Rouge ne peut aider plus efficacement les Sociétés
nationales de la Croix-Rouge qu'en contribuant à développer leur programme d'action qui varie d'un pays à l'autre.

RAPPORT DU SECRÉTARIAT DE LA LIGUE
SUR LA COOPÉRATION DES SOCIÉTÉS NATIONALES
DE LA CROIX-ROUGE AVEC LES GOUVERNEMENTS,
EN TEMPS DE PAIX

Les rapports entre les Croix-Rouges et les services sanitaires de l'armée pendant la période des hostilités sont connus. Ils datent de loin et une importante documentation a pu être recueillie sur le sujet, le but primitif et primordial de la Croix-Rouge étant l'assistance aux militaires malades et blessés.

Par contre, les données du problème que soulève le présent rapport se meuvent sur un terrain fort peu encombré, sinon quasi vierge. Cela n'est point pour surprendre. Certes il ne faut pas commettre l'erreur historique de croire que l'activité de la Croix-Rouge en temps de paix est une conception essentiellement neuve, mise en pratique depuis trois ans à peine. L'idée est aussi vieille que la Croix-Rouge elle-même. Elle préoccupait Henri Dunant en 1863. Quant à son exécution, elle est déjà commencée lors de la Conférence internationale tenue à Vienne en 1897, comme l'attestent les résultats obtenus à cette époque par plusieurs Croix-Rouges.

Il n'en reste pas moins vrai que cette orientation ou plus exactement cet élargissement de la Croix-Rouge n'a franchi l'étape décisive que depuis 1919, quand fut créée la Ligue des Sociétés de la Croix-Rouge et que les Gouvernements signataires du Pacte de la Société des Nations eurent marqué leur approbation en insérant dans ce pacte un article garantissant leur appui aux Croix-Rouges qui travailleraient à l'amélioration de la santé, à la défense préventive contre la maladie et à l'adoucissement de la souffrance humaine.

Depuis cette époque, les progrès ont été sensibles. De semblables préoccupations fixent l'attention des Gouvernements et des Croix-Rouges. D'une part, la tendance à créer des ministères d'hygiène, — tendance qui semble se généraliser actuellement, — apparaît comme une démonstration de l'importance que les Gouvernements attachent à l'amélioration physique des populations. D'autre part, les Croix-Rouges accumulant les expériences et précisant leur objectif sont amenées à inscrire en tête de leur programme de paix les questions d'hygiène. Dès lors entre le rouage gouvernemental et la Croix-Rouge l'idée d'une coopération s'impose.

Hâtons-nous tout d'abord de constater qu'il ne s'agit en aucune mesure d'un empiétement quelconque sur les prérogatives de l'État. Ce danger, trop souvent invoqué et source fréquente d'hésitation, ne doit pas exister, les deux tâches étant tracées de façon parfaitement nette. S'il est exagéré de dire que la protection de la santé publique est une fonction exclusive de l'État, il faut reconnaître que la surveillance de cette santé, les lois qui la concernent, l'organisation de l'assistance médicale sont des responsabilités incombant en premier lieu à l'État. La Croix-Rouge doit admettre sa suprématie. Mais le champ où elle peut, où elle doit collaborer, reste immense.

L'hygiène publique est une science nouvelle; elle se développe rapidement, mais l'opinion publique, arriérée dans ce domaine, plus arriérée encore qu'on ne le croit souvent, n'est pas en mesure d'en tirer toutes les conclusions utiles. L'ignorance qui règne sur les causes de la maladie et l'insouciance en matière d'hygiène collective ou individuelle, privent l'humanité de la plupart des bienfaits qu'auraient dû lui apporter les découvertes de la science et les progrès des connaissances médicales. Il n'est que trop facile de signaler combien grande est la distance qu'il faut réduire. Elle frappe les esprits les moins avertis. Dans le domaine de la santé publique, les règlements, les lois, l'armement hygiénique le plus perfectionné et le plus coûteux sont presque inefficaces sans la sanction de l'opinion publique. Or, cette sanction fait défaut très généralement. Tout le mal est là, ou du moins sa plus grande part. Tant que l'éducation de la masse en matière d'hygiène n'aura pas été réalisée, on piétinera sur place, on ne pourra se dégager d'un cercle vicieux trop évident, on construira sur le sable. La guerre à la maladie devrait être une guerre déclarée par le peuple tout entier. Il n'y a pas de succès possible sans la coopération consciente et cordiale de chaque citoyen. C'est pourquoi le mouvement tendant à l'amélioration de la santé a pris ces dix dernières années un caractère plus nettement éducatif; c'est pourquoi les hygiénistes les plus compétents déclarent que le salut est dans l'éducation de tous.

Il paraît évident que la Croix-Rouge est ici particulièrement bien placée pour agir et qu'elle se trouve sur un terrain où toutes ses énergies peuvent librement se donner carrière, où ses efforts ne seront jamais bridés. Elle peut puissamment contribuer à cette éducation qui, indispensable à tout progrès touchant l'hygiène publique ou personnelle, est certainement la plus efficace, la meilleure action préventive qu'on puisse imaginer.

Les rapports avec l'État sont alors, par la nature même de l'œuvre à accomplir, très étroits. De même qu'en temps de guerre la Croix-Rouge est l'auxiliaire des services sanitaires de l'armée, apportant avec elle les ressources et les dévouements incomparables de l'initiative privée, de même dans la campagne en faveur de la santé publique, elle doit pro-

céder, au bénéfice de l'État, de la collectivité, à une véritable mobilisation civile sans laquelle les lois les meilleures restent lettre morte,
et les œuvres organisées avec le plus de méthode et de compétence sont
comme autant de gouttes d'eau dans l'océan, puisque les unes et les
autres s'adressent à des populations mal averties, ignorantes des questions dont leur vie même dépend, à une mentalité générale qui n'est peut-
être pas systématiquement hostile, mais indifférente, symptôme plus
grave encore.

L'État ne peut qu'encourager et favoriser l'action de la Croix-Rouge
dans ce sens. Il y est intéressé au plus haut chef. Il sait que la plupart
du temps l'application des lois d'hygiène existantes est défectueuse et
que trop souvent, vu l'état actuel des esprits, la législation en matière
d'hygiène est une législation mort-née, législation restée en quelque sorte
facultative parce que l'opinion publique ne la connaît pas ou que, iné-
duquée et réfractaire, elle ne sent pas le besoin d'en réclamer l'application. Or, le jour où ce besoin lui aura été inculqué, la partie sera bien
près d'être gagnée, et l'État se rend compte qu'il ne peut arriver seul
à un tel résultat et qu'il lui faut l'appui de l'initiative privée. La question
est plus grave qu'elle ne paraît à première vue si l'on considère que dans
de nombreux pays le tiers de la mortalité annuelle pourrait être évité
par l'application sérieuse des mesures prévues et des connaissances dont
dispose l'humanité. En aidant l'État à faire appliquer les lois d'hygiène,
non par coercition mais par persuasion, en fonctionnant comme intermédiaire pour mettre à la portée des populations le bénéfice des faits
déjà connus, des nouvelles découvertes scientifiques et médicales et de
leurs applications, la Croix-Rouge sert donc les intérêts supérieurs du
pays; elle fait œuvre d'utilité publique que le Gouvernement a l'intérêt
et le devoir de soutenir. Et il la soutiendra certainement dans la mesure
où la Croix-Rouge obtiendra des résultats et saura prouver que ce n'est
pas une vaine affirmation de prétendre qu'elle est particulièrement qualifiée pour cette tâche. La responsabilité est lourde. Former le sens de
l'hygiène, soulever la vague de l'opinion publique en faveur de l'amélioration des conditions sanitaires, implique un effort intense, prolongé;
la Croix-Rouge ne risque-t-elle pas, en s'engageant dans une trop vaste
entreprise, de gaspiller ses forces et de décevoir les espoirs fondés sur
elle dans ce domaine?

Pour vaincre les doutes et écarter les craintes, il suffit sans doute de
préciser les moyens d'action de la Croix-Rouge, qui sont exceptionnels.
Il n'entre pas dans le cadre de ce rapport de les énumérer. Toutefois, si
l'on songe que pendant la guerre l'infirmière était en quelque sorte l'em-
blème vivant de la Croix-Rouge, que son champ d'activité est bien plus
étendu encore en temps de paix, puisqu'on peut dire que l'infirmière

visiteuse est l'agent le plus puissant dont on dispose actuellement pour prévenir les maladies, si l'on considère que par son idéal de dévouement qui fait d'elle la grande pitié du monde, la Croix-Rouge a pu rallier la jeunesse de nombreux pays, développer de façon continue des sections cadettes, s'assurant la collaboration enthousiaste des jeunes, facteur essentiel, capable de provoquer plus rapidement une véritable révolution dans l'opinion publique en ce qui concerne l'hygiène et le problème des maladies et des souffrances évitables, si l'on se rend compte de la valeur de tels instruments, la Croix-Rouge apparaît non seulement armée pour l'action pratique, mais comme pouvant exercer une influence morale de premier ordre. Et cette influence morale est d'une nécessité plus grande encore que l'outillage technique le plus complet, dans une sphère où il s'agit avant tout de convaincre les esprits et de gagner les cœurs.

D'un désintéressement reconnu par tous, d'une neutralité politique et confessionnelle absolue, jouissant de la confiance générale, la Croix-Rouge en prenant franchement position dans la lutte contre les fléaux sociaux, dangers mortels pour le pays, fait l'unanimité de tous les hommes et de toutes les femmes de bonne volonté. Elle combat les préjugés. Elle fait la guerre aux temporisateurs coupables. Répondant à ceux qui accusent les hygiénistes de vouloir engager la nation dans des frais trop lourds, à ceux qui mènent campagne contre les ministères d'hygiène et d'une manière générale contre toute tentative prolongée, contre tout effort systématique, la Croix-Rouge démontre qu'il existe des dépenses productives, que « si l'hygiène se paie, l'hygiène paie », et que le péril consiste à économiser sur l'hygiène pour être ensuite obligé de secourir et d'hospitaliser en masse une population intoxiquée, paralysée, improductive.

S'il est des cas où elle peut se borner à faire connaître les lois ou mesures existantes, contribuant à leur application, la Croix-Rouge doit très souvent prendre l'offensive pour les provoquer. Considérant, par exemple, l'insuffisance des lois votées jusqu'à ce jour en ce qui concerne l'habitation, elle attire l'attention de tous sur cette question du logement, pierre angulaire de toute activité sociale réellement féconde. Elle dresse l'opinion publique contre le taudis. Elle préconise les cités-jardins. Elle décide le législateur. Elle met la truelle en main. Et ce n'est qu'un exemple pris au hasard entre tant d'autres.

En cas d'épidémies ou de calamités, et pour aider les services publics débordés par l'ampleur et la soudaineté de l'événement, la Croix-Rouge mobilise l'initiative privée, les ressources matérielles et morales du pays; elle s'affirme comme éminemment représentative de la pitié nationale, de la solidarité humaine.

D'ailleurs, en temps normal, la Croix-Rouge a un rôle coordinateur bien tracé. En prenant l'initiative de proposer la création dans chaque

pays d'un comité national d'hygiène qui réunit les représentants de
toutes les administrations et de tous les organismes qui, à un titre quelconque, luttent en faveur de la santé publique, en groupant en un fais-
ceau les efforts dispersés des pouvoirs publics et des institutions privées,
elle fait œuvre d'union nationale et permet une intensification des efforts
vers le but commun à atteindre.

Bien qu'il n'ait été fait dans ce rapport qu'une ébauche sommaire de
la tâche qui incombe à la Croix-Rouge, il en a peut-être été dit suffisamment pour mettre en lumière ses possibilités multiples et l'importance
de son rôle. L'État doit s'inspirer de ces possibilités dans sa ligne de conduite vis-à-vis de la Croix-Rouge. A les négliger il commettrait une faute
dont la nation ne manquerait pas de lui tenir rigueur. Sans jamais perdre
de vue que l'indépendance de la Croix-Rouge est sa vie même, il faut
que l'État l'appuie sans réserve et qu'une collaboration étroite entre elle
et lui s'organise au sein même de l'action. Il convient d'observer d'ailleurs qu'il existe dans cette question des relations entre l'État et la
Croix-Rouge une sorte de réciprocité : en matière d'hygiène, l'État se
trouve désarmé dans la proportion où l'initiative privée, négligée par
lui, végète, incapable d'une action de quelque envergure; l'État est fort,
par contre, dans la proportion où l'initiative privée, soutenue par lui,
possède par le fait même de l'œuvre qu'elle est en mesure d'accomplir,
les forces vives, motrices, qui donnent le branle à tous les éléments du
pays.

Une remarque peut être faite en terminant : à supposer même que
dans un avenir plus ou moins éloigné l'État parvienne, dans le domaine
de l'hygiène publique, à disposer de tous les fonds, de tous les pouvoirs
et de tout le personnel nécessaires, il existera toujours quelque importante lacune que la Croix-Rouge pourra travailler à combler. Le vaste
champ d'action de l'instruction populaire ne cessera pas d'être ouvert.
Aucun pouvoir officiel, si fort soit-il, ne voudra se hasarder au sein d'une
opération d'une telle complexité sans avoir le concours d'une institution
qui, comme la Croix-Rouge, possède sur l'esprit du public une autorité
morale incontestable et peut obtenir de lui une plus grande aide matérielle que si c'était l'État qui la réclamait.

La coopération des Sociétés nationales de la Croix-Rouge avec les
Gouvernements, en temps de paix, apparaît donc comme une condition
du succès du grand effort contemporain tenté pour améliorer la santé
et le bien-être des populations, en diminuant dans la plus grande mesure
possible l'ignorance et la misère, sources des maladies et des souffrances
évitables, et les meilleurs fourriers de la mort.

Georges Milsom.

75

RAPPORT DE LA CROIX-ROUGE POLONAISE

SUR L'ORGANISATION DE LA CROIX-ROUGE POLONAISE

TABLEAU SCHÉMATIQUE

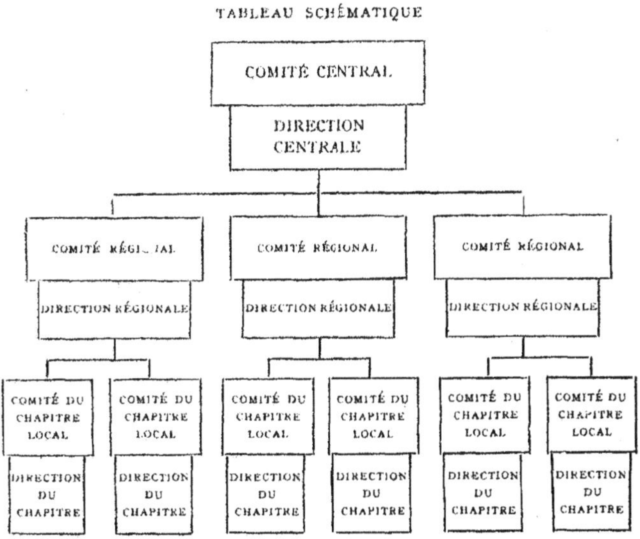

1. Les chapitres locaux constituent la base de l'organisation de la Croix-Rouge polonaise. Chaque membre de la Croix-Rouge polonaise est membre d'un chapitre local. Les chapitres locaux sont au nombre de 370.

Les membres du chapitre local élisent un Comité composé de 7 à 30 membres. Ce Comité devient l'organe dirigeant du Chapitre.

Le Comité élit parmi ses membres une direction composée de 3 à 10 personnes. Cette direction constitue l'organe exécutif du Chapitre.

Toute l'activité de la Croix-Rouge est dirigée en principe par les chapitres locaux sur leurs territoires respectifs.

2. Les chapitres d'une seule et même province s'unissent entre eux et forment un groupement régional. La Croix-Rouge polonaise possède 11 groupements régionaux.

Les délégués des chapitres appartenant à une même région éli ent
un Comité régional composé de 10 à 30 membres.

Le Comité régional élit parmi ses membres une Direction régionale
composée de 3 à 10 personnes. Cette Direction constitue l'organe exécutif
du Comité.

Les autorités régionales coordonnent l'activité des chapitres locaux
et constituent la liaison entre les dits chapitres et le Comité central.

3. A la tête de la Croix-Rouge polonaise se trouve le Comité central,
composé de 60 membres élus par les Assemblées générales qui réunissent
les délégués des chapitres locaux.

A. — Le Comité central dirige les activités générales de la Croix-
Rouge polonaise, décide des questions importantes, émet les règlements
organiques ainsi que les instructions destinées à la Direction centrale,
aux directions régionales et aux chapitres locaux, et ratifie l'action de
la Direction centrale.

Différentes Commissions composées de membres du Comité central
travaillent conjointement avec celui-ci.

Le Comité central élit en son sein une Direction centrale, composée de
5 membres, qui constitue l'organe exécutif du Comité.

B. — La Direction centrale contrôle l'action des Comités régionaux
et des chapitres locaux, compile les données existantes et dirige le travail de la Société dans l'esprit des statuts, des instructions et des règlements votés par le Comité central.

La Direction centrale est le représentant officiel de la Croix-Rouge
polonaise, dans toutes les relations extérieures.

RAPPORTS DE LA CROIX-ROUGE POLONAISE AVEC LE GOUVERNEMENT

La Croix-Rouge polonaise est une institution sociale partiellement
subventionnée par le Gouvernement et qui travaille conjointement avec
les services gouvernementaux.

L'activité de la Croix-Rouge polonaise est soumise au contrôle du
Gouvernement. La modalité des rapports entre la Croix-Rouge polonaise
et les services gouvernementaux est sujette à divers changements selon
l'état de paix ou de guerre. Ces rapports sont définis de façon précise
dans les nouveaux statuts de la Croix-Rouge polonaise, qui attendent
leur ratification.

Ces statuts prévoient un apport permanent versé à la Croix-Rouge
polonaise par l'État et provenant en grande partie des impôts qui seraient
prélevés au profit de la Croix-Rouge.

Émile GERLACH.

RAPPORT DE LA CROIX-ROUGE POLONAISE
SUR LA LUTTE CONTRE LES ÉPIDÉMIES

Dès 1919, l'année de sa fondation, la Croix-Rouge polonaise prit une part active à la lutte contre les maladies épidémiques. Dans un pays dévasté par plusieurs années de guerre et d'occupation, dans un pays contigu au vaste réservoir d'épidémies de tout genre que représentait alors la Russie, les maladies infectieuses à cours épidémique trouvaient toutes les conditions nécessaires à leur développement et à leur extension. Les mouvements des troupes polonaises et des forces ennemies, le courant de migration, qui, malgré les opérations militaires, se manifesta de l'est à l'ouest dès les premiers mois de l'année 1919, facilitèrent l'éclosion de nombreux foyers épidémiques de typhus exanthématique, de fièvre récurrente, de fièvre typhoïde, de variole, de dysenterie, etc. La misère extrême des populations, surtout à l'est du pays, aux « Kresy » (ou marches), comme on les nomme en Pologne, augmentait l'étendue du mal qui menaçait tout le pays et pouvait par son extension progressive envahir les provinces occidentales de la République et devenir un danger imminent pour l'Europe entière.

Le Gouvernement polonais entama la lutte d'une façon énergique, mais les faibles ressources d'un pays qui renaissait depuis quelques mois seulement à l'indépendance, ne lui auraient jamais permis d'organiser cette lutte d'une manière tant soit peu efficace, s'il n'avait été secondé par les pays de l'Europe Occidentale, par les États-Unis d'Amérique et par la Ligue des Sociétés de la Croix-Rouge; cette dernière, à peine cons-tituée, se fit un point d'honneur de mener à bonne fin une entreprise d'une telle envergure. Le Ministère de la Santé publique en Pologne, qui a promis de prendre part aux débats de notre Conférence, établira mieux que nous ne pourrions le faire, la portée de l'aide reçue par la Pologne.

La Croix-Rouge polonaise, dont la première Assemblée générale fut tenue au mois d'avril 1919, fut amenée par la force même des choses à prendre une part active à la lutte contre les maladies épidémiques. Organisée au moment où la Pologne était en guerre avec les Ukrai-niens et les Bolchévistes, elle chercha surtout à aider la jeune armée polonaise, qui, sans service sanitaire dûment organisé, souffrait entre autres maux des épidémies qui régnaient dans le pays, et surtout du typhus exanthématique.

Déjà dans le courant de l'année 1919, la Croix-Rouge polonaise réussit, avec l'aide des Croix-Rouges sœurs, des organisations polonaises, de l'initiative privée et grâce aux dons provenant du Gouvernement et d'autres sources, à organiser 14 hôpitaux pour contagieux (Minsk, Slonim, Lida, Wołkowysk, Wilno, Brześć, Kowel, Ploskirów, Łuck, Varsovie, Lodz, etc.), contenant plus de 2.000 lits. Ces hôpitaux fonctionnèrent surtout dans la partie orientale de la Pologne, la plus éprouvée par les épidémies et la guerre. Dans ces hôpitaux, desservant les armées en campagne, beaucoup de malades appartenant à la population civile reçurent également aide et secours. En outre, la Croix-Rouge polonaise aida à installer deux trains avec bains et étuves de désinfection, plusieurs installations balnéaires, des stations fixes de désinfection, plus de 30 colonnes de désinfection, qui en principe devaient parcourir le pays et contribuer à éteindre les foyers d'infection, mais qui pratiquement parlant devinrent bientôt fixes et ne desservirent qu'un territoire restreint. En 1920, les péripéties de la guerre polono-russe empêchèrent toute action antiépidémique méthodique. En 1921, le Commissariat pour la lutte contre les maladies épidémiques, le Ministère de la Santé et les services sanitaires de l'armée assumèrent toutes les responsabilités de l'action antiépidémique. Avec la conclusion de la paix et la démobilisation qui en fut la suite naturelle, le rôle actif de la Croix-Rouge polonaise dans la lutte antiépidémique se rétrécit considérablement. La plupart des hôpitaux pour contagieux furent fermés, il en resta néanmoins quelques-uns qui furent réorganisés et continuèrent à servir aux mêmes fins. Mais, vu les progrès de l'organisation gouvernementale, la contribution de la Croix-Rouge polonaise à la lutte antiépidémique devint accessoire. De tous les hôpitaux pour contagieux, le dernier fut celui de Slonim qui, jusqu'à sa liquidation définitive en novembre 1922, desservit tout le district de Slonim et fut d'un grand secours pour la population environnante, ainsi que pour un grand nombre de rapatriés du camp d'observation de Baranowicze.

La lutte contre les maladies infectieuses menée par la Croix-Rouge polonaise, ne put jamais prendre le caractère d'une campagne organisée. Commencée avec des moyens de fortune, non coordonnée avec l'action des autres institutions sanitaires militaires et civiles, entravée par les aléas de la guerre polono-russe, elle constitua une aide très efficace mais temporaire. Auxiliaire précieuse au début surtout, la Croix-Rouge polonaise, petit à petit, dut restreindre son rayon d'action ou plutôt passer la main à des organisations plus riches et mieux outillées.

A l'heure présente, en Pologne, les épidémies sont en voie d'extinction; le grand effort fourni par l'État polonais, si généreusement et si efficacement secondé dans la lutte contre les maladies infectieuses par les gouvernements alliés et amis, par la Ligue des Sociétés de la Croix-Rouge, par les Croix-Rouges nationales, a porté ses fruits et on peut énoncer certaines considérations générales, basées sur l'expérience des années écoulées.

L'épidémie une fois déclarée, c'est surtout à l'État qu'incombe la lourde tâche de la combattre. Dans les pays dont l'organisation est encore récente, le degré de culture atteint par la nation ne peut suppléer au manque de cohésion entre les divers organes appelés à la mobilisation contre les épidémies. Il est nécessaire, pour que le résultat obtenu corresponde aux efforts accomplis, qu'un homme compétent, jouissant d'une autorité incontestable, distribue après mûre réflexion tous les rôles, contrôle l'exécution des mesures prises, surveille le fonctionnement des activités isolées et souvent disparates. Dans les pays où la structure sociale et politique est la résultante d'un travail séculaire ininterrompu, ce rôle de l'État peut être moins accentué. Les municipalités, les collectivités rurales, les grandes organisations patronales, ouvrières et autres trouvent dans leur histoire et leurs traditions une expérience toute prête qui, dans le plan général de la lutte antiépidémique, peut en partie suppléer à la direction gouvernementale. Mais, dans la majorité des pays de l'Europe Orientale, ces éléments sont encore en voie de formation ou possèdent une valeur très inégale dans l'étendue d'un même pays, et cela pour des raisons historiques, politiques ou économiques. Dans ces conditions, il nous paraît plus pratique et moins dispendieux d'attribuer aux organisations autonomes un rôle de second ordre dans la lutte antiépidémique. Si les circonstances le permettent, elles pourront être les exécutants responsables d'une tâche strictement définie. Elles peuvent et doivent ajouter leur effort à celui de l'État, mais leur initiative doit être soumise à l'approbation de l'organe qui dirige la lutte antiépidémique. La Croix-Rouge, surtout si elle a des ramifications fortes et multiples dans le pays, peut assumer une grande responsabilité et fournir un travail important à la fois, en ce qui concerne la lutte antiépidémique et la propagande d'hygiène personnelle et sociale destinée à prévenir l'éclosion des épidémies.

Cours épidémiologiques appropriés au niveau d'instruction des auditeurs, conférences, équipes itinérantes, films, brochures populaires, campagnes d'extermination d'insectes qui transportent les germes morbides, propagande en faveur des mesures de prophylaxie reconnues indispensables, — voilà le vrai domaine des Croix-Rouges dans la lutte antiépidémique. Il faut y ajouter l'institution, pour les infirmières, de cours systématiques relatifs aux soins à donner et aux précautions à prendre dans les cas de maladies épidémiques, les conférences pour le personnel des équipes de désinfection, pour le personnel auxiliaire des hôpitaux, etc.

Enfin, le cas échéant, la mise à la disposition des organismes auxquels
incombe la responsabilité de la lutte antiépidémique, du personnel
et du matériel disponibles, l'organisation d'une campagne populaire
bien menée pour expliquer aux populations l'efficacité des mesures
prises et à prendre, la mobilisation en un mot des masses dans la direction
d'une aide raisonnée et d'une solidarité bien comprise en face du fléau
destructeur, voilà un champ d'action pour les jeunes Sociétés de la Croix-
Rouge de l'Europe Orientale.

C'est un vaste terrain à défricher et à cultiver, mais la récolte sera
riche et belle.

Professeur-Dr Léon KRYNSKI,
Chef sanitaire de la Croix-Rouge polonaise.

Dr Eugène PODHORECKI,
Chef du Service médical et de l'Assistance de la C. R. P.

RAPPORT DE LA CROIX-ROUGE LETTONE
SUR LA LATVIE DÉVASTÉE ET SA RESTAURATION

Au commencement de la guerre mondiale, la Latvie n'était pas un État indépendant, mais une province de la monarchie russe. Avec la participation de la Russie à la rencontre des États de l'Europe, s'engagea aussi le sort de la Latvie. Elle devint l'arène de rudes batailles, car ses ports de mer constituaient une importante clef stratégique. C'est pourquoi les adversaires de la Russie vouèrent tous leurs efforts à barricader cette porte à l'est de l'Europe. Dès 1914, les Allemands bombardèrent le front sud de la Latvie et ses principaux ports; au printemps de 1915, ayant vaincu les armées russes sur le front terrestre, les armées allemandes tâchent d'enfoncer la ligne russe le long du district de Kurzeme (Courlande) et de la Latvie. Ce pays leur promettait de grandes ressources économiques. La situation se compliquait du fait que les quelques centaines d'Allemands qui habitaient la Latvie espéraient la voir annexée à l'Allemagne. La Russie, se rendant compte de la valeur de cette province frontière, la défendait énergiquement, mais ceux qui luttaient le plus âprement étaient les Latviens qui luttaient pour leur indépendance. La lutte fut longue et terrible, et le territoire de la Latvie fut affreusement ravagé. Les bords du Dauvaga, notamment, furent, pendant près d'un an et demi, le théâtre de batailles meurtrières. Cette région, auparavant florissante, fut complètement ruinée; les forêts et les champs cultivés qui la couvraient furent anéantis par les grenades et les gaz. La partie de la Latvie qui fut pendant deux ans sous le feu s'étend sur une longueur de 300 kilomètres et une largeur de 50 à 100 kilomètres, soit un quart de la superficie totale; autrement dit, sur 540 localités réparties entre 17 provinces, 148 localités, comprises dans 7 provinces, furent dévastées. 15.000 fermes et 79.278 bâtiments furent complètement détruits, et 10.000 fermes et 104.576 bâtiments fortement endommagés; ceux-ci représentent plus d'un dixième de la construction totale. 70.000 chevaux, soit 25 % de leur nombre total, et 170.000 bêtes à cornes, soit 18,5 % du bétail, furent perdus. L'étendue des surfaces cultivées fut réduite des trois quarts. En outre, 25.000 véhicules, 20.000 charrues et environ 12.000 machines agricoles diverses furent anéantis.

La majorité des habitants furent obligés de s'enfuir en Russie, alors en pleine crise économique; ils ne purent être secourus et moururent en grand nombre. Lorsque la moitié d'entre eux put regagner la patrie, ils étaient affaiblis physiquement et moralement.

La diminution du nombre d'habitants est évaluée comme suit :

	AVANT LA GUERRE	APRÈS LA GUERRE
Dans le district de Jelgava. . .	122.000 habitants	64.698 habitants
— d'Illukste	71.000 —	45.428 —
— de Jaunjalgava.	70.000 —	40.263 —
— de Riga. . . .	129.000 —	82.730 —

La population rurale était réduite de plus de 42 %.

Le Gouvernement a alloué, au cours de l'année 1922-1923, des subventions s'élevant à 1.539 millions de roubles pour la restauration des fermes dans les régions dévastées; de plus, il a accordé certaines allocations aux fermiers qui n'ont pu jusqu'à présent restaurer leurs propriétés : leur nombre atteint 2.800. L'année passée, le Gouvernement a accordé, à 1.280 fermiers ruinés, des subventions s'élevant à 29 millions de roubles, et le budget de 1923-1924 prévoit des subventions s'élevant à 100 millions de roubles.

Ce sont les enfants qui ont surtout souffert de la misère et des conditions insalubres; leur nombre actuel s'élève à 92.507, en comptant les enfants de quatorze ans; ce nombre augmente au fur et à mesure que les réfugiés sont rapatriés. 15.000 enfants vivent dans des conditions si misérables que des secours urgents sont nécessaires. En 1921, grâce à l'intervention de plusieurs organismes étrangers, 9.045 enfants furent pourvus de vêtements et de chaussures. La même année, la Croix-Rouge américaine a organisé des stations de secours médical dans les régions dévastées, et a distribué gratuitement des médicaments. En 1921-1922, l'Association américaine de secours aux enfants a organisé, dans les régions dévastées, 33 cuisines où furent nourris 3.000 enfants. Actuellement la misère est encore considérable, mais depuis 1922 les secours ont diminué, car plusieurs œuvres étrangères, telles que la Croix-Rouge américaine, l'Association américaine de secours aux enfants et la Mission de Lady Muriel Paget ont terminé leurs activités.

En 1922, 12.583 objets de vêtements et 2.462 paires de chaussures furent distribués dans 54 localités à 3.567 enfants et 446 infirmes. Ces secours sont surtout nécessaires parmi les écoliers, car un grand nombre d'entre eux (s'élevant à 9.000, d'après les statistiques du ministère de l'Instruction) ne peuvent pas fréquenter l'école, faute de vêtements et de chaussures. 4.011 enfants sont dans l'impossibilité de fréquenter l'école, parce que le bâtiment a été détruit et qu'il n'y a pas, dans le village, de local où elle puisse se réinstaller. Le nombre total d'écoles endommagées par la guerre s'élève à 434; 299 d'entre elles ont été restaurées; les autres sont complètement détruites. Il serait également nécessaire de créer des secours en faveur des nourrissons et de leurs mères. Il arrive aussi qu'on doive s'occuper d'enfants ayant perdu leur père à la guerre ou dont les parents n'ont trouvé que des ruines à leur retour au pays. Les infirmes constituent une autre catégorie d'habitants devant être secourus.

En vue de connaître les besoins des habitants des régions dévastées et de leur permettre de recommencer à travailler, plusieurs congrès se sont réunis à Riga et un Comité des régions dévastées a été fondé, qui, avec l'appui du Gouvernement, l'aide d'œuvres étrangères et de contributions privées, a organisé une grande partie des secours mentionnés ci-dessus. En outre, une Société d'évacuation des réfugiés fonctionne à Riga. Lorsque la Croix-Rouge américaine eut quitté la Latvie, la *Croix-Rouge de Latvie* s'est efforcée de suppléer à l'immense tâche entreprise par la Croix-Rouge américaine dans les régions dévastées; elle a notamment repris à sa charge les dispensaires organisés par celle-ci. La Croix-Rouge de Latvie a développé ces dispensaires et a porté leur nombre à vingt-deux. D'immenses services ont été rendus de cette façon : non seulement des secours médicaux sont accordés aux habitants, mais l'hygiène leur est enseignée. Des visites sont rendues au domicile des habitants; des représentations cinématographiques et des conférences sont organisées. L'année passée, 28.537 habitants ont fait appel à ces centres de santé.

C'est par l'entremise des centres que la Croix-Rouge a distribué, à 1.400 femmes et enfants nécessiteux, du linge, des vêtements et des vivres représentant une valeur totale de 582.439 roubles.

Les différentes sections de la Croix-Rouge nées pendant la guerre répondirent aux besoins du moment et s'attachèrent principalement à secourir les soldats. Quand la paix fut venue, elles s'occupèrent des invalides de la guerre, puis étendirent leurs secours aux réfugiés. Peu à peu, les sections se sont tournées vers les activités de temps de paix. Nous publions ci-dessous un résumé des activités principales de chacune des sections.

SECTION DE JELGAVA

Jelgava appartient aux régions qui ont le moins souffert pendant la guerre. Cette section a fait preuve d'une activité remarquable et a accompli de notables progrès; toutefois la présence des armées adverses, qui

se sont succédé dans le district, a nui au développement de son hôpital.
La section organise, à Jelgava et aux environs, des quêtes, des concerts
et des loteries en vue de recueillir des fonds. En 1922, pendant l'inondation de Daugavpils, elle vint au secours des sinistrés en faveur desquels
elle réunit des dons en espèces et en nature : vêtements, chaussures,
vivres. L'activité de la section s'est considérablement développée depuis
1921. Elle compte 200 membres et est dirigée par le D‍r Biskaps.

Avec l'aide du Comité central, la section de Jelgava entretient un
dispensaire et un sanatorium pour enfants à Liel-Vircava. Son hôpital
est une institution remarquable. En 1919, on n'y soignait pour ainsi dire
que les soldats : à la fin de l'année, on y comptait 79 militaires sur un
total de 82 malades. A la tête de l'hôpital se trouvait le D‍r Biskaps, aidé
par un personnel auxiliaire de 17 membres. En 1920, l'hôpital fut réparé
et perfectionné : il acquit des appareils et instruments tout à fait modernes, et il est actuellement considéré comme le premier de la région.
Il est aménagé pour 50 malades. Les salles sont claires et spacieuses;
4 médecins, 2 infirmières et 5 garde-malades y sont attachés. La section
entretient l'hôpital avec l'aide du Comité central. En 1920, 338 personnes
y furent traitées : soldats, parents de soldats nécessiteux et réfugiés;
la plupart d'entre eux ont été soignés gratuitement. Des médicaments
et du matériel de pansement ont été fournis gratuitement aux indigents.
et à un prix très modique aux autres habitants. La moyenne des malades
soignés à l'hôpital s'élève à 38 par jour.

En 1921, toujours sous la direction du D‍r Biskaps, l'hôpital réorganise
ses services de chirurgie, de gynécologie, de maladies internes, de maladies des yeux, des oreilles et du nez. De plus, il vient en aide aux accou-
chées. Au cours de l'année, 367 malades y ont été soignés : 60 d'entre
eux, réfugiés, invalides, parents de soldats et indigents, y furent soignés
gratuitement. L'entretien de l'hôpital coûta 811.764 roubles en 1921.

En 1922, l'hôpital disposait des services de 5 médecins spécialistes.
Une section spéciale pour les accouchements fut organisée, avec chambres individuelles. Le personnel de l'hôpital comprend 17 personnes.
Au cours de l'année, 527 malades y ont été traités, parmi lesquels 50 personnes reçurent des soins gratuits, et un grand nombre à prix très modique. L'entretien de l'hôpital coûta 1.548.896 roubles, sans compter
la subvention du Comité central ni les médicaments, dont la valeur
s'élève à 194.574 roubles. Les réparations de l'hôpital, l'acquisition
d'instruments modernes occasionnèrent de fortes dépenses.

Une policlinique est annexée à l'hôpital; les nécessiteux y sont soignés, soit gratuitment, soit moyennant une légère contribution. En
1920, 885 personnes y ont été traitées; en 1921, 1.950 malades y ont reçu
des soins; 650 d'entre eux ont été soignés gratuitement. En 1922, 1.170

personnes se sont fait soigner à la policlinique, parmi lesquelles 519 malades furent traités gratuitement, et les autres moyennant un paiement de 25 roubles. De petites opérations sont effectuées à la policlinique.

En 1920, la section de Jelgava a créé un sanatorium pour enfants au château de Liel-Vircava. Il est dirigé par deux médecins et occupe un personnel auxiliaire de 13 membres.

SECTION DE STUKMANI

La section de Stukmani entretient depuis 1919 un hôpital dans lequel, au cours de la première année, 438 personnes furent hospitalisées et 1.400 personnes traitées aux consultations (soldats, réfugiés et particuliers).

En 1920 la section poursuivit, grâce à la subvention du Comité central, l'entretien de l'hôpital. Celui-ci compte 60 lits et son personnel se compose de 2 médecins et de 17 auxiliaires. Des installations de bains, de désinfection et de blanchissage sont annexées à l'hôpital. Pendant l'année, il y eut 592 malades, dont 527 soldats. A la fin de la guerre, le nombre des lits fut réduit à 20.

En 1921, l'hôpital et la policlinique fonctionnaient sous la direction du Dr Jankau, pour la chirurgie et le traitement des maladies internes et contagieuses. 126 malades furent soignés à l'hôpital; on compta 560 malades à la policlinique, dont 124 soignés gratuitement.

SECTION DE VEC-AUCE

La section de Vec-Auce possède un hôpital de 20 lits, qui, en 1920, était dirigé par un médecin, aidé d'un personnel auxiliaire de 5 membres.

En 1921, l'hôpital est réduit à 12 lits; 24 malades y sont soignés au cours de l'année. 12 malades reçoivent des soins à la policlinique annexée à l'hôpital.

SECTION DE DSCHUKSTE-PIENAVA

Cette section fut organisée en 1919. Elle s'occupa tout d'abord de recueillir des fonds en organisant des quêtes, des concerts, etc. Dès sa création, elle porta secours aux nécessiteux.

En 1920, la section vient en aide aux familles des victimes de la guerre.

En 1921, elle organise un hôpital de 12 lits, que dirige un médecin aidé de 3 auxiliaires.

En 1922, la section dispose des services d'un médecin qui soigne les

indigents; une pharmacie est organisée en vue de leur fournir aussi gratuitement les médicaments nécessaires : 231 malades reçurent les soins
et 403 ordonnances furent délivrées gratuitement.

SECTION DE TUKUM

En 1920, la section de Tukum seconde le Comité de secours aux
enfants et, en outre, entretient un hôpital-ambulance de 6 lits.

SECTION D'IRLAVA

Cette section commence à fonctionner au mois d'août de l'année 1921.
Elle réorganise l'hôpital détruit. Au cours des deux premiers mois de son
existence, 24 malades y furent soignés (soins chirurgicaux, médicaux
et gynécologiques). La policlinique annexée à l'hôpital a traité gratuitement 65 malades.

En 1922, la section continue à entretenir l'hôpital qui compte 15 lits.
51 malades y sont traités. A la policlinique, 112 personnes sont soignées
gratuitement et reçoivent les médicaments nécessaires.

SECTION DE BAUSK

En 1920, cette section s'occupe des invalides et veille à leur traitement adéquat. Elle vient en aide aux familles de soldats et aux indigents.

En 1921 et en 1922, son activité se poursuit avec ardeur; elle secourt
les réfugiés, les malades et les impotents.

SECTION DE JEKABMIESTS

La section de Jekabmiests fonctionne depuis 1920. Dès sá création,
elle s'occupe de propagande en faveur de la Croix-Rouge.

En 1921 et 1922, elle secourt les nécessiteux, les victimes de l'inondation de Daugavpils et contribue à l'entretien des dispensaires de
Jeka pils et Krustpils.

SECTION DE DAUGAVPILS

Cette section commença à fonctionner en automne 1921. Dès sa création, elle consacra tous ses efforts à l'organisation d'un hôpital à Daugavpils.

En 1922, la section prend sur elle la surveillance des ambulances de
la Croix-Rouge, créées à Daugavpils par les Américains. Elle distribue
les dons de la Croix-Rouge américaine parmi les indigents. Elle participe
activement à l'œuvre de secours en faveur des victimes de l'inondation.

Elle s'occupe de travaux préparatoires en vue de l'ouverture de l'hôpital. 3.584 enfants et 925 adultes ont été traités dans les hôpitaux-ambulances pendant le deuxième semestre de l'année 1922.

En plus des secours organisés par les différentes sections en faveur des habitants des régions dévastées, la Croix-Rouge possède certaines institutions où sont soignés gratuitement les réfugiés, les indigents et leurs enfants. L'une de celles-ci est le sanatorium d'Asari.

Le sanatorium d'Asari est réservé aux orphelins et aux enfants de réfugiés et d'invalides, maladifs, anémiques, scrofuleux ou atteints de tuberculose osseuse. Le sanatorium se trouve dans la région dévastée située au bord de la mer; il fonctionne depuis 1920. La restauration des bâtiments du sanatorium et de ses dépendances a occasionné de fortes dépenses. Le sanatorium peut donner asile à 50 enfants. Un médecin est attaché à l'établissement et des professeurs diplômés dirigent les exercices physiques et les études, qui correspondent à celles des écoles primaires.

En 1920, le sanatorium a reçu   76 enfants
— 1921,   —   —   148   —-
— 1922,   —   —   109   —-

Le sanatorium de Krimulda est le second sanatorium de la Croix-Rouge. Il a été aménagé en 1922 dans les locaux, vastes et clairs, du château de Krimulda. Il est également destiné aux enfants souffrant de tuberculose osseuse; cette maladie est particulièrement répandue depuis la guerre, dans les régions dévastées. La restauration et la transformation du château, fortement endommagé au cours des hostilités, ont exigé de grands frais. A présent le sanatorium est équipé de façon tout à fait moderne, il est éclairé à l'électricité et dispose de certains perfectionnements, tels qu'un appareil à radiations ultra-violettes. L'année passée, 50 enfants y ont été traités, la plupart d'entre eux gratuitement, ou à un prix fort modique.

Le sanatorium de Bikernieki, destiné au traitement de la tuberculose pulmonaire, fonctionne depuis 1920. Il est dirigé par un médecin, aidé par un personnel auxiliaire de 14 membres. En 1921, 90 malades ont été soignés au sanatorium de Bikernieki. En 1922, 76 personnes y ont été traitées : parmi celles-ci, de nombreux invalides et autres victimes de la guerre y ont été soignés gratuitement.

Le sanatorium de Cesis, qui fonctionne depuis 1919, est destiné aux invalides de guerre. En 1919 et 1920, il était aménagé pour les besoins de la guerre et comptait 50 lits. En 1922, 83 malades, la plupart grands blessés et mutilés, y ont été traités. Le sanatorium est dirigé par un médecin aidé d'un personnel auxiliaire de 15 membres.

L'hôpital de la Croix-Rouge, à Riga, est l'un de nos meilleurs hôpitaux, équipé de façon tout à fait moderne. Il existe depuis quatre ans. Au début de sa création, il était presque exclusivement réservé aux blessés et aux invalides de guerre, mais il fut peu à peu adapté aux nécessités du temps de paix. Actuellement, on y soigne les réfugiés, les familles de soldats nécessiteux, les habitants des régions dévastées. Les médicaments leur sont délivrés gratuitement ou à un prix modique. En 1920, l'hôpital comptait 250 lits; il disposait des services de 4 médecins, 12 infirmières et un personnel auxiliaire de 58 membres. Un total de 1.495 personnes y furent traitées au cours de l'année. En 1921, l'hôpital a été doté d'une installation radiologique et d'appareils électriques perfectionnés, notamment pour l'application de rayons ultra-violets. 379 malades y ont été soignés gratuitement : la plupart étaient des réfugiés, des indigents ou des invalides avec leurs enfants. Le nombre total des malades soignés à l'hôpital en 1921 s'éleva à 1.339 personnes, atteintes de maladies de tous genres.

L'année 1922 a été consacrée à la réparation des bâtiments.

Une policlinique est annexée à l'hôpital : 10 médecins y donnent leurs soins; en 1922, 9.848 malades payants et 4.747 malades non payants y ont été traités.

A l'époque de l'inondation de Daugavpils, la Croix-Rouge de Latvie est venue en aide aux victimes de la catastrophe, en leur envoyant du personnel médical, en fournissant les médicaments nécessaires, des vêtements, du linge, des chaussures et des vivres. Des quêtes ont été organisées dans toutes les sections en vue de recueillir des fonds en faveur des sinistrés.

RAPPORT DE LA CROIX-ROUGE ESTHONIENNE
SUR LES SECOURS AUX RÉFUGIÉS

On peut distinguer trois catégories de réfugiés :

A. Réfugiés possédant la nationalité de l'État qui les accueille;

B. Réfugiés de nationalité étrangère aux deux pays en cause;

C. Réfugiés forcés de chercher un abri momentané dans un pays voisin.

I. Les trois groupes doivent se soumettre aux prescriptions de quarantaine de l'État récepteur. Dès leur passage à la frontière il faut pourvoir aux soins de propreté, de désinfection et désinsectisation de leurs personnes, de leurs vêtements et de leurs effets.

II. Après avoir satisfait à ces nécessités les réfugiés des groupes A et B continuent leur voyage vers leur patrie respective. Les organismes compétents des pays intéressés ont à pourvoir à leurs dépenses de transport et d'entretien, avec l'appui effectif de la Croix-Rouge.

III. Après la quarantaine, les réfugiés du groupe C sont dirigés :

a) Dans les hôpitaux, s'il s'agit de malades gravement atteints;

b) Dans des camps de rétablissement s'il s'agit de cas légers de maladie, de convalescents, d'affaiblis, particulièrement par suite de malnutrition; ils sont confiés dans ce camp aux soins de la Croix-Rouge nationale avec le soutien éventuel de l'État ou d'autres sociétés philanthropiques, nationales ou étrangères, et ils y restent jusqu'à ce qu'ils aient recouvré une santé et des forces suffisantes pour être mis en mesure de reprendre le travail.

Dans ces camps il faut veiller tout spécialement à l'alimentation et à l'habillement des réfugiés, ainsi qu'à l'assistance médicale et à la création d'écoles, autant que possible dans la langue maternelle des réfugiés. Il faut encore fournir des occasions de travail aux réfugiés dejà guéris, par exemple travaux aux champs, aux forêts, assainissement du sol, en tenant compte dans la mesure du possible des aptitudes spéciales et des inclinations de chaque personne. En cas de besoin, on peut encore créer des ateliers pour des métiers relativement simples (tailleurs, menuisiers, cordonniers, etc.);

c) Il faut finalement trouver des occasions immédiates de travail pour les réfugiés valides.

IV. Lorsque les réfugiés affluent en grandes masses, ils peuvent élire parmi eux un comité central composé d'au moins cinq membres; le comité peut également comprendre un délégué du Comité international de la Croix-Rouge et un délégué de l'État.

Tâches du Comité central :

1º Recueillement de fonds dans le pays et à l'étranger pour la nourriture et l'habillement de réfugiés nécessiteux;

2º Organisation de l'assistance médicale (consultation, hôpitaux, sanatoriums — pour adultes et enfants, — établissements de désinfection);

3º Organisation d'écoles (dans la langue maternelle des réfugiés) et création d'autres ressources intellectuelles (bibliothèques, etc.);

4º Créations de crèches et dispensaires pour mères et nourrices, asiles pour enfants abandonnés, colonies de vacances pour enfants débiles;

5º Bureau de travail pour chômeurs et bureau de conseils juridiques.

Afin de faciliter sa tâche, le Comité central délègue quatre de ses membres au soin de chacune des sections mentionnées, en laissant la direction de l'inspection générale au président élu par l'ensemble du Comité.

Dr LEESMENT,
Président de la Croix-Rouge Esthonienne.

RAPPORT DE LA CROIX-ROUGE POLONAISE
SUR LE DÉVELOPPEMENT DU SERVICE
DES INFIRMIÈRES VISITEUSES EN POLOGNE
ET SUR LEUR FORMATION

La nécessité du travail social, le besoin de répandre les principes d'hygiène dans les masses, l'obligation de soigner les malades à domicile ont, depuis une cinquantaine d'années environ, inspiré en Pologne la création d'œuvres diverses.

Les premiers essais dans cette voie furent tentés par la Société des Dames de Saint-Vincent-de-Paul, qui, fondée en 1872 dans un esprit plutôt philanthropique que social, envoya ses dames visiteuses secourir à domicile les malades qui, pour un motif quelconque, n'étaient pas admis dans les hôpitaux; les dames visiteuses leur apportaient médicaments, vêtements et aliments, exigeant d'eux, en revanche, l'observation des principes élémentaires de l'hygiène personnelle. Les dames visiteuses étaient tenues en outre de contrôler la véracité des dires des nécessiteux et de procurer du travail aux membres de la famille atteints par le chômage. C'était donc, la préparation professionnelle en moins, le rôle des infirmières visiteuses d'aujourd'hui.

Dix ans plus tard, vers 1882, un autre essai, dû à l'initiative privée et qui se rapproche davantage du but auquel nous tendons aujourd'hui, fut entrepris par la comtesse Julie Aleksandrowicz. Se rendant compte que des études professionnelles étaient la base de toute entreprise sérieuse, elle se rendit en Allemagne pour suivre un cours d'une année à l'hôpital de l'impératrice Augusta à Berlin; revenue à Varsovie, elle fonda, avec la collaboration du Dr Skowronski, la première ambulance-école donnant des soins gratuits aux pauvres du quartier; des jeunes filles de bonne volonté l'assistèrent à titre d'élèves volontaires. Des cours sanitaires et des cours d'hygiène sociale, organisés ensuite, entraînèrent l'accroissement du personnel enseignant, de telle sorte que le noyau de collaborateurs augmenta considérablement, et que la Société de Saint-Antoine fut fondée à Varsovie en 1902. Je tiens à citer le paragraphe 2 du règlement de cette Société, afin d'en faire ressortir l'idée fondamentale :

« La Société organise des conférences et des cours populaires concernant les principes élémentaires de la médecine pratique et de l'hygiène, ainsi que des premiers secours aux malades et blessés, afin de répandre dans les masses les notions et la connaissance de ces principes. »

On doit reconnaître que ce paragraphe, un des plus importants du règlement, contient, en théorie, la tâche sociale que les infirmières visiteuses accomplissent aujourd'hui.

Malheureusement, les autorités russes voyaient dans tout effort d'assainissement social, fût-il purement matériel, une atteinte au système en vigueur en Pologne, aussi les résultats furent-ils plus que modestes.

A Lwow, le Dr Groer avait fondé une école d'infirmières spécialisées dans la pédiatrie; le service statistique se servait des données fournies par ces infirmières pour établir des graphiques sur la mortalité infantile, la tuberculose, la situation hygiénique du pays, le nombre des enfants profitant des gouttes de lait, le nombre des malades fréquentant les consultations antituberculeuses, etc.

Mlle Epstein fonda à Cracovie, avec le concours d'une association de jeunes filles de Saint-Vincent-de-Paul, une école-internat d'infirmières dont les cours duraient deux ans. Les élèves recevaient une formation pratique à l'hôpital dirigé par l'école; certaines servaient dans les hôpitaux, les autres soignaient les malades indigents à domicile. L'école fonctionna de 1900 jusqu'au début de la guerre, en 1914, et fournit environ 120 infirmières diplômées, dont la plupart servirent ensuite dans les hôpitaux et les ambulances militaires.

Tous ces essais ne donnèrent que des résultats limités; pourtant, nous y voyons déjà le développement de l'idée du « social and visiting work » et le désir de préparer des cadres d'infirmières ayant reçu une formation professionnelle suffisante. Il ne faut pas oublier que les organismes dont nous avons parlé étaient dus à l'initiative privée, qu'ils ne recevaient aucune subvention ni des gouvernements ni des municipalités, excepté l'école du Dr Groer, qu'ils n'existaient pour la plupart que grâce à la charité publique; aussi, par la force même des choses, prirent-ils le cachet d'institutions de bienfaisance plutôt que le caractère d'œuvres sociales proprement dites.

Les choses changèrent quand, en 1919, la Pologne recouvra son indépendance. L'arrivée à Varsovie d'une très nombreuse mission de la Croix-Rouge américaine nous apporta non seulement une aide matérielle très considérable en médicaments, bandages, linge, etc., sans laquelle nos hôpitaux militaires n'auraient pu travailler, mais aussi les principes de l'organisation et le personnel qui nous manquaient pour diriger un enseignement rationnel. La mission américaine organisa une série de cours d'une durée de six à huit semaines. En outre, elle fournit des instructeurs féminins et des directeurs aux établissements suivants :

a) École-internat de Cracovie : deux séries de cours d'hygiène sociale de six mois chacun pour 36 élèves, cours institués avec le concours du ministère de la Santé publique, de la Croix-Rouge polonaise, de la municipalité de Cracovie et de l'Université, qui fournit les professeurs et les conférenciers.

b) École-internat de Varsovie, pour 70 élèves : durée des cours théoriques et pratiques, deux ans. Un certain nombre d'élèves sont spécialisées en vue de devenir des infirmières visiteuses.

c) École du même type pour 30 élèves à Posen.

La Y. W. C. A. a aussi servi la cause du service social en Pologne. Avec le concours de la Croix-Rouge américaine, cette association a organisé trois cours d'hygiène et de travail social de deux mois chacun, qui furent suivis par un auditoire d'environ 60 personnes.

La Croix-Rouge américaine délégua une de ses infirmières en qualité de professeur d'hygiène à l'école ménagère de Kuznice, à Zakopane.

Le ministère de la Santé publique organisa, en 1920 et 1921, trois cours d'hygiène pour infirmières scolaires.

La Croix-Rouge polonaise institua une série de cours supplémentaires de quatre mois chacun, avec internat, pour les infirmières de la Croix-Rouge, afin de combler les lacunes de leur instruction professionnelle dans le domaine de l'hygiène sociale et du service de l'enfance.

Le Comité polono-américain pour la Protection de l'Enfance dispose des élèves diplômées des cours d'hygiène de Cracovie, qu'il emploie dans ses gouttes de lait et dans ses dispensaires, répandus dans tout le pays. Le nombre de ces infirmières étant insuffisant, le Comité a organisé des cours élémentaires d'hygiène de deux mois, période qu'il juge trop courte, mais que les circonstances imposent.

Le professeur Michalowicz, doyen des pédiatres de Pologne et fondateur d'une clinique modèle pour enfants, fut l'initiateur de la Ligue des Petites Mères, et organisa des cours supplémentaires de six semaines pour les infirmières d'enfants.

Ce bref résumé donne un aperçu de ce qui a été accompli jusqu'à ce jour en vue de préparer des cadres d'infirmières visiteuses, mais le champ d'action sur lequel celles-ci seront appelées à travailler étant très vaste, vu le déplorable état de la Pologne au point de vue de l'hygiène et le manque de compréhension des masses à cet égard, j'envisage la nécessité :

1. De créer une chaire de médecine et d'hygiène sociale auprès de la Faculté de Médecine d'une ou de plusieurs Universités de Pologne.

2. De fonder trois écoles-internats pour infirmières, du même type que les écoles de Varsovie et de Posen; ces écoles recevraient chacune 50 élèves et seraient établies à Cracovie, à Vilna, à Lodz ou à Lublin.

3. D'organiser plusieurs séries de cours et de conférences du type des cours de Cracovie, traitant des devoirs de l'infirmière visiteuse, en vue de suppléer au manque d'infirmières visiteuses diplômées, qui ne pourront être formées en nombre suffisant avant de longues années. On pourrait désigner pour suivre ces cours un certain nombre d'infirmières d'hôpital, — la Croix-Rouge polonaise en a environ 2.000 à sa disposition, — on choisirait celles qui montrent le plus d'aptitudes à une activité individuelle dans le domaine social.

4. De demander au ministère de la Santé publique qu'il accorde des subventions régulières pour subvenir aux frais des écoles, et qu'il concède les privilèges des fonctionnaires de l'État aux infirmières visiteuses.

5. D'obtenir l'appui moral et matériel de la Ligue des Croix-Rouges, surtout en ce qui concerne les bourses d'études en France et en Angleterre pour les élèves de nationalité polonaise. La Croix-Rouge américaine nous a octroyé depuis 1919 plusieurs bourses d'études permettant aux infirmières que nous destinons à l'enseignement pour les futures écoles, de faire leurs études aux États-Unis.

Nos recrues sont en général aptes à remplir la tâche ardue à laquelle elles comptent se vouer. Les instructrices américaines en sont, à peu d'exceptions, tout à fait satisfaites. Si les élèves éprouvent, au commencement, de la difficulté à se plier à la discipline exigée par les Américains dans l'école et hors de l'école, elles font preuve d'une vive intelligence, d'une très haute conception de leur vocation et d'un grand attachement à leur profession, qu'elles ne considèrent pas comme un gagne-pain, mais comme un devoir social.

La Croix-Rouge polonaise, consciente de l'importance et de la grande utilité du service des infirmières visiteuses, porte tout son effort sur le développement de leur enseignement professionnel; malgré les grandes difficultés que ce travail présente, elle espère pouvoir arriver dans quelques années au même résultat que les pays d'Occident.

Varsovie, 1923.

A. RATKOWSKI,
Secrétaire Général.

Comtesse Adam TARNOWSKA,
*Présidente de l'Association
des Infirmières de la Croix-Rouge.*

RAPPORT DE LA CROIX-ROUGE DU ROYAUME DES SERBES, CROATES ET SLOVÈNES SUR LE ROLE DES INFIRMIÈRES VISITEUSES ET DES AUXILIAIRES DE LA SANTÉ PUBLIQUE DANS LA LUTTE CONTRE LA TUBERCULOSE.

La lutte contre la tuberculose est, au point de vue social et au point de vue sanitaire, un de nos devoirs les plus importants; elle constitue un problème compliqué pour la solution duquel les autorités médicales et sanitaires joignent leurs efforts à ceux du Gouvernement et dans lequel interviennent aussi des facteurs économiques et privés.

En vue de se rendre compte de l'importance de cette question dans notre pays, il serait nécessaire de connaître le nombre de ses victimes. Malheureusement les statistiques sanitaires dont nous disposons sont incomplètes. La déclaration de la tuberculose n'est obligatoire que depuis 1908, et seulement dans une partie du pays; de plus, cette prescription n'a pas toujours été régulièrement observée.

Afin de déterminer les ravages de cette maladie dans notre pays, le troisième congrès de médecins yougoslaves en 1921 s'est occupé exclusivement de la question de la tuberculose. De nombreuses constatations ont été enregistrées, puis classées et ont permis l'établissement d'un tableau graphique démontrant clairement la situation au point de vue de la tuberculose.

Notre pays compte environ 12 millions d'habitants, dont 25 % de la population habitent les villes et 75 % la campagne. Il y a très peu de grandes villes dans le royaume des Serbes, Croates et Slovènes. Trois d'entre elles seulement comptent plus de 100.000 habitants, et il n'y a que quatorze localités ayant de 25.000 à 50.000 habitants. Nous avons très peu d'ouvriers de fabrique. Toutes les religions peuvent être professées chez nous.

D'après les données approximatives dont nous disposons, la mortalité tuberculeuse s'élève à 4 % pour l'ensemble du pays, soit 13,5 % de la mortalité totale; la tuberculose cause 50.000 morts par an, ce qui fait à peu près un décès sur sept.

En règle générale, la mortalité est plus élevée dans les villes qu'à la campagne. Dans les villes ayant une population de plus de 100.000 habitants, la mortalité tuberculeuse est de 6 %, soit 26 % de la mortalité totale, ce qui fait qu'un décès sur quatre est dû à la tuberculose. C'est à Belgrade que la mortalité tuberculeuse est la plus élevée; elle atteint de 6 à 8%, soit de 32 à 39% de la mortalité totale, ce qui veut dire un décès tuberculeux sur trois.

Nos contrées les plus riches sont les plus ravagées par la tuberculose. La proportion de la mortalité tuberculeuse varie d'après :

L'*âge :* c'est entre vingt et trente ans que la mortalité est la plus élevée, elle atteint 27% de la mortalité totale; chez les enfants au-dessous d'un an, elle est très peu considérable (environ 0,5%);

Le *sexe :* la mortalité est proportionnellement plus élevée chez les femmes que chez les hommes;

La *religion :* c'est chez les musulmans que la mortalité tuberculeuse est la plus considérable;

Les *saisons :* la mortalité est plus élevée en mars, avril et mai que pendant les autres mois.

La tuberculose des poumons est celle qui est la plus propagée. Dans l'armée, la mortalité de la tuberculose représente 12% de la mortalité totale. 7% des recrues sont réformés pour cause de tuberculose.

Pendant la guerre, la mortalité a doublé; mais à partir de 1920 elle a recommencé à diminuer.

Au point de vue économique, la tuberculose coûte, en pertes directes et indirectes, environ *3 milliards de dinars* par an.

.*.

Ces quelques faits démontrent l'étendue du mal et les dommages économiques dont il est cause. Il est grand temps d'opposer à ses progrès tous les efforts dont nous sommes capables.

La lutte a commencé dès après la guerre : un nouveau ministère, le ministère de l'Hygiène, a été créé. C'est dire que l'État a compris la nécessité de se préoccuper de la santé publique. Dans ce domaine, la lutte contre la tuberculose occupe la première place.

A cet effet le Gouvernement a pris les dispositions suivantes :

Vingt-trois dispensaires ont été répartis dans tout le pays. Au point de vue sanitaire et social, ces dispensaires suivent l'exemple de ceux des autres pays civilisés. Le règlement des dispensaires antituberculeux définit leur but comme suit : « Les dispensaires antituberculeux sont des institutions d'hygiène publique créées dans le but de lutter systémati-quement contre la tuberculose. Le devoir de ces institutions est de faire connaître au public, par tous les moyens, la gravité de la tuberculose et ses modes de contagion. »

Des médecins spécialistes, ayant sous leurs ordres un personnel com-pétent, dirigent les dispensaires. Le ministère de l'Hygiène s'est vu allouer,

par le Fonds de réparation une certaine quantité de baraquements de
bois, dont la plupart seront convertis en nouveaux dispensaires antituberculeux, dans les districts où il n'en existe pas encore, et en pavilllons
spéciaux pour les cas avancés. Le Gouvernement entretient des colonies
de vacances en faveur des écoliers et des écoles en plein air. Il possède
en outre trois sanatoria, dont l'un est situé au bord de la mer, à Dou-
brovnik. Dans les hôpitaux de Belgrade, Zagreb et Sarajevo, il y a des
départements spéciaux pour tuberculeux, comprenant un total de
1.000 lits.

Dans tous nos hôpitaux, les tuberculeux du troisième degré sont
traités gratuitement.

Le Gouvernement a créé des équipes sanitaires chargées de la désinfection des locaux contaminés et disposant de tout le matériel nécessaire;
non seulement l'habitation et les effets du tuberculeux sont désinfectés
au cours de sa maladie, mais également après sa mort, surtout en cas de
tuberculose pulmonaire. De plus, le Gouvernement mène une campagne
de propagande contre la tuberculose au moyen de conférences, tracts et
séances cinématographiques.

La population rurale de notre pays, qui, nous l'avons dit, constitue
les trois quarts de la population totale, réside dans des maisons qui sont
pour la plupart entourées d'un jardin, d'un potager ou d'un verger. Les
villages forment en quelque sorte de vastes parcs où sont disséminées
les habitations. Tel étant le cas, on pourrait s'étonner de ce que la majorité des décès soient dus à la tuberculose. A vrai dire, cette question n'a
pas été étudiée à fond jusqu'à présent. Mais il résulte des observations,
de tous les médecins, qui sont bien placés pour connaître les conditions
de vie de la population, que l'état de choses qui prévaut actuellement
est une conséquence de l'*insuffisance* de l'instruction générale, aussi bien
en matière d'hygiène que dans les autres domaines.

La majorité des habitants ignore les dangers de la tuberculose, ses
modes de contagion, le péril de soins insuffisants, les précautions à
prendre en cas de tuberculose déclarée chez l'un des membres de la famille.
Ils mènent en général une vie antihygiénique; pendant la saison froide,
qui dure plus de la moitié de l'année, ils s'entassent dans des locaux
exigus. Tous ces faits auxquels vient s'ajouter la variété des maladies
pulmonaires qui, négligées, dégénèrent en tuberculose, expliquent que
l'ignorance des habitants, *sains et malades, favorise dans notre pays le
développement de la tuberculose.*

Nous avons vu que la mortalité, de même que la morbidité, sont peu
élevées chez les enfants au-dessous d'un an. La cause probable en est
due au fait que dans notre pays la plupart des mères nourrissent leurs
bébés; de plus, la tuberculose bovine est très peu répandue chez nous;

par conséquent, les enfants nourris au lait de vache courent également peu de risque de contamination. En général la contamination bovine est rare.

La tuberculose se transmet d'une personne à une autre. C'est donc en agissant directement sur les individus atteints que l'on parviendra à circonscrire les ravages de la maladie.

Une propagande éducative doit être faite en vue de faire connaître à la population les dangers de la tuberculose et tout ce qui concerne cette maladie. Des conférences populaires seront adressées au grand public par des personnes spécialement préparées à cet effet et connaissant bien les conditions de vie de la population urbaine et rurale. Il est nécessaire de démontrer aux habitants l'importance de l'hygiène de l'habitation, de leur enseigner les soins à donner aux malades, et en particulier aux tuberculeux, afin, tout en les soulageant, d'éviter la contamination de leurs proches. Cette propagande éducative peut être confiée à un personnel auxiliaire spécialement formé dans ce but. L'expérience à prouvé que ces fonctions sont parfaitement remplies par des sœurs de charité, à la formation desquelles le Gouvernement et certaines œuvres privées, ont consacré leurs efforts. Depuis 1921, l'État possède une *école pour la formation des infirmières*. De plus le Gouvernement a organisé des cours de désinfection. Le personnel affecté aux services de désinfection s'occupe, en outre, de propagande parmi la population.

.

Quel est le rôle de la Croix-Rouge du royaume des Serbes, Croates et Slovènes dans la lutte contre la tuberculose? Parcourons le programme de ses activités.

Après la guerre, notre Croix-Rouge a déployé une grande activité, venant en aide aux indigents, aux invalides, aux orphelins. De plus, elle a dû pourvoir à sa réinstallation, son siège social ayant été détruit au cours des hostilités. Puis vint la période de reconstitution, une vaste entreprise dans notre patrie considérablement agrandie. La Croix-Rouge a consacré à cette œuvre tous ses efforts. En même temps, elle s'est attachée à développer son programme de temps de paix, en contribuant à l'amélioration de la santé publique par la lutte contre les maladies contagieuses et tout particulièrement contre la tuberculose.

Dans ce domaine le programme de la Croix-Rouge comporte les activités suivantes :

1º La diffusion des notions élémentaires de l'hygiène au moyen de son journal *Glasnik*, et de sa revue *La Croix-Rouge de la Jeunesse*. Elle a entrepris une campagne de propagande contre la tuberculose par voie d'affiches et de conférences populaires faites par des médecins;

99

2º Elle possède deux sanatoria : l'un est affecté aux tuberculeux ordinaires; l'autre, aux cas de tuberculose chirurgicale. Ces deux sanatoria ne sont ouverts que pendant la saison d'été. Cette année, la Croix-Rouge établit un sanatorium de trente lits au bord de la mer, qui sera ouvert pendant toute l'année; et, dans la station climatérique « Roudnik », elle compte organiser un sanatorium pour enfants, de 100 lits. Ce dernier ne sera ouvert que pendant la saison d'été;

3º La Croix-Rouge contribue financièrement et matériellement au maintien de plusieurs sociétés, ayant pour objet la lutte contre la tuberculose et l'amélioration de la santé;

4º Elle consacre une attention toute spéciale à la formation des sœurs de charité. Elle a organisé des cours d'une durée de six mois, dont la première session a été suivie par quinze élèves; une autre école forme, en deux ans, des infirmières visiteuses; la Croix-Rouge envoie une élève au cours international pour la formation des infirmières visiteuses, établi à Londres par la Ligue des Sociétés de la Croix-Rouge. La Croix-Rouge ouvrira d'autres écoles d'infirmières dès qu'elle aura réuni les fonds nécessaires. Dans le domaine de la formation des infirmières, la Croix-Rouge a été aidée par la Mission philanthropique américaine de M. le Dʳ Reeder et par la Ligue des Sociétés de la Croix-Rouge

Les infirmières visiteuses seront les principaux agents de la Croix Rouge dans sa lutte contre la tuberculose. Tout en soignant les malades, elles enseigneront aux habitants à se préserver de la contagion, à sauvegarder leur santé. De même elles veilleront à l'hygiène de l'habitation et aux conditions de vie, qui laissent souvent à désirer dans le peuple. Luttant contre l'ignorance et l'inertie de notre population en matière d'hygiène, lui apprenant la valeur de la santé et les moyens d'améliorer celle-ci, elles constituent un élément social de la plus haute importance.

Dès que la Croix-Rouge sera complètement réorganisée, elle contribuera de tous ses efforts à l'amélioration de la santé publique. C'est là son objet principal en temps de paix. Elle remplira le programme qu'elle s'est tracé en créant des institutions sanitaires, en entreprenant des campagnes de propagande, en développant l'activité des infirmières visiteuses.

De même que la Croix-Rouge dans les autres pays, notre Croix-Rouge nationale lutte :

1º *Contre la guerre*. — Chaque fois que celle-ci sera inévitable, elle s'efforcera d'en adoucir les effets. Ayant consacré tous ses efforts pendant les huit dernières années à soulager les souffrances provoquées par la guerre, notre Croix-Rouge nationale s'est assuré toutes les sympathies de la population;

2º *Contre les maladies contagieuses.* — La science nous a appris à sou-lager les maladies et dans bien des cas à les éviter. La Croix-Rouge suivra ces préceptes, et luttant courageusement contre les fléaux qui ravagent notre pays elle travaillera à former une nation plus saine, c'est-à-dire plus forte.

La Croix-Rouge fait appel à la population tout entière. Hommes, femmes, enfants, luttez avec elle contre la guerre et contre les maladies. Vous triompherez.

Dr Chran M. Joksimovic,

Dr J. M. Rouviditch, colonel,

Délégués de la Croix-Rouge du Royaume des Serbes, Croates et Slovènes.

LES DIVERSES MÉTHODES D'ÉDUCATION
EN MATIÈRE D'HYGIÈNE

La propagande en faveur de l'hygiène doit encore être étudiée et éla-
borée attentivement, spécialement en ce qui concerne la coopération des
Sociétés de la Croix-Rouge et les rapports existant entre cette propagande et l'activité des administrations de l'État et des autres institutions poursuivant un but d'hygiène; elle doit nécessairement varier
suivant les conditions et les besoins des différents pays.

Il me semble qu'indépendamment de la propagande dans le sens restreint du mot, c'est-à-dire de l'instruction donnée au moyen de conférences et de films, de l'enseignement de l'hygiène dans les écoles, dans les
cours, etc., la propagande la plus efficace est celle qui a comme but visible
et principal une action intéressant de façon durable les couches profondes
du public, et le forçant en même temps à compléter sans cesse ses connaissances. Assister à une conférence, fréquenter un cours, ce n'est qu'un
épisode qui disparaît bientôt derrière une foule d'autres impressions et
ne laisse que des traces imprécises pour le reste de la vie. Si, au contraire,
je réussis à faire suivre par une fille de campagne un cours d'infirmière;
si, dans le cadre d'une organisation quelconque, je l'occupe de telle manière qu'elle ait l'occasion de soigner les malades pauvres et abandonnés
de sa commune et d'être en relation constante avec le médecin instruc-
teur, non seulement son sens de l'hygiène s'approfondira, mais encore les
différents cas qu'elle soignera l'obligeront à se renseigner, à réunir des
connaissances nouvelles, à compléter son expérience; elle deviendra un
agent conscient de l'hygiène dans le rayon de son activité. On sait, du
reste, que les propagandistes, hommes ou femmes, sortis du peuple,
sont toujours plus sympathiques à la masse et inspirent une confiance
plus complète que les gens instruits.

Un petit épisode observé dans un village de la Bohême orientale,
vient corroborer cette opinion. Le fils d'un paysan, atteint de tuberculose,
fut envoyé dans un sanatorium où il passa toute une année; il en revint
guéri, ramenant avec lui sa fiancée, une infirmière. Quand, après le mariage, la ferme des parents fut remise aux jeunes gens, ceux-ci introdui-
sirent dans leur maison un ordre aussi parfait que dans un sanatorium.
Ils observaient la propreté la plus méticuleuse, ôtaient leurs vêtements

dans l'antichambre, se lavaient les mains avant chaque repas, s'abste-
naient d'alcool et de tabac; ils firent construire une salle de bains, ils
s'astreignaient à un régime alimentaire simple mais rationnel, etc. Tout
le village commença par se moquer d'eux et les considéra comme à moitié
fous. Cependant, quand j'ai visité cette commune quatre ans plus tard,
toutes les fermes avaient le même air que celle des nouveaux mariés;
quelques-unes même étaient encore plus élégantes et plus hygiéniques,
si bien que le médecin ne suffisait plus à donner des conseils, car chaque
paysan voulait surpasser l'autre.

Mon collègue, M. Dorazil, présentera un rapport sur la propagande
directe en faveur de l'hygiène; je ne vous parlerai donc que de la propagande indirecte, que je considère comme très importante et dans laquelle
on peut voir une des grandes tâches futures de la Croix-Rouge.

En Tchéco-Slovaquie, nous avons trouvé le moyen de répandre l'action hygiénique jusque dans les moindres villages. Nous nous sommes
servis dans ce but de la coopération des pompiers, dont l'organisation,
à côté de celle des Sokols, est la plus vaste dans notre pays; elle est si
répandue qu'on la trouve dans les moindres villages; les groupes locaux
de pompiers sont organisés en unions départementales, ces dernières
en unions territoriales et les unions territoriales en une fédération centrale dont le siège est a Prague. Après avoir gagné à notre idée la fédération centrale des pompiers, nous avons créé à côté de la C. R. T. S., et
avec la coopération des pompiers, une « Section des Samaritains », et sur
cette base les secours hygiéniques ont été organisés du haut en bas de
l'échelle. Chaque groupe de pompiers doit posséder un matériel suffisant
en vue des premiers secours, et les moyens de transport nécessaires pour
les malades : un brancard, un char à deux roues ou une voiture; il doit
disposer d'un personnel expérimenté en ce qui concerne le transport des
malades et les premiers secours, d'une « équipe de samaritains » et finalement d'infirmières instruites dans des cours spéciaux. La formation de
ces infirmières a été confiée aux médecins qui, sous la direction des chefs
de service des hôpitaux, se sont montrés disposés à assumer cette tâche,
car les samaritains et les samaritaines sont plus tard leurs meilleurs assistants dans la tâche difficile qu'ils rencontrent à la campagne. Nous avons
élaboré des statuts détaillés pour cette organisation des samaritains,
donné des instructions pour les cours, édicté des prescriptions concernant l'uniforme, etc. Nous avons édité un livre concernant les premiers
secours, dont l'auteur est le fondateur de cette institution, le Dr Welz;
j'ai l'honneur de vous présenter cet ouvrage. Aujourd'hui nous avons,
en Bohême seulement, plus de 6.000 samaritains; dans la République entière, ils sont plus de 10.000, tous propagandistes de l'hygiène.

Dans les villes, le même but est atteint par les cours d'infirmières.

Ces cours durent trois mois et l'enseignement y est donné d'après un programme fixe, à raison de six leçons par semaine. La moitié du cours est vouée à l'enseignement théorique, l'autre moitié à la formation pratique dans les hôpitaux. Les élèves qui achèvent ce cours reçoivent un certificat et sont inscrits à la Croix-Rouge pour le service en cas de nécessité, et surtout en temps de guerre. L'année dernière, 600 femmes ont achevé ces cours; la C. R. T. S. a édité pour elles le manuel de H. DELAN : *L'Hygiène à domicile et le traitement des malades.*

Il existe encore un autre moyen de propagande important : les stations sanitaires, dont jusqu'à présent vingt-six ont été établies dans les communes pauvres de la Slovaquie septentrionale. Dans ces stations, le médecin renseigne les mères sur les causes des maladies infantiles et sur les différentes manières de s'en préserver; il donne des consultations pour les enfants. Les infirmières enseignent aux mères comment il faut baigner l'enfant, l'emmailloter et le nourrir; elles prodiguent leurs conseils aux femmes enceintes et les assistent souvent seules pendant l'accouchement; elles visitent les mères à domicile, leur enseignent l'hygiène du logement, la propreté, l'aération, etc. En 1922, 25.000 enfants ont été traités dans ces stations; les mères ont compris leur importance et viennent y demander des conseils même pour les enfants sains, tandis qu'autrefois elles ne consultaient même pas le médecin pour les enfants malades. Dans les villages et les villes, nous organisons des « Semaines de Nouveau-nés » avec conférences, expositions, divertissements, cortèges de mères et d'enfants, etc.; celle des communes, où la « Semaine des Nouveau-nés » a eu le plus de succès, reçoit un prix de 8.000 couronnes tchèques.

Un autre moyen effectif de propagande est l'alimentation des enfants, surtout dans les régions qui, par suite d'une mauvaise récolte, sont menacées de la famine. Chez nous ce sont surtout certaines régions de la Slovaquie et de la Russie sous-carpathique qui sont exposées à ce péril; cette année, le gouvernement de la République a chargé la C. R. T. S. de la direction de l'œuvre d'alimentation, à laquelle il a consacré une somme d'un million et demi environ de couronnes tchèques. Cette action aura une certaine importance au point de vue éducatif, car dans les règlements concernant la distribution des aliments — qui sont consommés à la station même, car il est défendu de les emporter, — figure aussi la prescription que les enfants doivent se laver avant chaque repas — le savon est fourni par la Croix-Rouge — et tenir propres leurs couverts. Dans les prescriptions en question, on invite les comités locaux à user de leur influence pour que la préparation économique et rationnelle des mets soit adoptée par le peuple. Dans les localités où se trouvent les stations d'alimentation, les femmes et les jeunes filles ont l'occasion d'apprendre gratuitement, auprès des cuisinières qui y sont employées, la technique de la préparation de ces aliments simples.

Chez nous — comme peut-être dans tous les autres pays — il existe de grandes différences entre le niveau intellectuel des habitants dans les différentes régions : l'occident est très avancé au point de vue économique, intellectuel et hygiénique, vers l'orient au contraire les conditions deviennent plus mauvaises, et dans la Russie sous-carpathique elles sont très défectueuses. Pour recruter des propagandistes, la Croix-Rouge tchéco-slovaque rassemble des orphelins de toutes les régions de la Russie sous-carpathique et les place en apprentissage en Bohême et en Moravie; chez leurs maîtres, ils apprennent à observer l'hygiène personnelle et l'hygiène du logement et, leur apprentissage fini, ils reviennent chez eux, artisans consommés et propagateurs d'une vie hygiénique meilleure. En 1922, nous avons placé 130 de ces garçons.

Un autre facteur important de propagande est constitué par les colonies d'enfants; en 1922, 22 de ces colonies ont été fondées pour héberger 1.300 enfants menacés de tuberculose. Les règles de l'hygiène y sont enseignées méthodiquement; pendant leur séjour (deux mois en général), les enfants s'habituent à soigner régulièrement leur corps et, après leur retour à la maison, ils font valoir les principes de l'hygiène non seulement auprès de leurs frères et sœurs, mais aussi auprès de leurs parents et de leurs voisins.

Parmi les propagandistes les plus effectifs et les plus nombreux de l'hygiène, il faut nommer en premier lieu la Croix-Rouge de la Jeunesse. Elle a plus de 100.000 membres, qui tous reçoivent une éducation soigneuse, tant en ce qui concerne l'hygiène personnelle que l'hygiène de l'école, du domicile et de la commune. L'école devient ainsi le point de départ des efforts prophylactiques et cet intérêt se propage des enfants aux parents. La Croix-Rouge de la Jeunesse plante des arbres dans la commune, cultive ses propres jardins, prend soin de la propreté des rues, organise des cortèges démonstratifs (cortège des balais, etc.), crée des cours où l'on enseigne l'hygiène pratique, l'art de soigner les malades et les éléments des premiers secours; ses membres cousent du linge pour les consultations, aident les dispensaires, éditent des imprimés traitant des différentes questions d'hygiène, jouent des pièces de théâtre à tendance hygiénique, cultivent les sports d'été et d'hiver; les membres de la Croix-Rouge de la Jeunesse font du scouting et des excursions.

Voilà des exemples qui, je l'espère, prouveront qu'il est possible de créer toute une armée de propagande nationale, composée par le peuple lui-même. Lorsque cette activité se sera développée entièrement et sera devenue générale, il n'y aura plus dans le village le plus reculé une seule personne pouvant échapper à ce courant puissant de propagande.

Je considère cette activité comme la plus appropriée aux différentes sociétés de la Croix-Rouge, car elle leur offre la possibilité de pénétrer dans les classes populaires que le service central d'hygiène n'atteint que très rarement et très difficilement; il est certain que le peuple, pourvu qu'on l'y oblige, observe les ordres des autorités chargées de veiller à l'hygiène, pour autant du moins que l'influence de ces autorités se fasse sentir jusqu'à lui; en général, pourtant, les représentants de l'hygiène publique et officielle s'arrêtent à la porte du foyer familial et se bornent tout au plus à surveiller à grands traits l'hygiène publique et l'hygiène des communes. L'hygiène personnelle, l'hygiène des logements et l'hygiène de l'enfance ne se généraliseront que lorsqu'on aura réussi à persuader le peuple de leur utilité et de leur nécessité, lorsqu'on en aura fait pénétrer l'idée dans le cerveau et dans le sang comme une habitude nécessaire à la vie et indispensable pour nous préserver des maladies. C'est cette voie, destinée à nous mener avant tout au cœur du peuple, que doivent suivre toutes les Sociétés de la Croix-Rouge; c'est là qu'elles doivent trouver l'accomplissement de leur belle et noble tâche de paix.

Dʳ L.-P. Procházka,

Vice-Président de la Croix-Rouge tchéco-slovaque.

RAPPORT DE LA CROIX-ROUGE TCHÉCO-SLOVAQUE
SUR L'ORGANISATION DE L'ÉDUCATION DU PEUPLE
EN MATIÈRE D'HYGIÈNE

Dans la Tchéco-Slovaquie, la patrie de Komensky (Coménius), l'éducation a toujours été considérée comme la base de l'existence et du progrès de toute nation civilisée; en Bohême et en Moravie, par exemple, il n'y a parmi tous les habitants au-dessus de dix ans que 2 % d'illettrés. Après la reconstitution de l'État tchécoslovaque, l'importance de l'éducation populaire a été consacrée par la création, à côté du ministère de l'Instruction publique, du ministère de la Culture nationale, qui veille à l'éducation populaire en dehors des écoles. Dans toutes les villes se sont créées des associations libres de travailleurs intellectuels, qui ont organisé des cours subventionnés par le ministère de la Culture nationale. Comme cependant dans ces cours l'éducation en matière d'hygiène ne forme qu'une partie du programme, la C. R. T. S. décida d'assumer la tâche d'organiser cette éducation, d'accord avec le ministère de l'Hygiène et le ministère de l'Instruction publique.

En qualité de directeur de la Section d'organisation, chargé de l'éducation populaire donnée par la C. R. T. S., je me permettrai d'esquisser ici les traits principaux de notre travail et d'en exposer les détails pratiques. Je n'ignore point que les grands États, ayant à leur disposition des ressources financières plus considérables, peuvent entreprendre des réalisations plus étendues; j'estime cependant qu'il n'est pas inutile d'expliquer comment travaille la Croix-Rouge d'une nation relativement petite.

Dans le domaine de l'éducation en matière d'hygiène, l'activité du Bureau central de la C. R. T. S. suit deux directions :

a) Le Bureau central organise sa propre propagande en vue de l'éducation populaire;

b) Il donne son appui à l'activité des groupes locaux.

L'œuvre directe du Bureau central consiste surtout dans l'activité des équipes de propagande et l'action par la presse.

Au printemps de 1921, la Ligue des Sociétés de la Croix-Rouge créa en Bohême la première équipe de propagande d'hygiène et inaugura

ainsi une œuvre qui se développe sans cesse et dont l'importance est indis-
cutable. L'équipe se composait d'un directeur, de deux médecins, d'un
secrétaire et d'un chauffeur qui servait en même temps d'opérateur pour
le cinéma; elle était pourvue d'un camion avec cinéma et films. Subventionnée par la Ligue des Sociétés de la Croix-Rouge, l'équipe travailla
en Bohême depuis le mois d'avril 1921; elle visita surtout les districts
où la tuberculose est la plus répandue et organisa pendant neuf mois
514 conférences auxquelles assistèrent 220.000 auditeurs. Nous sommes très
reconnaissants à la Ligue d'avoir institué cette équipe de propagande
dans notre pays; son succès fut tel que, dès le commencement de l'année
1922, elle fut remise à la Croix-Rouge tchécoslovaque et organisa pendant cette année *613 conférences auxquelles assistèrent 212.000 auditeurs.*
Au mois de janvier 1923, la C. R. T. S. fonda *deux autres équipes de propagande,* l'une pour la Moravie, l'autre pour la Slovaquie. Si ces trois
équipes travaillent à peu près dans les mêmes conditions et avec le même
succès que la première, elles pourront visiter en un an 500 communes,
organiser 2.000 conférences et toucher près d'un million d'auditeurs.

Ce qui nous importe, cependant, ce n'est pas ce chiffre d'un million
d'auditeurs, c'est le fait que les équipes visitent les petites localités dans
lesquelles l'enseignement de l'hygiène n'existe guère en dehors de l'école.
Ce travail est lent : pour visiter toutes les communes du pays, il faudra
trois ans. Si nous nous étions placés uniquement au point de vue du recrutement de la C. R. T. S., il eût été préférable que les équipes ne visitassent
que les villes importantes et contribuassent ainsi à augmenter rapidement le nombre des membres de la Société. Cette façon de faire, cependant,
n'a pas été adoptée. Le but des équipes est de servir à l'éducation du peuple
en matière d'hygiène, et de concentrer son action dans les endroits difficilement accessibles aux conférenciers et où aucune autre propagande ne
pénètre. *Notre but n'est point d'avoir le million d'auditeurs dont j'ai fait
mention, mais d'éveiller la conscience des habitants des moindres villages
en ce qui concerne l'hygiène, bien que cela n'assure pas à nos équipes un
nombre d'auditeurs aussi grand que si elles ne visitaient que les villes. Il
s'agit de travail, non de chiffres retentissants.*

J'aimerais à faire mention aussi du personnel de l'équipe. Au point
de vue financier, il importe que l'entretien de l'équipe soit aussi peu dispendieux que possible, sans que la qualité du travail en souffre. Étant
donné la vie nomade et monotone à laquelle le personnel de l'équipe est
contraint, le travail est généralement fatigant et doit être bien rémunéré.
Nous avons essayé de réduire les frais en n'engageant pas de médecins
à demeure, et en demandant à des praticiens de la région de consacrer
au moins deux jours par semaine au travail de l'équipe. Le médecin se
rend au lieu qui lui a été indiqué, y prononce jusqu'à trois conférences

108

par jour, après quoi il est relevé par un autre médecin. Comme les conférenciers n'abandonnent pas leurs occupations fixes et ne reçoivent que
le remboursement de leurs frais de voyage et des honoraires fixes pour
chaque conférence, ce système est peu coûteux. L'avantage pour les médecins consiste dans ce fait que le travail n'est pas monotone et qu'il ne
les détache pas de leur existence ordinaire. Mais les désavantages sont
nombreux. En premier lieu, ce mode d'organisation nuit à l'unité de l'ensemble. Les médecins n'étant pas suffisamment informés du travail de
leurs prédécesseurs, des malentendus surgirent qui nous forcèrent à abandonner ce système et à en revenir aux *conférenciers permanents;* une fois
engagés, ils vouent tout leur temps au travail de l'équipe et cela pendant
un an au moins. Les fatigues inhérentes à ces fonctions rendent impos-
sibles d'en faire une occupation fixe.

Pour former une équipe de propagande, il faut des personnes expérimentées. C'est pourquoi nous sommes vivement reconnaissants à la Ligue
de nous avoir envoyé M. Balfour pour instruire l'équipe tchèque et
Miss O'Brien pour organiser la même œuvre en Slovaquie. Dès que l'é-
quipe est en plein fonctionnement, le plus âgé des médecins en prend la
direction.

Une mention spéciale revient à l'agent de l'équipe, qui doit se rendre,
au moins quinze jours d'avance, dans les communes que l'équipe visitera. Il faut qu'il sache prendre toutes les dispositions préliminaires, qu'il
retienne le local et fasse apposer les affiches; il doit aussi être capable, par
des visites personnelles, de s'assurer la coopération des autorités, des
fonctionnaires, des notables. Une bonne propagande est une condition
indispensable du succès. L'arrivée de l'équipe est annoncée non seulement par des affiches, mais aussi par de petites feuilles volantes distribuées dans les maisons; on y attire l'attention du public sur les beaux
tableaux qu'il aura l'occasion de voir pendant la conférence et sur les
sujets importants dont il sera question. L'entrée à toutes les conférences
est libre.

L'équipe reste en tournée à peu près pendant trois mois, par exemple
depuis les fêtes de Noël jusqu'à Pâques; après un arrêt de quinze jours,
elle circule jusqu'à la Pentecôte; après un nouveau repos, elle reprend son
activité jusqu'aux vacances d'été. Une semaine de travail donne droit à
deux jours de repos à la fin de la tournée. Le repos de l'équipe coïncide
avec les vacances scolaires, parce qu'une des fonctions les plus importantes de l'équipe consiste à organiser les conférences pour les écoliers.

Considérons un instant les conférences elles-mêmes. En principe, l'é-
quipe ne doit s'arrêter qu'un seul jour dans un même endroit. Si elle travaille dans les environs d'une ville assez importante, où les membres de
l'équipe passent la nuit et d'où ils partent chaque jour pour les différentes

communes des alentours, le travail est divisé de telle sorte que plusieurs
matinées successives se passent en conférences à la jeunesse de la ville,
tandis que l'après-midi est occupée à visiter les communes voisines, où
les médecins parlent d'abord aux enfants, puis aux adultes. On ne consacre
plusieurs soirées à une même commune que si l'intérêt du public est certain et si on est assuré par avance d'avoir un auditoire, par exemple dans
les centres industriels. Dans le cas contraire on organise des conférences
à la campagne, qui n'est plus le lieu idyllique dont parlent les romans
sentimentaux, mais qui, à la suite de la guerre, est menacée par les maladies vénériennes, l'alcoolisme et la tuberculose.

L'équipe organise, à part, des conférences pour la jeunesse des écoles
primaires et des conférences pour la jeunesse des écoles secondaires. On
y parle de l'hygiène en général et l'on y explique des films; devant la
jeunesse des écoles secondaires, on fait valoir l'importance de la lutte
contre la tuberculose, les dangers de l'alcoolisme et la nécessité de la
chasteté. Le soir est voué aux conférences pour les adultes; il y en a ordinairement deux. La première traite des soins à donner aux enfants et
est accompagnée d'un film démontrant le développement de l'enfant
dans le sein de la mère et les règles concernant l'allaitement, après quoi
les médecins parlent de l'hygiène sexuelle. Dans ces deux conférences
on insiste sur les dangers de la tuberculose et de l'alcoolisme. Il serait
très utile que la Ligue des Sociétés de la Croix-Rouge vouât une attention
spéciale *au choix des films* que les différentes Sociétés de la Croix-Rouge
pourraient acheter pour leurs équipes de propagande. Il existe des films
vraiment réussis qui peuvent servir à la propagande contre la tuberculose, contre l'alcoolisme et les maladies vénériennes; mais il est de la
plus grande importance que l'on fasse des films vraiment populaires.

Le succès de l'équipe est d'autant plus grand que les conférences et les
films sont plus clairs et plus faciles à comprendre. Nous aurions un besoin
urgent d'un film qui illustrerait en même temps l'hygiène sexuelle, la
lutte contre l'alcoolisme et la préservation de la tuberculose, en démontrant les moyens de se défendre contre ces maux dans la vie quotidienne.
Très recherchés sont aussi les films faits spécialement pour les enfants,
par exemple « M. Pif ». Du reste, l'âme du peuple ressemble beaucoup à
l'âme de l'enfant, et l'instruction donnée de la manière la plus accessible
et la plus intéressante est aussi celle qui reste le mieux dans la mémoire
et qui est la plus utile. Parfois on ajoute au programme des films instructifs fournis par le ministère de l'Instruction publique, et ayant trait à
des sujets variés.

J'ai assisté à toute une série de conférences organisées par nos médecins et me suis persuadé de l'importance que le travail de nos équipes
peut avoir pour certaines régions. Dès que le camion de l'équipe appa-

raît dans la commune, les habitants savent qu'ils vont passer une soirée intéressante. D'après un règlement du ministère de l'Instruction publique, la présence des écoliers aux conférences est obligatoire; mais les enfants s'y pressent, même lorsqu'il est impossible d'organiser les conférences pendant les heures de classe. L'auditoire est toujours nombreux. Celui qui sait combien il est difficile d'intéresser les campagnards, s'étonnera de la foule qui assiste aux conférences de nos équipes, de l'intérêt que montrent les mères lorsqu'on leur parle des soins à donner aux nourrissons, de la joie des enfants apprenant les règles de l'hygiène et les éléments du travail social accompli par la jeunesse des autres pays, enfin riant sincèrement aux embarras de « M. Pif ». Dans certaines communes, 75 % de la population assistait aux conférences; en moyenne, le nombre des auditeurs s'élève à 50 % de la population.

Dès la fondation de la première équipe, la Ligue des Sociétés de la Croix-Rouge a insisté sur le fait qu'il fallait que le succès du travail fait par l'équipe fût durable. D'après le plan de la Ligue, un médecin spécial devait suivre le travail de l'équipe et veiller à ce que dans les régions visitées soient établies les institutions sanitaires les plus nécessaires. Nous avons réglé la question de la façon suivante : les médecins de l'équipe se renseignent sur les conditions locales et font un rapport aux différentes sections de la Croix-Rouge tchéco-slovaque. Celles-ci, étant en relation avec la « Ligue Masaryk contre la tuberculose » et « l'Assistance aux Mères et aux Enfants » attirent l'attention sur les communes où l'établissement de certaines institutions est le plus urgent. Les localités exigeatn une aide immédiate sont visitées par le directeur ou le médecin de la section qui examine le cas et tâche de porter assistance sans retard.

Il faut noter aussi que même dans les lieux où le travail de l'équipe n'est pas suivi de la fondation immédiate d'une institution de prévoyance sociale, les conférences de l'équipe n'ont pas été une besogne vaine, car par la parole du médecin et par les films, l'attention de milliers de personnes a été attirée sur des questions d'hygiène, auxquelles, jusqu'à présent, elles n'avaient pas prêté l'attention nécessaire; elles remarquent cent petits faits *de la vie de chaque jour*, qui peuvent menacer leur existence et celle de leurs enfants et dont elles peuvent se préserver. L'impression que les conférences font sur les enfants nous est démontrée souvent par les devoirs que les maîtres leur donnent après le départ de l'équipe; les enfants y décrivent leurs impressions et montrent que l'enseignement donné a vraiment jeté des racines. Ordinairement, les conférences de l'équipe sont suivies d'autres conférences organisées par les autorités locales, dont je dirai quelques mots plus tard.

Étant donné le succès actuel du travail de nos équipes, c'est avec confiance que nous préparons leur activité future. Le but n'a pas encore été

atteint; nous voudrions avoir deux équipes pour la Bohême, deux pour
la Slovaquie, une pour la Moravie et une pour la Russie souscarpathique,
soit au total *six équipes de propagande ;* il sera alors possible, en l'espace
de deux ans à peu près, de faire revenir l'équipe dans les communes déjà
visitées pour y reprendre le travail commencé. Il va sans dire qu'une entreprise de ce genre est très coûteuse, puisque l'établissement de l'équipe,
camion, appareil cinématographique, cabine et films, coûte à peu près
200.000 couronnes tchèques, tandis que son entretien annuel : traite-
ments, réparations, benzines, brochures, s'élève également à 200.000 couronnes tchèques.

M'étant arrêté longuement sur l'organisation des équipes, qui est une
question très importante, je passe maintenant à un problème non moins
intéressant : *les publications populaires relatives à l'hygiène.*

Après les conférences des équipes de propagande, on distribue des
brochures. La Ligue des Sociétés de la Croix-Rouge, les Croix-Rouges américaine et française peuvent nous servir ici de modèle, car elles ont édité
des publications vraiment belles et bonnes. Dans les conditions où nous
nous trouvons, il a fallu naturellement aussi que les brochures ne coû-
tassent pas trop cher; il s'agissait donc d'arranger et de condenser la
matière. Nous avons publié toute une série de petits imprimés, illustrés,
de quatre pages, traitant des règles générales de l'hygiène, de la tuberculose pour les enfants, de l'assistance aux enfants, de l'alcoolisme, des maladies sexuelles, de la tuberculose pour les adultes. Nous faisons imprimer
ces tracts en grand nombre. Ils sont distribués gratuitement et seulement
à la fin des conférences de l'équipe. On ne les envoie point aux groupes
locaux de la Croix-Rouge, car il faut que l'équipe ait ses imprimés à elle
et qu'en arrivant dans une commune déterminée, elle n'y distribue pas
des publications qui y auraient été déjà vendues.

Pour les groupes locaux de la Croix-Rouge, une série d'imprimés de
huit pages et d'un format plus grand a été préparée.

Une nouvelle entreprise de la C. R. S. T. est le périodique mensuel
intitulé *La Santé du peuple,* petit journal de huit pages consacré aux
questions d'hygiène. Outre l'éditorial qui traite de quelque problème
hygiénique, il contient les rubriques suivantes : hygiène à domicile, nouvelles de chez nous, nouvelles de l'étranger, questions et réponses et un
« Coin des Enfants » illustré. Nous voulons moins avoir un journal qu'une
feuille volante périodique, indiquant au peuple la voie de la santé, péné-
trant dans les écoles et dans les associations de gymnastique, vendu dans
les librairies, les débits de tabac et à l'occasion de différentes conférences.
La tâche de cette année consiste à répandre ce périodique dans toutes les
classes. Nous savons que ce n'est pas par de grandes quantités de papier
imprimé que l'on peut donner la santé; une feuille populaire illustrée

et bien rédigée peut être plus utile que le meilleur livre traitant à fond les questions d'hygiène mais n'éveillant pas suffisamment l'attention et l'intérêt. Les équipes nous aident à répandre ce périodique en attirant sur lui l'attention du public. Les agents des équipes nous informent directement des boutiques et débits de tabac prêts à vendre le journal en question.

Notre *Bulletin de la Croix-Rouge*, périodique mensuel voué aux questions d'organisation et d'information, de même que notre *Mensuel de la Croix-Rouge de la Jeunesse*, s'occupent aussi des questions d'hygiène. Comme ils sont envoyés à toutes les Sociétés de la Croix-Rouge et par conséquent connus d'elles, il serait superflu de parler de leurs tendances. Nous savons que notre bulletin officiel ne pénétrera jamais dans la masse et que même notre bulletin mensuel populaire *La Santé du peuple* ne le fera que peu à peu, après des efforts persistants, et surtout par l'intermédiaire des écoliers, qui l'apporteront à leurs parents. Nous savons que le moyen de propagande d'hygiène, à la fois le plus efficace et le meilleur marché, est la presse quotidienne. Nous n'avons pas les moyens d'éditer un journal quotidien de la Croix-Rouge, comme le font la Croix-Rouge américaine et d'autres; nous pensons que dans les conditions où nous vivons un tel journal n'aurait pas de succès. Car les quotidiens de tous les partis politiques ont leur rubrique consacrée aux questions d'hygiène et les traitent même dans les nouvelles du jour. C'est pourquoi, dans notre cas, il est préférable de chercher à agir sur les journaux hebdomadaires provinciaux que sur les grands journaux quotidiens. C'est une question de grande importance, difficile à résoudre pratiquement, mais qu'il faudra aborder cependant. Nous envoyons nos nouvelles directement aux quotidiens, quant aux hebdomadaires, ou bien nous envoyons nos communiqués aux secrétariats des différents partis politiques qui les transmettent à ces publications, ou bien nous adressons un certain nombre de nouvelles à la fois aux groupes locaux de la Croix-Rouge avec prière de les faire publier dans les journaux locaux. Cette action a été inaugurée pendant *la Trève de la Croix-Rouge*, au cours de laquelle nous avons demandé aux rédactions des différents journaux d'intéresser leurs lecteurs aux questions d'hygiène et à l'amélioration de la santé du peuple en général. Des centaines de journaux ont répondu à notre demande et l'écho obtenu par cette action prouve que la meilleure propagande consiste à discuter les questions d'hygiène dans les journaux quotidiens et dans les hebdomadaires, qui sont très répandus. Nous comptons cependant éditer une publication susceptible de pénétrer dans la masse du peuple et de rester plus longtemps entre ses mains que la presse périodique, à savoir un *almanach* hygiénique illustré et humoristique qui, après des préparatifs consciencieux, paraîtra dès l'année prochaine.

Jusqu'à présent, je n'ai parlé que de l'activité directe du Bureau central de la Croix-Rouge dans le domaine de l'éducation. Il reste encore à faire mention des actions indirectes, de l'appui prêté aux efforts des groupes locaux de la Croix-Rouge. Je le ferai en quelques mots.

Pour faciliter aux groupes locaux leur activité dans le domaine de l'éducation populaire, le Bureau central de la Croix-Rouge tchéco-slovaque édite pour eux des affiches illustrées contenant des règles d'hygiène, et placées aux coins des rues, dans les passages fréquentés, etc. Des affiches plus petites sont destinées aux gares, aux magasins et aux habitations privées. Il y a quelque temps, certaines de ces affiches ont été envoyées à toutes les Sociétés de la Croix-Rouge. Nous avons aussi aux groupes locaux *de petites expositions de propagande* pour les écoles et pour les petites villes et de plus grandes expositions pour les entreprises importantes. Nous avons préparé enfin une exposition, placée sous une tente de 20 mètres de longueur, dont on se sert à l'occasion de différentes fêtes nationales, de grandes expositions économiques, etc.

En ce qui concerne l'activité des groupes locaux de la Croix-Rouge dans le domaine de l'éducation populaire, il faut insister surtout sur les *conférences accompagnées de projections*. Ces conférences sont organisées dans les communes par où ont passé nos équipes, et, souvent aussi ailleurs. Le texte et le matériel de la conférence sont envoyés gratuitement, pour une semaine ou quinze jours, aux groupements locaux, qui s'engagent à organiser des conférences non seulement dans la commune même, mais aussi dans les environs. Il y a des cas où une conférence a été répétée dans sept communes pendant quinze jours. En ce qui concerne les villes, nous recommandons d'organiser des cycles entiers de conférences, et cela toujours à un même jour, de mois en mois, pendant l'hiver. Jusqu'à présent nous avons préparé des conférences sur la tuberculose, l'hygiène sexuelle, l'alcoolisme, l'hygiène générale, les premiers secours, les soins à donner aux malades à domicile, l'activité de la Croix-Rouge de la Jeunesse, l'activité de la Jeunesse en général. Cet hiver nous avons ainsi préparé, en quatre exemplaires, douze conférences différentes avec quatre-vingts tableaux; grâce à ce matériel permettant de donner en même temps quarante-huit conférences avec projections lumineuses, le programme de cette année se trouve complètement établi.

Quiconque s'est occupé d'éducation populaire, sait qu'il ne s'agit point ici d'une campagne limitée à un ou deux ans. C'est un travail fatigant, dont les résultats et le succès ne seront probablement ni immédiats ni durables. Organiser l'éducation populaire, c'est établir un vaste réseau grâce auquel toutes les localités du pays seront mises en rapport avec un centre distributeur, c'est gagner des milliers d'adeptes dévoués qui, pénétrés de la même pensée, sauront en poursuivre la réalisation à tra-

vers tous les obstacles. Nous croyons que dans le domaine de l'éducation,
l'activité de milliers de propagandistes, unis par l'idéal commun de la
santé de l'humanité, tracera un sillon visible. Nous ne sommes qu'au
début de cette œuvre et nous savons que dans les autres pays, surtout
dans les États occidentaux, on a fait déjà bien plus que chez nous. Cependant nous poursuivons notre but avec enthousiasme et, j'espère qu'il
me sera permis de le dire, avec persévérance. Les campagnes d'hygiène, couronnées de succès ailleurs, ne seront pas moins bienfai-
santes pour les peuples de l'Europe centrale et orientale, qui ont tant
souffert de la guerre et où l'hygiène préventive est plus nécessaire que
dans beaucoup d'autres pays. C'est aux Sociétés de la Croix-Rouge de ces
pays qu'il appartient de veiller à ce que ce travail prenne des racines
profondes et devienne une force, consciente du but à atteindre, qui
influera sur la culture physique et spirituelle des nations et y prendra
une place importante.

O. Dorazil, *ingénieur*,
Directeur de la Section d'Organisation de la C. R. T. S.

RAPPORT DU BUREAU INTERNATIONAL DU TRAVAIL

SUR LES DIRECTIVES

POUR UNE PROPAGANDE D'HYGIÈNE INDUSTRIELLE

En présentant ce rapport, où nous voulons essayer de montrer comment doit s'effectuer la propagande dans le domaine de l'hygiène du travail, nous savons d'avance n'apporter aucun fait nouveau à la question. Si nous avons donc accepté ce sujet sans crainte de nous faire l'écho d'opinions maintes fois exposées, c'est que nous croyons qu'une belle moisson ne doit pas craindre surabondance de grains.

On s'imagine couramment que faire de la propagande est chose facile. La vérité, cependant, est toute différente de cette conception, et nous estimons qu'il n'est pas de tâche plus compliquée et plus délicate que celle-ci. Il est assez aisé de tracer un plan de propagande d'hygiène, mais seules les personnes qui travaillent à en assurer la réalisation savent comment la pratique quotidienne soulève des obstacles de jour en jour plus nombreux et plus grands.

La propagande doit, d'une part, s'adapter aux milieux auxquels elle s'adresse. Or, il est évident que ces milieux varient, déjà pour une même ville, selon les groupes qu'il s'agit d'intéresser. Elle sera très simple à l'intention de certains groupes de travailleurs manuels, tandis qu'elle pourra être organisée d'une façon plus complexe pour d'autres catégories notoirement plus instruites. D'autre part, la propagande d'hygiène industrielle ne pourra être menée à bien si l'on fait abstraction de la propagande d'hygiène générale. Nous avons eu récemment l'occasion de dire que cette propagande professionnelle ne pouvait être envisagée à elle seule, c'est-à-dire isolée de l'éducation hygiénique en général. Elle ne doit être, selon nous, qu'une partie de la grande œuvre d'éducation hygiénique des nations et des individus, telle qu'elle a été tracée par la Ligue des Sociétés de la Croix-Rouge. Toutefois, nous devons avouer ne pas être très enthousiastes de la vulgarisation des questions médicales qui exercent un attrait certain sur le grand public. Il y a là un danger

assez grand sur lequel il convient d'attirer l'attention. En effet, dans
l'œuvre de propagande, on est tenté de se servir de formules quelque
peu rigides et d'exprimer des opinions formelles susceptibles de frapper
facilement et fortement l'esprit des auditeurs. Or, nous savons que la
médecine ne supporte pas de formules trop catégoriques, car il s'agit de
ne pas oublier la part que joue l'individualité dans chaque cas particulier.

Il importe donc de se rappeler que si certains faits acquis dans les
laboratoires scientifiques peuvent être présentés sous une forme catégorique comme des victoires glorieuses de la science moderne, au contraire, tout ce qui se rapporte à la physio-pathologie de l'individu doit
être exposé d'une façon plus prudente. Nous savons, en effet, que les
praticiens ont devant eux des malades plutôt que des maladies. Or, il
est difficile et parfois même impossible de faire sentir ces nuances à des
auditeurs qui ne possèdent pas les notions élémentaires nécessaires à la
compréhension des questions médicales plus complexes. Nous admettons
que lorsqu'on se borne à ne faire que de la propagande d'hygiène générale,
la matière se prête difficilement à une vulgarisation pouvant intéresser
le grand public. Il ne faut donc pas exiger des œuvres d'assistance et
de propagande un succès immédiat, succès qui ne peut venir qu'à la
longue, au prix d'une éducation hygiénique incessante et qui s'adressera
avant tout aux enfants. En ce qui concerne le sujet qui nous intéresse
actuellement, à savoir la propagande d'hygiène industrielle, nous sommes
convaincus de la nécessité qu'il y a de créer une conscience hygiénique
chez les employeurs et les ouvriers, et d'insister sur le fait que les mesures
d'hygiène ne sont pas un luxe mais une condition de l'économie industrielle, bien plus — « une bonne affaire». Il s'agit encore de ne pas être pes-
simiste, et une fois convaincu de l'efficacité de son programme, de ne
pas se laisser arrêter par les difficultés de sa réalisation. En matière d'hygiène sociale, on procède trop souvent suivant la formule de Galilée :
Provando e riprovando. Toutefois, nous croyons que l'expérience et les
résultats acquis par une nation, peuvent et doivent servir de modèle et
de stimulant pour pousser les autres peuples à créer l'organisation qui
nous intéresse.

De même que le médecin, pour arriver à une thérapeutique sociale
efficace ne doit se borner au diagnostic et au traitement des maladies,
mais doit rechercher le rapport intime qui existe entre l'individu, le
milieu du travail et le milieu familial et social, de même l'industriel ne
limitera pas sa responsabilité au respect de la loi et au paiement des
salaires courants dans la région, mais sortant de l'enceinte de son usine
et commençant par sa main-d'œuvre, il étendra son champ d'action à
la collectivité, c'est-à-dire à la nation dont il est une partie essentielle.

Sans insister sur les principes d'hygiène générale, nous nous limiterons à faire ici l'exposé des questions relatives à l'éducation hygiénique professionnelle qui, selon nous, dépendent en majeure partie du médecin du travail. Le plan d'action que nous voudrions soumettre au Congrès suppose pour noyau central le service sanitaire ou social à l'usine. Ce service rayonnera son activité soit vers la fabrique, soit vers la vie sociale. Examinons successivement les différentes voies qu'il pourra prendre en commençant par celles qui relèvent de l'usine.

Pour effectuer son œuvre, le médecin industriel devra posséder beaucoup de bon sens et de persuasion, qui le guideront au moment de donner un avis pouvant avoir de grosses répercussions pratiques. Il indiquera ce qu'il aura remarqué de défectueux à l'usine, montrera dans leurs grandes lignes les améliorations possibles, mais laissera à l'employeur le soin de choisir lui-même le remède. En sauvegardant les intérêts de l'ouvrier, le médecin, tout en ne perdant pas de vue les conditions présentes et futures de l'usine et l'importance des mesures suggérées, veillera à ce que les frais occasionnés par ces mesures soient justifiés par leur utilité et les résultats pratiques qu'elles pourront apporter.

Les maladies et les accidents sont responsables pour une grande part du passif du bilan d'une entreprise. La vie quotidienne à l'usine nous apprend qu'un ouvrier inapte pour la tâche qu'il doit exercer est fatalement destiné à devenir malade dans un délai plus ou moins long. Nous voyons donc que la maladie trouve dans l'usine et dans les conditions de vie des ouvriers un terrain tout indiqué qu'un bon service sanitaire à l'usine s'efforcera de rendre aussi stérile que possible.

L'opportunité de l'œuvre du médecin est aujourd'hui définitivement établie, car les employeurs reconnaissent désormais en lui le conseiller averti qui saura leur suggérer les moyens capables de leur assurer une main-d'œuvre saine, condition essentielle d'un bon rendement. L'importance de la maladie en regard des accidents est tout à fait frappante. Il suffira de rappeler ici par exemple l'expérience faite pendant deux ans (1915-1916) dans une grande aciérie américaine. Tandis que la perte de temps due aux accidents indiquait pour un mois un minimum de 100 jours et un maximum de 475 jours, les maladies dans la même période accusaient un minimum de 550 jours et un maximum de 1.750 jours d'absence.

L'importance du service sanitaire à l'usine nous est montrée par des données plus récentes (1921) concernant 27 usines du même groupe industriel, travaillant dans les mêmes conditions selon des procédés identiques. Si nous écartons d'emblée l'usine qui présentait les chiffres les plus hauts, soit 384,5 cas pour 1.000 ouvriers, nous voyons que sur 26 autres usines, 14 indiquaient des valeurs d'environ 100‰, tandis que 12 seulement accusaient des valeurs inférieures à 100. Exception

118

faite de l'usine la plus atteinte, le maximum était de 173,9‰, le minimum de 47,9‰. Pour plus de précisions nous relevons quelques chiffres :

Aciérie employant 2.354 ouvriers . . . . 128,3‰
Aciérie employant 905 ouvriers 114,9
Trois aciéries employant 12.111 ouvriers 71,8
Quatre aciéries employant 6.956 ouvriers. . . . 47,9

Ces valeurs 51 fois pour cent plus basses que celles des 25 autres usines n'ont été atteintes qu'au prix d'une bonne organisation sanitaire.

La moyenne de morbidité était donc beaucoup plus faible que dans les autres usines et cela dans les proportions suivantes :

Maladies infectieuses, rhumatismes, névralgies . . . 19%
Lumbago 61
Influenza 36
Maladies respiratoires (tuberculose y comprise) . . . 69
Maladies digestives 30
Maladies de la peau. 69

On voit donc que la réussite n'est qu'une question de volonté et de savoir-faire. Les services sanitaires sont sortis désormais de leur période d'essai et leur valeur ne peut plus guère être contestée. Confiés à une personne compétente, ces services paient amplement les frais qu'ils occasionnent. Aujourd'hui le temps n'est plus aux œuvres de patronat et les services sanitaires constituent en réalité une bonne affaire, mais cette affaire au fond est la meilleure des philanthropies.

Maintenant, il s'agit d'instituer une bonne organisation sanitaire à l'usine qui veillera à la protection des ouvriers, organisera un service de consultation pour tous les travailleurs, pourvoira aux soins des ouvriers malades, soit à la consultation, soit à domicile, contrôlera les cas où le malade aurait été déclaré par le praticien incapable de se présenter à la visite, etc.

L'attention de ce service devrait être attirée sur toute une série de malaises et de formes morbides à symptomatologie très vague, qui n'en constituent pas moins la cause la plus importante des absences et du faible rendement des ouvriers. Ces malaises trouvent leur origine, soit dans les conditions antihygiéniques du milieu du travail, soit dans les conditions liées à l'organisme de l'ouvrier lui-même, malaises que des mesures simples et peu coûteuses pourraient aisément enrayer.

Nous voulons faire allusion ici à cette fatigue chronique dont on parle si souvent, très difficile à dépister, mais dont les médecins ont une intuition certaine. Symptôme caractéristique de notre époque, cette

fatigue est la conséquence du rythme accéléré du travail et de la vie
fébrile que nous avons menée pendant la guerre et que nous menons
encore maintenant. Il n'est pas vrai que le perfectionnement de l'outillage et de la machinerie modernes aient diminué ce mal; bien au contraire, les machines confiées aux ouvriers sont aujourd'hui beaucoup
plus nombreuses, elles marchent à une vitesse jusqu'ici inconnue et ce
sont là autant de facteurs qui contribuent à augmenter la fatigue.

D'autres facteurs encore méritent d'être mentionnés : position défectueuse pendant le travail (absence de dossier, de tabouret pour les
pieds, etc.), mauvais éclairage, ventilation inadéquate, etc.

Organiser le travail de façon à ménager l'énergie humaine est le problème le plus difficile et le plus complexe qui ait jamais été soumis à l'intelligence de l'homme. La solution de ce problème consiste, selon Chau-
veau, à trouver l'effort de la fatigue optima pour réaliser le maximum de
travail avec le minimum de fatigue. D'ailleurs ce n'est pas d'aujourd'hui
qu'on édicte des mesures pour la protection de l'enfance et la spéciali-
sation des ouvriers. La législation de la République de Venise et les dispositions prises par les Corporations du Moyen Age nous offrent déjà des
exemples intéressants. L'élimination de la fatigue industrielle est donc
un domaine où la propagande a un grand programme d'action à remplir,
action qui laisse espérer des résultats immédiats et réels.

En ce qui concerne les maladies du travail, il faut mettre en relief
que la pathologie professionnelle ne se présente plus aujourd'hui, dans
la plupart des pays civilisés, sous la forme grave et frappante qu'elle
portait autrefois. Les formes cliniques des maladies professionnelles sont
actuellement plus bénignes et cela grâce aux nouvelles mesures d'hygiène
qu'a édictées le législateur sous la pression de l'opinion publique et aux
mesures anciennes mûries par l'expérience moderne. Néanmoins, cette
forme légère d'intoxication professionnelle représente une série de dommages que l'on peut et que l'on doit supprimer. Mais pour mener une
lutte efficace, il importe avant tout de bien connaître le danger. A cette
fin, la déclaration des maladies professionnelles est un des moyens les
plus utiles. Sans entrer dans trop de détails, disons que cette déclaration
se fait suivant une liste où figurent les produits toxiques ou les autres
facteurs de morbidité (infections par exemple) considérés comme pouvant être une cause professionnelle de maladie.

L'importance de ces causes de morbidité varie, bien entendu, avec
les conditions locales de travail, mais l'attention du législateur devrait
être portée au moins sur les suivantes : hydrocarbures du benzène; phé-
nols; nitro et amino dérivés; gaz nitreux; plomb, phosphore, arsenic,
mercure et leurs dérivés; chromate; sulfure de carbone; charbon; anky-
lostomiase, etc.

Mais la prévention des maladies professionnelles demande avant tout
l'intervention d'une propagande bien comprise et il serait à souhaiter
que la Ligue des Sociétés de la Croix-Rouge prenne sur elle d'organiser
dans les différents pays cette œuvre humanitaire, tant à la fabrique que
dans la vie sociale.

C'est au médecin du travail qu'il appartient tout naturellement d'instituer cette propagande d'hygiène à l'usine. La propagande variera selon
le genre et les conditions d'assistance offerts à l'ouvrier : assistance médicale par l'intermédiaire d'une infirmière d'usine ou d'un médecin; assistance sociale par l'intermédiaire des surintendantes ou des secrétaires
sociaux. Il est évident que la tâche sera plus facile dans le premier cas
que dans le second, les ouvriers recevant des leçons pratiques d'hygiène
du médecin même. Néanmoins l'assistance sociale, elle aussi, peut conduire
à des résultats très satisfaisants, surtout si les surintendantes et les
secrétaires possèdent une bonne préparation des questions d'hygiène.

Le programme d'hygiène comprend une assez longue liste de questions sur lesquelles l'attention des ouvriers doit être attirée chaque jour.

A l'embauchage, le service médical exercera une œuvre utile de
médecine préventive en n'acceptant que les postulants répondant aux
conditions du travail exécuté dans l'usine. Il arrive souvent, toutefois,
que tout en ne remplissant pas les conditions requises par la place qu'ils
postulaient, les candidats puissent convenir pour d'autres sections de
l'usine où des vacances éventuelles pourraient être envisagées. Le service médical devra donc signaler au service du personnel les personnes
entrant dans cette catégorie. La visite à l'embauchage n'a malheureusement pas encore atteint les buts pratiques qu'elle se proposait; elle n'est
en réalité qu'une formalité bureaucratique. Il faudrait qu'elle ne le soit
plus. A l'heure actuelle, cette visite n'est guère obligatoire que pour les
enfants et pour les adultes, seulement dans certaines industries particulièrement insalubres ou pour certaines occupations : industries du
plomb, travail dans les caissons, mécaniciens de locomotives, etc. Et
cependant son opportunité pour tous les adultes est incontestable, si
l'on sait que dans certaines conditions elle est un élément de toute première importance, surtout pour l'évaluation de la capacité physique
d'un ouvrier par rapport au travail qu'il sera appelé à fournir.

Que de malaises et de défauts ignorés par l'ouvrier même, parce qu'à
l'état latent, et qui néanmoins peuvent représenter une menace pour
leur santé et pour celle de leurs camarades de travail et en général pour
la collectivité, pourraient être dépistés au cours de cette visite! Par
exemple, tous les alcooliques, les artérioscléreux, les cardiopathiques,
les néphritiques, enfin tous les débiles, en général, ne devraient pas être
occupés à des travaux qui les mettraient en contact avec des toxiques

pouvant avoir une action sur l'appareil cardiovasculaire ou sur la nutri-
tion.

Les ouvriers qui transpirent facilement ne seront pas appelés à mani-
puler l'aniline ou des hypochlorites; ceux dont la peau est sèche ou présente des lésions, n'exerceront pas des travaux où l'on fait usage de
goudron, de chlore, de chlorates, de chromates ou de nitro et amino
dérivés, etc.

Le médecin ne restera jamais enfermé dans son cabinet de consultation mais se rendra sur place pour constater les conditions dans lesquelles s'effectue le travail des personnes de la santé desquelles il est
responsable devant l'employeur. Il demandera aux ouvriers de venir
le chercher dans toute occasion où une cause physique ou morale les
empêcherait de fournir toute leur activité. Combien de fois, en effet, le
médecin n'a-t-il pas trouvé le mot qui réconforte et n'a-t-il pas supprimé
la cause qui selon toute vraisemblance aurait provoqué à brève échéance
la démission ou le renvoi de l'ouvrier.

Le service médical suivra également de très près le travail des enfants
et des jeunes gens et des femmes. En ce qui concerne ces dernières, une
assistance toute spéciale sera donnée aux ouvrières enceintes et aux
mères allaitant leurs bébés. D'accord avec le service du personnel le
médecin trouvera facilement pour les femmes enceintes une occupation
moins pénible, surtout si celles-ci sont employées à un travail effectué
debout, à un travail de machines actionnées par des pédales ou, en
général, à des opérations qui soumettent l'organisme de l'ouvrière à des
secousses et à des vibrations. Cette œuvre de protection sera, bien
entendu, plus attentive encore dans le cas de travaux avec des produits
toxiques, pouvant avoir des effets fâcheux sur l'évolution de la grossesse.
Si la loi ne prévoit pas l'interdiction absolue de l'emploi des femmes dans
ces travaux, il faut envisager l'exclusion des femmes enceintes dès le
troisième mois de la gestation.

Depuis longtemps déjà, et malheureusement trop fréquemment, on
ne tient pas assez compte de la diminution de reproduction chez la femme,
et on préfère gaspiller l'argent et l'énergie dans le traitement et le maintien en vie d'enfants débiles et prédisposés à toute maladie rapidement
mortelle, au lieu d'effectuer, avec une dépense inférieure, une protection
efficace de la femme enceinte qui donnerait à la société des enfants sains
et vigoureux.

Mais cette œuvre de protection ne se bornera pas aux femmes seulement, elle comprendra également les jeunes gens et les « adultes »,
d'autant plus que le législateur n'a pas cru devoir protéger les jeunes
ouvriers avant un âge que nous estimons trop avancé.

Un autre facteur primordial de salubrité professionnelle est la visite médicale périodique, dont un des principaux avantages est de permettre un diagnostic précoce de certaines formes morbides, dont les symptômes sont le plus souvent mal interprétés par les intéressés. Il s'agit là d'un signal d'alarme de toute importance de maladies professionnelles souvent graves, véritable indicateur biologique qui permettra de sauvegarder dans bien des cas la santé de l'usine. L'ouvrier chez qui un diagnostic précoce a pu relever des signes d'intoxication, rend en quelque sorte à ses camarades le même service que les petits animaux d'expérience que l'on envoie en éclaireur dans un milieu suspecté d'être délétère.

La visite périodique permettra, d'autre part, d'effectuer l'éducation hygiénique de l'ouvrier en lui rappelant aussi fréquemment que possible les règles les plus simples de l'hygiène. Mais cette visite n'est pas seulement nécessaire pour les ouvriers des industries insalubres, elle est aussi utile pour tous les travailleurs. Nous sommes convaincus que l'examen périodique, surtout des jeunes gens, effectué par un médecin averti, donne des résultats pratiques remarquables. L'attention des parents, des camarades, de l'individu même est ainsi attirée sur le moment où l'intervention du médecin a les plus grandes probabilités d'un succès.

Si la grande industrie offre de bonnes conditions d'hygiène à ses travailleurs, parce qu'elle comprend qu'il est nécessaire de protéger leur santé, la même constatation ne peut pas s'appliquer à l'industrie moyenne et encore moins à la petite industrie.

Les conditions antihygiéniques de travail, la fabrication ou la manipulation de substances toxiques, les mauvaises conditions de logement et de vie, etc. sont autant de facteurs importants d'une morbi-mortalité accrue de la classe ouvrière.

Avoir à l'usine un médecin ou une infirmière pour assurer, d'accord avec les fabriques du voisinage, un service régulier de consultation ou de premier secours, c'est fournir, en cas de besoin, une assistance de tout premier ordre qui évitera des suites souvent graves.

La prévention des accidents ne suppose pas seulement la simple application des mesures de protection mécanique aux machines, mais avant tout et surtout une organisation précise fonctionnant régulièrement; il s'agit d'un vrai organisme vivant, car la défense mécanique n'est que peu ou rien s'il y manque l'éducation de l'individu.

Il n'est pas vrai que la protection contre les accidents est un obstacle au travail et qu'elle coûte trop cher. Un accident ne signifie pas seulement la perte d'un ouvrier — temporairement si l'on veut — mais souvent encore la perte d'un ouvrier spécialisé, difficile à remplacer ou remplacé par un autre absolument inapte ou moins habile. C'est donc une dispersion de forces et de temps, une diminution de production et un gaspillage d'argent, d'autant plus que dans l'atelier un accident occa-

sionne toujours la suspension du travail. Prévenir un accident c'est
épargner de l'argent et gagner au moins 25 % de la production.

La prévention paie aux industriels un intérêt très élevé puisqu'elle
conserve la force de leur main-d'œuvre, maintient la bonne organisation
de l'usine, augmente la production tout en réduisant son coût, améliore
les rapports entre les ouvriers et la direction, enfin épargne à la nation
le poids lourd des mutilés. L'American Locomotive Co., par exemple,
a su diminuer, de 1912 à 1915, de 85 % les accidents oculaires; il serait
très facile de donner à ce sujet toute une série d'autres exemples très
instructifs.

Les novices sont notoirement les plus exposés aux accidents; leur
éducation est indispensable et l'industriel averti ne regrettera pas d'avoir
soustrait un peu de temps de l'apprenti pour les initier à la prévention,
dans l'école professionnelle et sur le champ de travail, sous la direction
d'un bon chef d'équipe. Seule, l'éducation crée la conscience de la défense
individuelle, car dans la prévention on ne peut pas demander à l'individu
plus que ce que son éducation lui a donné.

A côté de la prévention des accidents, il convient de mentionner les
services de premiers secours confiés trop souvent à des personnes qui
n'ont pas une préparation adéquate et plus rarement à des infirmières
d'usine. Nous estimons qu'il serait aussi opportun d'envisager la stan-
darisation des boîtes de premiers secours, de même que l'instruction
du personnel appelé à s'en servir. En outre, le personnel sanitaire devra
être parfaitement au courant de l'assistance à prêter aux victimes des
intoxications aiguës et aux ouvriers porteurs d'infections, courantes
dans telle ou telle région.

L'hygiène du travail, l'hygiène individuelle et le bien-être des ouvriers
représentent un domaine très vaste d'assistance sociale à l'usine. Nous
estimons que le service médical ne peut se désintéresser de toutes les
améliorations à apporter et du bon fonctionnement de certains rouages
de l'usine. Les locaux de travail, l'éclairage, le chauffage, les conditions
de viciation de l'air, l'humidité, les moyens pour l'évacuation des poussières, des buées, des vapeurs, sont autant de sujets qui doivent intéresser
le médecin hygiéniste. D'autre part, son conseil peut être très utile dans
les questions si simples et si négligées de l'eau potable, des latrines, des
lavabos, des bains-douches et surtout de leur entretien.

Une propagande continuelle devra être faite en ce qui concerne l'usage
des moyens de protection que la direction de l'usine met à la disposition
des ouvriers (vêtements de travail, gants, lunettes, tabliers, coiffures, etc.).

L'organisation de réfectoires, de cuisines et surtout de restaurants
ouvriers à l'usine ne sera pas négligée par le service médical ou social,
car on peut trouver là des occasions pour mener à bien une propagande

très utile en ce qui concerne l'éducation alimentaire de la classe ouvrière. Naturellement on devra savoir équilibrer les données de la physiologie avec la pratique et les habitudes locales pour certains aliments, qui quelquefois ont une base plus sérieuse qu'elle ne le paraît au premier abord.

Aux mêmes groupes d'activités nous pouvons rattacher les questions relatives à l'éducation morale et physique des ouvriers, et surtout le problème des loisirs, qu'un bon service social doit savoir organiser. Les moyens de propagande dont on dispose sont en réalité très nombreux : tracts, brochures, affiches, conférences avec ou sans projections lumineuses, films, etc.

Si c'est le bon sens qui doit diriger le médecin ou le secrétaire social dans son choix, les tracts, que beaucoup de personnes conseillent, doivent être distribués sur une large échelle, ce qui revient aujourd'hui très cher, d'autant plus que ce genre de propagande n'est pas assuré d'un succès certain. Souvent, en effet, le tract n'est pas lu, et le plus fréquemment il est mis de côté sans avoir eu le temps de jeter une bonne semence dans l'esprit de l'ouvrier. On peut dire la même chose des brochures : un moyen très coûteux et qui ne peut servir la propagande que lorsqu'elles sont conçues dans une forme populaire et récréative. Nous sommes d'avis que le meilleur moyen de propagande est encore la conférence. Toutefois, l'orateur doit savoir se mettre au niveau de l'intelligence moyenne des classes ouvrières, en frappant leur esprit par un discours simple et attrayant. Il est évident que les projections et les films, en augmentant l'intérêt de la conférence, la rendent plus profitable. Il faut dire cependant qu'une partie de ces projections présente des défauts, à savoir qu'elles ne répondent bien que de loin à la réalité. Un autre moyen de propagande ouvrière est le tract que l'on met dans les mains des enfants, soit sous forme d'alphabet, de cartes à jouer ou d'images à collectionner. Ces pièces, qui restent longtemps sous les yeux des enfants, peuvent donner de bons résultats.

*
* *

Nous venons de montrer, dans ses grandes lignes, l'activité des services sociaux à l'usine et d'esquisser le programme de la propagande pour les diverses questions qui nous intéressent. La propagande ne doit pas s'arrêter à l'usine. Dépassant son cadre strictement professionnel, elle pénétrera dans la vie sociale, et elle pourra être menée, soit de pair avec la propagande à l'usine, soit séparément, en étant en quelque sorte la seconde phase de la propagande à l'usine. Nous ne croyons pas nécessaire de développer ici le programme de propagande sociale, car nous ne ferions que répéter ce qui a été dit à propos de la propagande ouvrière. Il suffira d'énumérer les institutions qu'elle devra toucher pour arriver,

par leur intermédiaire, aux personnes et aux groupes sociaux qu'elle doit
intéresser. Dans la vie sociale, la propagande s'adressera particulièrement
aux groupes, aux centres qui intéressent la classe ouvrière ou les personnes
en rapport avec celle-ci. Elle touchera en premier lieu la famille ouvrière,
non seulement au point de vue de l'hygiène générale, mais aussi au point
de vue spécial de l'assistance aux enfants. Il sera utile aussi d'établir
une liaison étroite entre l'assistance scolaire et la visite d'embauchage,
car, en définitive, l'assistance sanitaire à l'usine ne devrait être que la
continuation de l'assistance scolaire. Le service social d'usine, directement grâce au service de contrôle, ou indirectement par l'intermédiaire
du médecin traitant, se mettra en contact avec la famille ouvrière
lorsque l'un de ses membres, ouvrier à l'usine, sera victime d'un accident
ou tombera malade.

Suivre l'évolution de la maladie, mettre le malade dans les meilleures
conditions de traitement et d'assistance, le faire entrer à l'hôpital si les
conditions de la vie familiale ne sont pas favorables au traitement, améliorer l'alimentation dans certains cas de maladies infectieuses ou chroniques; organiser tout ce que l'hygiène conseille pour la lutte contre la
tuberculose dans le cas où l'ouvrier affecté de cette infection habite dans
la même pièce ou dort dans le même lit que ses enfants, sont à côté
d'autres devoirs, des tâches de toute première importance que le médecin
d'usine ou le secrétariat social ne devraient pas perdre de vue.

La même propagande pourra être menée à bien par l'entremise de
l'organisation sanitaire des hôpitaux et des poli-cliniques. Il est désormais entendu que l'hôpital ou la policlinique ne doivent pas représenter
uniquement un centre de simple application routinière de médicaments
ou de pansements, mais qu'ils doivent devenir un centre d'éducation de
maladies et de médecine préventive.

Un grand nombre d'hôpitaux inscrivent aujourd'hui sur des fiches
le nom des personnes qui se sont fait soigner chez eux afin de tenir un
compte du nombre et de la durée des hospitalisations d'une même personne. Ils organisent en même temps des services ou des secrétariats
sociaux qui entretiennent des rapports avec les familles des malades et,
le cas échéant, suivent ceux-ci même après leur sortie de l'hôpital. Il
est à souhaiter qu'une plus grande diffusion soit donnée à ces cliniques
spéciales, connues sous le nom de « cliniques industrielles » et dont les
fonctions dans le domaine social sont nettement marquées.

Le deuxième groupe est représenté par les associations patronales,
ouvrières, sanitaires ou de propagande d'hygiène. A ce propos, il faut
dire que les associations patronales ont aujourd'hui une idée très nette
de leur tâche dans le domaine de la médecine préventive. Il ne serait pas
difficile de citer les grandes associations industrielles qui ont créé ce qu'on

appelle désormais l' « organisation scientifique du travail », qui améliore les conditions de travail de l'ouvrier en même temps que le rendement économique de l'établissement.

La prévention des accidents est depuis longtemps le but de ces organisations auxquelles revient le mérite d'avoir prouvé les premières qu'il était possible de réduire dans une grande proportion le nombre des accidents industriels.

C'est par l'intermédiaire de ces institutions qu'une propagande utile pourra être faite avec succès.

Les syndicats ouvriers ont compris, eux aussi, qu'à côté des revendications d'ordre économique il est nécessaire de placer les revendications d'ordre hygiénique. Il importe donc que ces organisations fournissent un concours effectif à l'œuvre de propagande, en persuadant chacun de leurs membres de la nécessité et du devoir de mettre en pratique les mesures de protection que leur ouvre l'industriel volontairement ou obligé par la loi.

En Amérique et dans certains pays d'Europe, les associations ouvrières ont fondé récemment des services sanitaires pour leurs membres, soit en signant un accord avec des cliniques industrielles, ou en confiant l'assistance médicale à des bureaux de santé créés à cette intention. De cette façon les membres des syndicats disposent de consultations quotidiennes, de soins de médecins, de dentistes et de spécialistes, et de services rœntgenologiques, etc.

Le troisième groupe comprend les organisations sanitaires dont les sections des hygiénistes et des médecins spécialisés dans la médecine sociale peuvent aussi contribuer à la propagande parmi les groupes ouvriers.

Dans le quatrième groupe, on pourra classer les associations qui poursuivent des buts d'hygiène sociale, telles que la Ligue contre l'alcoolisme, la Ligue contre les maladies vénériennes, la Ligue pour la prévention des maladies des yeux, Ligue d'hygiène mentale, etc.

Il y a enfin un dernier groupe qui comprend des organisations sociales parmi lesquelles devrait pénétrer la propagande de la Croix-Rouge; celles-ci sont, avant tout, des associations d'assurance sociale (caisses de secours mutuels, caisses de maladie, d'invalidité ou de vieillesse, etc.), et les services de l'inspection du travail (soit techniques ou sanitaires, de l'État, des communes, des provinces).

La propagande atteindra leurs membres, ou par l'intermédiaire des associations mêmes, ou par l'entremise des médecins et des fonctionnaires. Il faut citer en outre les écoles d'infirmières et de surintendantes industrielles, les universités ouvrières (qui seront créées principalement dans les quartiers populaires) et les écoles professionnelles, dont le programme

laissera une place importante à l'enseignement de l'hygiène industrielle.

Montrer à un pays les défauts de son organisation ouvrière en créant
un courant d'opinions qui mènent à l'organisation de meilleures conditions de travail (réfectoires, lavabos, bains, douches, etc.), à un horaire
plus physiologique et à la possibilité d'une vie plus facile n'est pas un
luxe, mais la condition indispensable d'un travail plus sain, plus humain
et pourtant plus rentable tant pour une industrie que pour une nation.

Dr Luigi CAROZZI.

L'ORGANISATION DE DÉMONSTRATIONS LOCALES
INTENSIVES D'HYGIÈNE
PAR LES SOCIÉTÉS DE LA CROIX-ROUGE

Parmi les initiatives qu'une Société nationale de la Croix-Rouge peut prendre en faveur de l'hygiène, l'une des plus fécondes semble être l'organisation d'une démonstration intensive et de longue durée dans une localité déterminée.

Une démonstration semblable n'a pas seulement pour effet de montrer d'une façon tangible les bienfaits que la convergence et la continuité des efforts dans le domaine de l'hygiène peuvent apporter à la population; avant même de s'ouvrir, la démonstration nécessite le rapprochement et la coopération de tous les services officiels et de tous les organismes privés qui s'occupent à un titre quelconque de là santé publique.

Or, un rapprochement semblable n'existe, en fait, dans aucun pays, même lorsque la création d'un Conseil national d'hygiène permet à un certain nombre de délégués de se réunir à intervalles plus ou moins réguliers. Il ne suffit pas, en effet, pour entreprendre un travail en commun, de s'informer réciproquement des efforts qu'accomplit telle ou telle Ligue nationale, et de prendre quelques mesures générales; lorsqu'on organise une démonstration d'hygiène, la collaboration s'étend aux divers détails du travail quotidien; des réunions fréquentes sont nécessaires; des problèmes concrets se posent; du domaine des principes on descend dans celui de l'activité pratique. C'est l'enseignement qu'a fait ressortir l'organisation d'une des premières démonstrations de l'espèce : la démonstration de Framingham (Massachusetts). Celle-ci fut instituée par la *National Tuberculosis Association* américaine, dans le but précis de découvrir la proportion des cas de tuberculose latente ou non traitée qui existe dans la population et de montrer les avantages résultant du dépistage intégral de tous les cas, dépistage dont le corollaire est le traitement précoce. Les fonds avaient été fournis par une grande compagnie d'assurances : la *Metropolitan Insurance Company*. Commencée en décembre 1916, la démonstration aboutit à montrer qu'aux cas connus de tuberculose devait s'ajouter un nombre double de cas qui avaient échappé au diagnostic médical. Le résultat de ce dépistage et de ce traitement fut que la mortalité tuberculeuse pour 100.000 habitants, qui

était de 121,5 pour les années 1907 à 1916, tombait à 40,0 pour l'année
1921.

Mais la démonstration dépassa beaucoup le cadre de la prophylaxie
antituberculeuse : des 16.000 habitants de Framingham, 4.473 furent
examinés dès la première année; dans ce nombre, la proportion des
personnes en parfaite santé n'atteignait que 23 %; 64 % étaient atteints
de maladies évitables; 13 % souffraient d'affections considérées comme
inévitables dans l'état actuel de la science. On comprend l'effet qu'exerce
sur l'opinion publique la révélation d'un état de choses semblable. Chacun sait que beaucoup de maladies pourraient nous être épargnées grâce
à une meilleure hygiène, ou être guéries dès leur début par des soins
précoces et mieux appropriés; mais, dans aucun pays, on ne se rend
compte du fait que le quart seulement de la population jouit d'une parfaite santé et que de tous les cas de maladies et d'infirmités, les quatre
cinquièmes sont évitables. C'est cette révélation qui donne à de semblables démonstrations leur haute valeur éducative, comme c'est la
coopération qu'elles impliquent qui amène un progrès durable dans
l'œuvre accomplie par les autorités et les œuvres privées.

Depuis que les États-Unis possèdent un Conseil national d'hygiène,
réunissant les délégués des grandes ligues nationales et des pouvoirs
publics, plusieurs autres démonstrations ont été entreprises. Sur notre
continent, cet exemple n'a encore été suivi qu'en Belgique.

On m'excusera de m'étendre quelque peu sur l'organisation de cette
démonstration, parce que la Ligue des Sociétés de la Croix-Rouge et la
Croix-Rouge belge en ont été les promoteurs et les organisateurs.

*
* *

Au deuxième Conseil général de la Ligue des Sociétés de la Croix-
Rouge, tenu à Genève en mars 1922, la résolution suivante fut votée :

« Le Conseil général recommande au Secrétariat de la Ligue de
signaler aux Sociétés nationales l'importance qu'il y aurait pour elles
à entreprendre un travail intensif d'hygiène dans des districts déterminés, afin de démontrer combien on peut de la sorte diminuer la morbidité, réduire la mortalité et améliorer les conditions sociales; ces
résultats, une fois obtenus, doivent être utilisés pour l'enseignement
populaire et la propagande de l'hygiène. »

La Croix-Rouge de Belgique demanda l'appui de la Ligue pour tenter
une démonstration de ce genre, et la commune de Jumet fut choisie
parce que les autorités communales avaient montré un souci remarquable
de l'hygiène en décidant de construire un Centre de santé contenant

divers dispensaires et consultations, un service de désinfection, un service
de vaccination, etc. Cette commune possède, en outre, un hôpital; elle
a réuni plus d'un million pour construire des habitations ouvrières.
Située en pleine région industrielle, elle groupe une population de 28.000
habitants, pour la plupart houilleurs, verriers ou métallurgistes, qui
occupent 7.500 maisons sur un territoire de 1.250 hectares.

L'acceptation des autorités municipales acquise, on obtint aisément
l'adhésion des services gouvernementaux et provinciaux, des associations nationales d'hygiène, des médecins (ils sont au nombre de onze),
des industriels, des groupements ouvriers (notamment les six sociétés
de secours mutuels), du clergé catholique et protestant, du corps enseignant, des écoles officielles et des écoles libres, de la presse.

Quatre Comités furent formés : le *Comité de Patronage* (Directeur
Général de la Ligue des Sociétés de la Croix-Rouge, Président de la Croix-
Rouge de Belgique, Directeurs généraux des Ministères de l'Intérieur,
du Travail, de l'Instruction publique, Inspecteur général du Service
de Santé de l'armée, Députés et Sénateurs, Présidents des grandes Ligues
nationales d'hygiène, Présidents de la Fédération médicale belge, de la
Presse, des Fédérations mutualistes, Gouverneur de la Province, Président du Conseil provincial, Commissaire d'arrondissement, Évêque du
diocèse, Directeur de l'Institut provincial d'hygiène, Président de la
Chambre de Commerce, etc.); le *Comité général* (secrétaire général de
la Ligue des Sociétés de la Croix-Rouge, Directeur Général de la Croix-
Rouge de Belgique, Inspecteurs gouvernementaux de l'hygiène, du travail, de l'enseignement, représentants des grandes Ligues nationales
d'hygiène, des écoles d'infirmières, des écoles de service social, députés
permanents et conseillers provinciaux, bourgmestre, échevins, conseillers communaux et secrétaires communal, médecins, présidents de la
Commission des hospices, du Bureau de bienfaisance, des mutualités,
président du Comité régional de la Croix-Rouge, curé, pasteur, directeurs des écoles, industriels, journalistes, etc.); le *Comité médical*, formé
de tous les médecins de la localité; le *Comité exécutif*, composé du président de la Croix-Rouge de Belgique, du bourgmestre, du secrétaire communal et d'un médecin de la commune.

Au moment où ces Comités entrèrent en fonctions, l'organisation de
l'hygiène à Jumet se bornait à une consultation de nourrissons, relevant
de l'Œuvre nationale de l'enfance — deux médecins et deux infirmières
y étaient attachés — et à l'inspection médicale scolaire, confiée à quatre
praticiens et à quatre infirmières.

Actuellement, un Comité local de la Croix-Rouge a été formé, dans
lequel toutes les classes de la population sont représentées; l'enseignement pratique de l'hygiène est institué dans les écoles; la commune a

confié tous ses services d'hygiène (y compris l'inspection médicale scolaire) à un médecin qui a renoncé à toute pratique médicale, — cette
solution a été préconisée par le corps médical lui-même. L'Œuvre nationale de l'enfance ouvre une consultation pour femmes enceintes, la Ligue
contre la tuberculose un dispensaire antituberculeux, la Ligue contre le
péril vénérien un dispensaire antivénérien, la Ligue d'hygiène mentale un dispensaire d'hygiène mentale; ces dispensaires sont desservis
en partie par des médecins de Jumet, en partie par des spécialistes de
la région ou de Bruxelles. Les infirmières, jusqu'ici groupées par spé-
cialité (hygiène des nourrissons, service scolaire, etc.), sont maintenant
réparties par quartiers, de telle sorte que chaque infirmière peut arriver
rapidement à connaître toutes les familles dont elle a la charge; elle
assure, dans des limites topographiques déterminées, le service des dispensaires (un jour est réservé à la population de chaque quartier), le
service scolaire, la visite à domicile.

Les infirmières rassemblent les fiches familiales et les fiches individuelles, remplies pour la partie sociale (composition de la famille, habitation, profession, ressources, habitudes, etc.) par les infirmières, pour
la partie médicale par les médecins, au dispensaire, à l'école, à l'usine ou
dans leur pratique privée. Ils touchent de ce chef une rémunération spéciale.

Des auxiliaires sociales, envoyées en stage par les Écoles de Service
social, complètent le personnel de la démonstration.

La propagande, activement menée par les affiches, les brochures, les
conférences, par le clergé, le corps enseignant, la presse, vise à obtenir
de la population qu'elle fréquente les dispensaires et qu'elle se fasse
examiner le plus fréquemment possible. Au bout de quelque temps, on
possèdera ainsi un véritable recensement médical, hygiénique et social
de la population, base de toute l'action future et pierre de touche des
progrès accomplis.

La direction quotidienne de la démonstration est confiée à l'infirmière visiteuse en chef, agissant d'après les directives du Comité exécutif
et du Comité médical. On a pensé que cette solution était celle qui sus-
citerait le moins d'appréhensions parmi les autorités, dans le corps médical
et au sein de la population elle-même.

La commune faisant les frais de son service d'hygiène et les diverses
Ligues nationales supportant les dépenses des dispensaires, le budget
de la démonstration se borne aux postes suivants :

Frais de propagande;
Traitement de l'infirmière visiteuse en chef;
Indemnités aux médecins.

On estime que ce budget ne dépassera pas 60.000 francs belges par an; un tiers en sera fourni par la province; une partie des honoraires médicaux sera réglée par les Sociétés de secours mutuels, qui assurent le service médical et pharmaceutique au tiers de la population; enfin des fêtes organisées à Jumet permettent aux habitants de contribuer aux frais de la démonstration.

Tel est l'enseignement que nous donnent les débuts de l'expérience tentée dans une population sceptique, jalouse de son indépendance, rebelle par tradition à toute discipline et peu préparée à la pratique de l'hygiène.

On le voit, il n'aurait pas été possible d'imposer à Jumet un programme prédéterminé et un personnel étranger. Il a fallu gagner petit à petit la confiance, agir par persuasion; mais cette méthode éducative est bien plus efficace, bien plus féconde en résultats durables que la méthode autoritaire.

*
* *

En somme, dans l'organisation d'une démonstration semblable, les quatre points essentiels sont :

La collaboration des pouvoirs publics et des œuvres privées;
Les ressources;
La coopération du corps médical;
Le personnel.

Il n'est pas indispensable que les ressources soient élevées, du moins au début; et, si la démonstration s'affirme, elle se procurera les fonds nécessaires au fur et à mesure des besoins.

Beaucoup plus délicate est la question des relations avec le corps médical. Le premier sentiment des médecins est l'inquiétude : ne va-t-on pas, à la faveur de la démonstration, introduire dans la localité où ils exercent d'autres praticiens? Les consultations gratuites ne vont-elles pas diminuer le revenu du corps médical? Le personnel attaché à la démonstration ne va-t-il pas tenter d'imposer son autorité aux membres d'une profession soucieuse à bon droit de son indépendance? Les infirmières, les auxiliaires sociales ne vont-elles pas être la source de conflits avec les médecins? Enfin, ne va-t-on pas demander à ceux-ci, sans compensation, des prestations supplémentaires et des écritures compliquées? En vue d'apaiser ces craintes, les organisateurs de la démonstration de Jumet décidèrent qu'aucune mesure pouvant affecter les médecins ne serait prise sans que ceux-ci, groupés en Comité médical, l'aient approuvée. D'autre part, le principe de la rémunération des services rendus fut proclamé d'emblée.

Enfin, le personnel attaché à la démonstration doit être de premier ordre : une direction compétente, des infirmières visiteuses expérimentées, des assistantes sociales actives sont indispensables.

Au début, la démonstration a le double caractère d'une campagne de propagande et d'une enquête : propagande auprès du public en général et des divers cercles qui le composent, enquête basée notamment sur les résultats des examens médicaux individuels.

Ces interventions, d'une part, les constatations résultant de la compilation des fiches, d'autre part, ne tardent pas à dévoiler combien la santé de la population laisse à désirer. Dès lors, les malades, leur famille, l'opinion publique n'auront plus de cesse que les moyens de traitement mis à leur disposition n'aient été améliorés et complétés : c'est le deuxième temps de la démonstration, celui du perfectionnement de l'organisation médicale et hygiénique. Le premier avait été une période de propagande et d'enquête, le second est une phase de réalisation et de réformes : création ou amélioration de services d'hygiène, d'hôpitaux, de dispensaires, assainissement des habitations, des écoles, des usines, adoption de plus en plus générale des habitudes d'hygiène. Et l'on ne tarde pas à voir s'abaisser les chiffres de la mortalité et de la morbidité.

On le voit, une telle démonstration n'est au-dessus des forces d'aucune Croix-Rouge, d'aucune localité de moyenne importance. La bonne volonté, la persévérance, la clairvoyance y jouent un rôle plus grand que l'argent.

Débutant avec de faibles ressources, mais avec un personnel résolu et compétent, la démonstration prendra d'elle-même, graduellement, une ampleur plus grande, et les fonds nécessaires pourront être trouvés sur place à mesure que la nécessité s'en fera sentir.

Si la Croix-Rouge se fait l'instrument d'une démonstration semblable, son prestige s'en trouvera considérablement augmenté, car le service rendu sera si évident et le retentissement en sera tel qu'aucune campagne de publicité, aucun appel ne pourraient jamais l'égaler.

Aussi, la Ligue croit-elle devoir recommander chaleureusement aux Sociétés nationales de mettre à l'étude l'organisation de ces démonstrations; elle se tient à leur entière disposition pour les aider dans cette tâche.

Dr RENÉ SAND,
*Secrétaire général de la Ligue
des Sociétés de la Croix-Rouge.*

LE DÉVELOPPEMENT DE LA CROIX-ROUGE DE LA JEUNESSE
EN EUROPE ORIENTALE

RAPPORT DE LA CROIX-ROUGE AMÉRICAINE DE LA JEUNESSE
EN EUROPE

La Croix-Rouge américaine de la Jeunesse entreprit son action à l'étranger le 1er avril 1919, sous la direction du Commissaire de la Croix-Rouge américaine en Europe. La Croix-Rouge américaine se proposait d'une part de consacrer à cette œuvre les fonds recueillis par les écoliers américains et, d'autre part, de faire bénéficier ces derniers — par la parole et par l'image — des renseignements éducatifs qui constituent une partie importante du programme de la Croix-Rouge de la Jeunesse.

Une action de secours fut organisée en Albanie, en Belgique, en France, en Grèce, en Italie, au Monténégro, en Pologne, en Roumanie, en Serbie et en Tchéco-Slovaquie. Dans ces pays qui avaient été choisis par les enfants américains, l'action de secours évolua et se transforma graduellement en une action créatrice. Peu à peu, également, les enfants américains en vinrent à désirer que les enfants de tous les pays formassent une seule grande famille, la famille de la Croix-Rouge de la Jeunesse. Aussi, lorsque les premiers pays d'Europe exprimèrent le désir de posséder leur propre organisme, la Croix-Rouge américaine fut heureuse d'offrir à ces sociétés nationales l'appui et la collaboration du personnel de la Croix-Rouge de la Jeunessse américaine en Europe.

A la phase d'organisation qui sera bientôt terminée, succédera probablement une nouvelle phase permettant aux enfants américains d'entreprendre de nouvelles activités ou tout au moins de poursuivre et de développer celles qu'ils ont entreprises.

Notre personnel a eu le privilège, au cours de ces quatre dernières années, de pouvoir étudier de très près le développement de la Croix-Rouge de la Jeunesse; nous avons admiré vos courageux efforts et leur portons le plus vif intérêt; c'est pour ces raisons que nous avons accepté l'invitation de la Ligue des Sociétés de la Croix-Rouge de vous présenter quelques-unes des phases actuelles de l'œuvre de la Croix-Rouge de la Jeunesse en Europe orientale : Autriche, Bulgarie, Hongrie, Pologne,

Roumanie, Tchéco-Slovaquie et Yougo-Slavie. Nous espérons que nos discussions à ce sujet aboutiront à des vœux tendant à faciliter l'organisation de nouvelles sections de la Croix-Rouge de la Jeunesse et à affermir les organismes déjà existants.

I. Groupement des membres

A. *Groupes scolaires ou groupes par classes.* — L'admission d'un très grand nombre de membres dans les Sections de la Croix-Rouge de la Jeunesse — supérieur parfois au nombre des membres adultes — a nécessité une organisation technique différente. Car, bien que les années pendant lesquelles l'enfant fait partie de la Croix-Rouge de la Jeunesse puissent être considérées comme un stage préparatoire pour devenir membre de la Croix-Rouge des adultes, c'est, dans la plupart des cas, au moyen du système scolaire que l'enfant s'y entraîne.

Le *Groupe scolaire* comprend tous les degrés réunis en une seule unité. Ce système préliminaire a été remplacé au fur et à mesure que se développait le mouvement de la Croix-Rouge de la Jeunesse par le *Groupement par classe.* Celui-ci paraît préférable pour cette raison que les enfants du même âge s'intéressent au même genre d'activités. Nous espérons, par conséquent, que vous approuverez l'organisation graduelle des groupements par classes.

B. *Groupements extérieurs.* — Bien que la Ligue préconise et recommande l'organisation de la Croix-Rouge de la Jeunesse sur une base scolaire et bien que ce système soit le plus généralement adopté, il a fallu pourtant faire quelques exceptions importantes, dues 1º à une désorganisation du système scolaire, impliquant le manque de bâtiments d'école; 2º à l'absence de mesures législatives rendant l'instruction obligatoire; 3º au recrutement dans d'autres associations. Mentionnons parmi celles-ci les nombreux clubs de garçons et de jeunes filles, organisés sous les auspices de sociétés religieuses, sociales ou philanthropiques; des clubs agricoles, tels que ceux qui furent organisés en Yougo-Slavie par le ministère de l'Agriculture en faveur des petits campagnards obligés de quitter l'école pour travailler dans les fermes; les Éclaireurs, Éclaireuses, Sokols, etc. Ces associations recrutent généralement leurs membres à l'école, mais elles réunissent souvent des élèves de différentes écoles et ceux-ci sont devenus à leur tour membres de la Croix-Rouge de la Jeunesse dans leurs groupements respectifs.

Si l'on est d'avis de reconnaître ces groupements comme des unités de la Croix-Rouge de la Jeunesse, ne serait-il pas indiqué de recommander ce que l'on pourrait appeler un « cycle de retour », c'est-à-dire que les grou-

pements organisés en dehors de l'école seraient ramenés et rattachés définitivement à l'école chaque fois que la chose serait possible.

II. La surveillance des adultes

L'enseignement des buts de la Croix-Rouge par la pratique plutôt
que par le précepte, constitue l'un des traits les plus caractéristiques du
principe de la Croix-Rouge de la Jeunesse. Toutefois, la surveillance des
adultes est nécessaire, mais elle ne doit pas s'exercer sous sa forme habi-
tuelle : la Croix-Rouge de la Jeunesse ne doit pas être un organisme d'a-
dultes pour les enfants. Les membres adultes représentent le cadre ; le
corps enseignant, le mécanisme, mais l'action pour l'enfant par l'enfant
doit rester le mot d'ordre.

A. *Le programme subjectif de la Croix-Rouge peut être réalisé objecti-
vement par les enfants.* — Étant donné que les comités centraux, régionaux et locaux de la Croix-Rouge de la Jeunesse se composent d'un
nombre de membres égal à celui des autres comités de la Croix-Rouge,
ces comités peuvent se rendre compte soit des besoins de la collectivité,
soit des besoins nationaux, et ils ont aussi la compétence voulue pour proposer, organiser et coordonner les activités des Juniors, relatives à des
œuvres d'une grande importance ou des œuvres nationales.

Plus les enfants sentiront qu'ils contribuent au développement du
programme de la Croix-Rouge, plus ils seront disposés à adhérer à la
Croix-Rouge de la Jeunesse.

B. *Collaboration interscolaire.* — Quand ces directives générales auront
été déterminées, c'est à l'école et par l'école que la Croix-Rouge de la
Jeunesse fonctionnera ; de cette manière elle aura sa place dans les programmes scolaires.

1. Dans tous les pays de l'Europe orientale, les ministres de l'Instruction publique comprennent et apprécient les méthodes de la Croix-Rouge
de la Jeunesse. Certains ont même désigné un membre de leur personnel
pour remplir les fonctions de conseiller auprès des sociétés nationales
de la Croix-Rouge.

2. En Autriche, la loi interdit à toute organisation autre que la Croix-
Rouge de la Jeunesse d'exercer son activité dans les écoles. La vie même
de la Croix-Rouge de la Jeunesse dépend donc de son incorporation dans
le programme scolaire. On est arrivé à ce résultat en faisant en sorte que
la Croix-Rouge de la Jeunesse fasse réellement partie du système
scolaire. Quelquefois même les comités de la Croix-Rouge de la Jeunesse

se superposent aux comités scolaires. C'est ce qui est arrivé à Vienne où l'inspecteur général des Écoles de la ville a offert, pour faciliter l'organisation de la Croix-Rouge de la Jeunesse, ses divisions et ses comités, en ajoutant à ceux-ci, bien entendu, des membres de la Croix-Rouge, des représentants de l'Association des parents et un médecin. Ces comités fonctionnent sous la direction générale du comité municipal de la Croix-Rouge de la Jeunesse.

3. *Salles pour expositions permanentes.* — Le ministère de l'Instruction publique, en Autriche, a aussi aménagé des salles en vue de l'exposition permanente du travail des Juniors.

4. *Appui financier des ministères de l'Instruction publique.* — Au point de vue des finances, cette collaboration avec les systèmes scolaires en vigueur semble être une des meilleures garanties pour la continuation des Sociétés de Croix-Rouge de la Jeunesse en Europe. Outre les exemples déjà cités, les appointements du personnel scolaire s'occupant de la Croix-Rouge de la Jeunesse, dans d'autres pays, sont prélevés sur le budget des écoles. En Hongrie, par exemple, le ministère de l'Instruction publique a dispensé une institutrice de ses cours afin qu'elle puisse voyager en qualité de conférencière pour la Croix-Rouge de la Jeunesse. De même, en Yougo-Slavie, un professeur dont une partie des émoluments est comprise dans le budget scolaire a été nommé directeur par intérim du Bureau central de la Croix-Rouge de la Jeunesse.

C. *Formation du personnel enseignant.* — Le succès de nos efforts dépend de la manière dont les éducateurs se rallient à la théorie et à la technique de notre système. Des connaissances générales sont répandues au moyen de publications et de conférences faites au cours des réunions du personnel enseignant. La grande difficulté réside dans le fait que la majorité des instituteurs ne sont pas disposés à écouter sérieusement les délégués de la Croix-Rouge. Ils comprennent et approuvent plus facilement ce qu'on leur explique au moyen de termes pédagogiques. Voici quelques-unes des méthodes employées pour gagner à la cause de la Croix-Rouge de la Jeunesse des groupes d'instituteurs qui, à leur tour, enrôleront leurs collègues :

1. En Autriche un cours spécial de puériculture a été organisé pour un certain nombre d'institutrices. Dix des conférences comprises dans ce cours seront consacrées à démontrer que la Croix-Rouge de la Jeunesse est un moyen pratique d'améliorer la santé physique, morale et mentale des enfants.

2. A Belgrade on a également organisé des conférences pour des groupes d'institutrices faisant leurs études d'inspectrices. A la fin de ces cours

chacune des étudiantes passera quelque temps dans une école de la capitale, afin de se familiariser avec les méthodes de la Croix-Rouge de la Jeunesse et d'acquérir des connaissances qui leur seront utiles lorsque plus tard elles seront envoyées comme inspectrices dans la province.

3. A Vienne, les inspectrices scolaires s'occupent activement de propagande de la Croix-Rouge de la Jeunesse. Ainsi, tout en remplissant leurs fonctions, elles s'efforcent d'encourager et de stimuler les activités des Juniors.

D. *Les avantages de la Croix-Rouge de la Jeunesse pour l'école.* — Nous avons exposé ci-dessus la manière dont l'école seconde la Croix-Rouge de la Jeunesse. D'autre part, l'école profite à son tour des activités de cet organisme. L'institutrice ne tarde pas à constater que ses élèves sont plus disciplinés, plus attentifs et qu'ils témoignent un plus vif désir de s'instruire; il se produit également une amélioration notable de leur santé. La revue de la Croix-Rouge de la Jeunesse, pourvu que la rédaction en soit compétente, fournit d'ailleurs une publication particulièrement adaptée au système scolaire. En somme, l'école bénéficiera non seulement de l'amélioration intérieure apportée par la Croix-Rouge de la Jeunesse, mais du fait que les personnalités s'intéressant au mouvement de la Croix-Rouge s'intéresseront également au perfectionnement du système scolaire, à savoir : facilités d'instruction, instruction obligatoire, introduction de nouveaux sujets aux programmes d'études, responsabilités civiques, économie domestique, orientation professionnelle, enseignement de l'hygiène, examen psychologique des enfants, revision du système actuel de classement des élèves, échange de personnel scolaire diplômé d'autres pays. Les meilleures écoles auront les meilleures Croix-Rouges et vice-versa.

III. Collaboration avec d'autres organisations

A. *Sociétés adultes.* — Le fait que la Croix-Rouge de la Jeunesse se compose exclusivement d'enfants travaillant pour eux-mêmes et pour autrui donne une valeur toute spéciale à sa collaboration avec les organismes d'adultes. Le Comité mixte de rapatriement en Pologne fournit un exemple de cette collaboration. La Croix-Rouge polonaise de la Jeunesse, ayant décidé l'organisation d'une campagne nationale en faveur des réfugiés et des enfants rapatriés, invita les Quakers, les autorités et les organisations de dames travaillant pour les mêmes buts à faire partie du Comité. Ainsi, quand la Croix-Rouge américaine de la Jeunesse envoya des milliers de cadeaux de Noël destinés aux enfants

polonais, les Juniors polonais, grâce à l'aide des organisations susmen-
tionnées, furent à même de procéder à leur distribution.

B. *Association d'enfants.* — 1. *Collaboration et coordination.* — Depuis
l'éminent président de la Croix-Rouge polonaise jusqu'aux organisations
des éclaireurs dans tous les pays qui s'étendent vers l'Albanie, hommes et
femmes ont compris la valeur du mouvement des Scouts, des Girl Guides
et des « Sokol »; ils ont aussi apprécié la Croix-Rouge de la Jeunesse et les
avantages que donnent la collaboration et la coordination.

Les « jours de réunion » fournissent une occasion pour cette collaboration et pour la coordination générale des efforts vers des buts nationaux
ou de collectivité.

2. *Équipes de démonstration.* — Les équipes de démonstration se composent d'enfants ayant suivi un entraînement intensif d'après le système
des Éclaireurs, Girl Guides ou Sokol. Ces équipes contribuèrent utilement
à la popularisation du programme de la Croix-Rouge de la Jeunesse. Le
directeur par intérim de la Croix-Rouge de la Jeunesse en Yougo-Slavie
— qui remplit également les fonctions de chef des Éclaireurs dans ce
pays — nous a fait savoir qu'en général ces doubles fonctions favorisent
les deux organisations, et que, lorsqu'un instituteur ne connaissant pas le
système « Junior » lui explique : « Ceci ne peut pas se faire », il lui dit :
« Les Éclaireurs ont déjà organisé cette activité et sont prêts à se charger
de sa direction pour vos groupes de Juniors. » La preuve par démonstration
obtient la victoire dans la plupart des cas et devrait être plus fréquemment employée.

IV. Développement de l'esprit de direction

A. *Les chefs de groupe seront choisis parmi les enfants eux-mêmes.* —
Les Juniors s'adressent tout naturellement à leurs instituteurs pour
obtenir des conseils ou des directives. C'est très bien, mais quelquefois l'instituteur est élu chef de groupe. Ceci peut présenter certains avantages, par exemple quand il s'agit d'organiser des activités, mais, plus
tard, cela tendrait à rendre nuls deux de nos buts principaux : 1º développer l'intelligence de l'enfant en lui apprenant à se rendre utile au particulier, à la collectivité et à l'humanité; 2º former des chefs parmi les
enfants eux-mêmes.

B. *Formation des chefs.* — Dans le cas où un groupe ne posséderait
aucun membre capable d'en assumer la direction, les fonctions de chef
pourront être assumées par un membre des Éclaireurs, Guides ou Sokol, ou
par un membre de la Croix-Rouge de la Jeunesse ayant reçu une formation spéciale à cet effet.

C. *Conférences nationales, régionales ou locales de chefs « Junior ».* —
Les réunions des « jeunes » ont produit d'excellents résultats en Amérique
et dans les pays de l'Europe orientale. Nous croyons qu'il y aurait lieu
de les encourager non seulement comme étant susceptibles de développer
le sens de la responsabilité parmi les jeunes, mais aussi parce que ces réunions fournissent aux participants l'occasion d'étudier, d'organiser et de
coordonner des projets présentant un intérêt d'ordre local, régional ou
national. Nous espérons que la Conférence de Varsovie recommandera
le principe d'après lequel les groupes locaux d'enfants aidés par leurs
instructeurs rédigent eux-mêmes leur règlement, élaborent et exécutent
leur propre programme d'activités, désignent parmi eux leur bureau et
délibèrent dans leurs propres assemblées. Ils se familiarisent ainsi avec
les responsabilités civiques et nationale.

V. Programme de la Croix-Rouge de la Jeunesse

Améliorer la santé et se rendre utile, tels sont les premiers buts de toute
activité. Vous connaissez déjà les publications ayant trait au programme
des Jeunes, aussi je me bornerai à vous soumettre les propositions et les
questions suivantes.

A. *Les jeunes gens ayant dépassé l'âge de seize ans.* — On n'a jamais,
croyons-nous, étudié à fond le problème concernant les jeunes gens ayant
dépassé l'âge où les activités des Juniors sont susceptibles de les intéresser et trop jeunes cependant pour adhérer à la Société adulte. Des propositions portant sur cette question et un échange de vues à ce sujet de
la part des délégués à la Conférence de Varsovie seraient donc de la plus
grande utilité. Nous préconisons spécialement les Conférences de Juniors,
le principe des chefs de groupes choisis parmi les enfants eux-mêmes, le
principe des chefs d'équipes pour les terrains de jeux, des enquêtes civiques, hygiéniques et sociales.

B. *Les enfants réfugiés, rapatriés et hospitalisés dans les asiles.* — Les
Juniors se sont toujours efforcés d'assister leurs camarades déshérités.
Il serait cependant désirable de modifier autant que possible la situation
actuelle de ces enfants envers leurs jeunes bienfaiteurs, afin de leur permettre de collaborer aux activités organisées en premier lieu en vue de
subvenir à leurs propres besoins, et, ensuite, pour répondre aux besoins
généraux.

C. *Le travail manuel doit avoir un but utile*. — Après avoir visité des centaines de classes de travail manuel parmi les Juniors dans les divers pays, nous soulignons l'avis de la Présidente de la Croix-Rouge tchécoslovaque, à savoir que, sauf dans les cas où on s'efforce de conserver d'anciens modèles célèbres ou d'anciennes méthodes de tissage, la fabrication d'objets utiles est à préconiser, même du point de vue artistique. Une recommandation à cet effet serait peut-être désirable, afin d'empêcher une tendance au dilettantisme dans le travail des Juniors.

D. *Organisation de nouveaux ateliers ou cours de travaux manuels*. — Nous avons fait l'expérience qu'il est généralement désirable de demander l'appui financier des autorités scolaires ou des Associations des parents pour l'acquisition du matériel que nécessite la création de nouveaux ateliers ou de nouveaux cours; on stimule ainsi leur intérêt en faveur de ces initiatives.

E. *La vente des objets fabriqués par les Juniors ne pourra être organisée dans les États-Unis*. — Au cours de l'année écoulée, presque toutes les Sociétés de la Croix-Rouge de la Jeunesse ont demandé que des objets de leur fabrication soient vendus aux États-Unis à leur profit. La section de la Croix-Rouge de la Jeunesse, à Washington, n'a pas jugé à propos de se charger de cette vente en raison de la complexité des questions de transport, de douane, etc.

F. *Emploi des fonds recueillis au moyen de collectes locales*. — La vente d'articles confectionnés dans le pays même est naturellement considérée comme la façon la plus rationnelle de recueillir des fonds pour la Croix-Rouge de la Jeunesse. Ceci nous amène à étudier une question importante qui n'est pas envisagée par tous de la même façon : c'est l'emploi des fonds provenant des activités des Juniors. Il y a deux manières d'utiliser ces fonds, et toutes deux peuvent être critiquées.

1. La section locale de la Croix-Rouge de la Jeunesse peut recevoir l'ordre de remettre tous les fonds recueillis au siège central et n'avoir le droit de dépenser que ce qui lui est rendu plus tard. Cette méthode tend à affaiblir l'esprit d'initiative et à conduire les instituteurs et les enfants à considérer leurs travaux comme une corvée profitant à un organisme central.

2. L'autre méthode consiste à garder tout l'argent recueilli dans la localité. Dans ce cas l'intérêt des enfants est trop limité à des sujets d'ordre exclusivement local.

Il existe cependant une solution intermédiaire : on permettra aux enfants de décider dans quelles proportions les fonds seront répartis entre leurs propres activités et le bureau central, en vue du développement d'un programme plus étendu. De cette façon les enfants seront obligés d'étudier minutieusement la façon la plus efficace de dépenser leur argent. Cette méthode a une très grande valeur au point de vue éducatif; les enfants y puisent en outre un encouragement pour entreprendre des travaux qui leur procureront de l'argent. Leurs autres programmes seront aussi rendus plus vivants. Ne vous semble-t-il pas que ce procédé doive être recommandé ?

VI. Revues

Des revues mensuelles sont publiées en Autriche, en Bulgarie, en Hongrie, en Tchéco-Slovaquie, en Yougo-Slavie; la Pologne et la Roumanie suivront bientôt cet exemple. On les considère partout comme un moyen indispensable pour réunir entre elles les différentes sections de la Croix-Rouge de la Jeunesse. De plus, elles remedient en une certaine mesure à l'insuffisance de littérature enfantine à l'école et dans la famille.

A. *Considérations financières.* — Jusqu'ici les premiers frais de publication ont été couverts par la Croix-Rouge américaine de la Jeunesse qui a prélevé cet argent sur les fonds consacrés à son activité en Europe. Elle a un peu aidé la Hongrie et la Bulgarie et a donné son appui à la Tchéco-Slovaquie pendant quatre mois. Nous sommes certains qu'au bout d'un certain temps les revues pourront elles-mêmes couvrir entièrement leurs frais de publication. Pour la distribution de la revue on a recours à divers procédés.

1. En Tchéco-Slovaquie la revue est envoyée gratuitement à toutes les classes membres de la Croix-Rouge. Il y a quelques abonnements et les classes paient les exemplaires supplémentaires qu'elles demandent, mais les frais principaux sont couverts par les cotisations des membres.

2. En Autriche, au contraire, la loi interdit de recueillir des cotisations dans les écoles; cependant il y a quelques abonnements et la revue est vendue à l'école et chez les marchands de journaux. De cette manière les deux tiers des frais sont couverts. Il serait sans doute possible, pour réduire les dépenses, d'employer du papier de qualité inférieure, d'avoir moins d'illustrations et une couverture uniforme, mais ce serait une économie mal placée, car une revue bien présentée, bien écrite et joliment illustrée a beaucoup plus de succès et se vend plus facilement.

3. Suivant l'exemple des Italiens, les initiateurs de la revue de la

Croix-Rouge roumaine de la Jeunesse ont décidé d'accepter pour diminuer leurs frais quelques annonces bien choisies.

4. Tout en reconnaissant que la situation actuelle de la Croix-Rouge de la Jeunesse aux États-Unis ne peut être comparée à celle de la Croix-Rouge de la Jeunesse en Europe, il est intéressant de noter que la Croix-Rouge américaine de la Jeunesse pourvoit non seulement aux frais de publication de sa revue ainsi qu'au traitement du personnel de rédaction et d'un artiste, mais encore qu'elle contribue à d'autres dépenses de son siège central, et que les fonds consacrés à cet effet proviennent exclusivement du produit des abonnements ainsi que la vente de la revue. Celle-ci ne contient pas d'annonces.

VII. Correspondance interscolaire

La correspondance interscolaire est peut-être notre plus grande force, puisqu'elle touche à toutes les branches de l'activité et maintient le contact entre les diverses nations. Des discussions ou des propositions ayant trait aux points énumérés ci-dessus, sur lesquels nous désirons insister auprès des autorités scolaires, présenteraient un intérêt tout particulier.

A. *La méthode d'échange de la correspondance interscolaire doit être simple.* — 1. Aux États-Unis la correspondance est transmise par les Comités scolaires et les Secrétariats régionaux ou de section au siège central d'où elle est expédiée aux destinataires. Du point de vue technique, ce procédé est sans doute excellent, mais il nous semble néanmoins quelque peu compliqué.

2. En ce qui concerne la correspondance internationale l'idéal serait de transmettre directement les lettres d'une école à l'autre, cependant l'expérience a démontré que ce système ne pourra jamais être appliqué, étant donné que les lettres doivent être traduites, censurées et passer par au moins un bureau central où elles sont classées d'après l'âge, le niveau scolaire et les intérêts spéciaux des destinataires. Plus tard il sera temps de décider s'il serait utile de supprimer d'autres procédés intermédiaires.

B. *Correspondance de classe à classe.* — 1. *Les lettres.* — La méthode qui consiste à échanger des lettres d'une classe à l'autre semble plus que jamais la meilleure. Tout d'abord parce que le procédé contraire, la correspondance individuelle, est non seulement mal commode, mais les frais de port et de traduction le rendent beaucoup plus onéreux. Enfin les lettres de classes concernent des sujets d'ordre plus général et offrent, par conséquent, plus d'intérêt pour les expéditeurs et les destinataires.

144

2. *Albums illustrés.* — Les albums illustrés peuvent être envoyés à raison d'une ou deux pages à la fois; ils seront compilés par les classes qui les recevront. Les industries, les coutumes spéciales à tel ou tel pays pourront être décrites en détail et illustrées par des modèles et des photographies. L'album illustré est un aliment précieux pour les leçons de géographie et d'histoire et un lien efficace entre les districts encore peu développés et les régions industrielles.

3. *Collections itinérantes.* — Jusqu'ici, les classes entretenant une correspondance, bénéficient seules des lettres et des albums. Nous proposons de rassembler des collections qui seraient envoyées dans chaque ville, dans tous les districts et circuleraient d'une école à l'autre.

4. *Échange de matériel.* — Au cours de ces quatre dernières années, les enfants européens ont envoyé à plusieurs reprises aux écoliers des États-Unis, en témoignage de leur amitié et de leur reconnaissance, de nombreux spécimens des objets utiles ou artistiques qu'ils avaient confectionnés. Ces objets ont été disposés par ordre, et ces collections qui ont été envoyées dans toutes nos sections, ont suscité le plus vif intérêt de la part des enfants et des instituteurs. Nous serions d'avis de développer et de systématiser ces échanges entre les divers pays.

VIII. Ressources

Si vous êtes, pour la plupart, membres de la Croix-Rouge, vous vous demandez certainement : « Quelle est notre responsabilité ? On nous demande de fournir un personnel pour le Bureau central de la Croix-Rouge de la Jeunesse; nous devons procurer aux Juniors du matériel, de la littérature, éditer et publier une revue, faire traduire et surveiller la correspondance interscolaire. De quelles ressources disposons-nous à cet effet ? » Les ressources de la Croix-Rouge de la Jeunesse sont constituées par : les cotisations de membres (le total n'est pas très élevé puisque les cotisations peuvent dans certains cas être remplacées par des activités); une allocation des ministères de l'Instruction publique; le pourcentage prélevé dans chaque localité sur le produit des activités de groupes (en Europe la somme représentée par ce pourcentage est minime, mais aux États-Unis il a déjà fourni plusieurs millions de dollars); enfin, le revenu de la revue si celle-ci contient des annonces. Nous pouvons tout de suite envisager le fait que le bilan de tous ces revenus produirait certainement un déficit.

Mais la Croix-Rouge n'a pas été créée en vue de gagner de l'argent : l'amélioration de la santé physique et morale, une humanité plus unie et plus heureuse, tels sont ses revenus. Considérée de ce point de vue, la Croix-Rouge de la Jeunesse constitue un placement important, une assurance pour l'avenir. Car les enfants qu'elle enrôle en grand nombre aujourd'hui, seront dans peu d'années les membres payants de la Croix-Rouge et formeront une génération élevée dans les principes de la Croix-Rouge et entraînée pour son service.

RAPPORT SUR L'ORGANISATION DE LA CROIX-ROUGE DE LA JEUNESSE BULGARE

I. Introduction

Invitée à présenter sur l'organisation et l'activité de la Croix-Rouge de la jeunesse en Bulgarie un rapport destiné à cette haute assemblée qui réunit les représentants des Croix-Rouges de l'Europe Orientale et ceux de diverses institutions humanitaires, la Société bulgare de la Croix-Rouge s'estime particulièrement flattée du grand honneur qui lui est fait. Bien que notre Croix-Rouge de la Jeunesse en soit encore à la période de formation, la Croix-Rouge bulgare n'a pas cru pouvoir décliner cette invitation.

II. Historique

La Bulgarie ne compte pas parmi les États anciens. Son existence date de quarante-quatre ans à peine et, pendant cette période relativement courte pour l'histoire et la vie d'un peuple, elle a eu le malheur de devoir soutenir trois guerres : une première en 1885, une deuxième en 1912-1913 et une troisième en 1915-1918. La première de ces trois guerres n'a duré qu'un mois, la deuxième neuf mois et la troisième environ trois ans.

C'est un axiome connu que les mêmes causes entraînent toujours les mêmes effets. Cet axiome trouve en l'occurrence une justification complète. De même que les nécessités de la guerre mondiale ont suscité la création de la Croix-Rouge de la Jeunesse en Amérique, de même les nécessités issues des trois guerres que la Bulgarie a connues en moins d'un demi-siècle et les conditions dans lesquelles elle a dû mener ces guerres ont obligé la jeunesse scolaire bulgare à intervenir dans une large mesure : secours aux soldats malades ou blessés dans les hôpitaux, transport et évacuation de ces hommes, préparation du matériel de pansement, etc. Toutefois, la courte durée de la guerre de 1885 n'a pas permis aux germes d'altruisme qui s'étaient manifestés parmi la jeunesse de se développer et de prendre la forme d'un mouvement organisé.

Pendant la guerre des Balkans, en 1912 et 1913, alors que la Bulgarie avait déjà trente-quatre années d'existence politique et possédait une université, quelques centaines d'écoles secondaires ou spéciales de toutes sortes, et quelques milliers d'écoles primaires et primaires supérieures; alors que par conséquent plusieurs dizaines de milliers de jeunes gens des écoles secondaires et spéciales n'étaient pas appelés sous les drapeaux, la jeunesse scolaire bulgare ne manqua pas d'offrir ses services à la Croix-Rouge bulgare. Et ces services furent très précieux. La forme qu'ils prirent dépendit des conditions locales, ainsi que des besoins du moment et des conceptions des initiateurs : ici, les jeunes gens se faisaient ambulanciers dans les hôpitaux, où leur intervention fut très appréciée par les malades et les blessés; là, ils portaient de l'eau potable aux soldats de passage; ailleurs, aux endroits où les hôpitaux se trouvaient éloignés des gares et où l'on manquait de moyens de transport, tous réquisitionnés pour les besoins de l'armée, les écoliers formaient des détachements de volontaires qui s'employaient à transporter, sur des civières, les soldats qui ne pouvaient se rendre tout seuls de la gare à l'hôpital : chaque détachement comprenait quatre écoliers se relayant deux par deux.

Il est impossible et il serait oiseux d'énumérer toutes les activités de la jeunesse scolaire en faveur des soldats.

La Société bulgare de la Croix-Rouge a hautement estimé les services que la jeunesse scolaire a rendus à ses œuvres de charité et elle les a appréciés d'autant plus qu'à cette époque la jeunesse scolaire n'avait reçu aucune direction ni aucune préparation à cette tâche et qu'en toutes choses elle agissait de sa propre initiative.

L'expérience acquise par la Société pendant cette guerre lui montra les défectuosités de son organisation et lui fit voir combien la jeunesse scolaire recèlait de forces et d'énergies cachées qui pouvaient facilement être mises au service de la bienfaisance. Aussi la Société procéda-t-elle à une revision de ses statuts pour mieux les adapter aux conditions et aux nécessités nouvelles et pour les rendre conformes aux enseignements reçus. Le projet de statuts élaboré à cet effet prévoyait donc l'institution, auprès de la Société nationale bulgare de la Croix-Rouge, de deux nouvelles sections : l'une pour les *écoliers*, l'autre pour les *soldats*.

La guerre mondiale survenue sur ces entrefaites ne permit pas à la Société bulgare de la Croix-Rouge de mettre en vigueur ses nouveaux statuts. Elle ne l'empêcha pas toutefois d'utiliser la jeunesse scolaire au service de la Croix-Rouge sur une échelle beaucoup plus grande que par le passé et conformément aux leçons de la guerre de 1912-1913. Cette fois, outre les services accomplis pendant la guerre précédente, les écoliers et les écolières, sur l'initiative notamment de leurs professeurs (les femmes, bien entendu, parce que tous les professeurs hommes, sauf les infirmes, avaient été mobilisés) s'attachèrent à secourir de la façon la plus variée ceux qui exposaient leur vie pour la défense de la patrie. Ainsi, les uns entretinrent des cantines; d'autres organisèrent des comptoirs, notamment aux gares de croisement, où soldats et officiers trouvaient à s'approvisionner en objets de première nécessité à des prix très avantageux et sans subir l'exploitation à laquelle se livraient les marchands dans l'intérieur du pays; d'autres encore quêtaient du linge, des bas, des gants, des châles, du tabac, etc. qu'ils envoyaient aux soldats du front, sous un contrôle approprié; d'autres enfin, plus spécialement les écolières, tricotaient des bas et des gants ou préparaient des conserves qui étaient également expédiées par paquets au front. Les jeunes gens montraient sous ce rapport une noble émulation entre eux et entre élèves des différentes classes ou des différentes écoles. C'était à qui ferait le mieux et à qui se distinguerait le plus sur le terrain de la charité et de la bienfaisance. La pensée directrice de la jeunesse scolaire était de préparer des objets de toute sorte pour les envoyer au front et améliorer ainsi la situation des soldats, leur nourriture, leur habillement, en un mot leur santé physique et morale.

Mais tout cet élan de dévouement et d'altruisme dont il serait trop long de décrire les manifestations en détail, n'était encore qu'un mouvement spontané et plus ou moins occasionnel, et non pas une activité organisée et dirigée suivant un plan strictement établi et tendant vers des buts nettement définis.

La Société bulgare de la Croix-Rouge, s'apercevant de l'énergie inépuisable qui se cachait dans la jeunesse scolaire, sortit de la dernière guerre avec la ferme intention d'atteler l'enthousiasme des jeunes gens à l'œuvre d'altruisme de la Croix-Rouge en faisant de la jeunesse scolaire son aide et son successeur éventuel dans la direction future de son action de bienfaisance. Le premier acte qu'elle accomplit dans cet ordre d'idées fut une refonte de ses statuts en y prévoyant la création d'une *Croix-Rouge d'écoliers* comme section de la Société nationale de la Croix-Rouge.

Après la cessation des hostilités, la Société bulgare de la Croix-Rouge s'occupa de la liquidation d'une guerre qui avait duré six ans presque sans interruption, de 1912 à 1918. Elle procéda à la revision de ses statuts, dont l'article 6 proclamait un principe nouveau : « Les élèves des établissements scolaires forment une Croix-Rouge de juniors, d'écoliers, et les soldats une Croix-Rouge de soldats. L'organisation et le fonctionnement de ces sociétés seront régis par des statuts spéciaux élaborés par le Conseil d'administration. » Au même moment, le Canada et les États-Unis arrivaient à la conclusion que les enfants, mobilisés par les nécessités de la guerre, représentaient une force qui pouvait facilement être mise à profit; lorsque le besoin de travailler pour les soldats eut pris

fin, les enfants américains et canadiens voulurent garder leur qualité
de membres de la Croix-Rouge et continuer leur activité dans ce sens.
Ce désir fut agréé et c'est ainsi que naquit la Croix-Rouge de la Jeunesse
comme section de la Croix-Rouge américaine, section qui fut d'emblée
constituée sur une large échelle. Cette admirable initiative prit bientôt
une extension telle qu'elle se répandit dans le monde entier.

En vue d'assurer la direction de ce mouvement, on institua, à la Ligue
des Sociétés de la Croix-Rouge formée immédiatement après la guerre
mondiale, un département spécial destiné à devenir un centre d'encouragement et de coopération pour la création de Croix-Rouges de la Jeunesse auprès de toutes les Sociétés nationales de la Croix-Rouge.

Nous connaissons tous la XVIIIe résolution du Conseil général de
la Ligue des Sociétés de la Croix-Rouge (mars 1922), résolution qui
prouve la grande importance que la Ligue attache aux Croix-Rouges de
la Jeunesse. En Bulgarie, ainsi qu'on l'a vu par ce qui précède, le germe
de la Croix-Rouge de la Jeunesse a trouvé un terrain très propice à sa
croissance. La Société bulgare de la Croix-Rouge a accueilli avec enthousiasme l'initiative de la Ligue des Sociétés de la Croix-Rouge en vue de
l'organisation de Croix-Rouges de la Jeunesse, initiative qui répondait
à ses propres sentiments intimes.

Le développement rapide et puissant du mouvement d'organisation
de la jeunesse bulgare dans la Société de la Croix-Rouge fut facilité par
la visite, en Bulgarie, de M. Barton, chef du département de la Croix-
Rouge de la Jeunesse, dans le courant de l'automne de 1921, de M... Miller
au printemps de 1922, et de Miss Elsie Graves Benedict durant l'été
de 1922.

C'est surtout la visite de M. Barton qui, sous ce rapport, nous fut
particulièrement utile. Accompagné du Secrétaire général de la Croix-
Rouge bulgare, M. Barton fit une tournée en Bulgarie où, dans les principales villes telles que Sofia, Plovdiv (Philippopoli), Stara-Zagora, Tir-
novo, Roustchouk, Varna, Choumen, Pléven et Samokov, il fit devant
les élèves des deux sexes une série de conférences dans lesquelles furent
exposées l'histoire et la tâche des Croix-Rouges de la Jeunesse. Des
conférences analogues furent aussi organisées dans quelques villes pour
les soldats. Toutes ces conférences enthousiasmèrent notre jeunesse
scolaire et la préparèrent à accueillir avec joie la formation de la Croix-
Rouge de la Jeunesse bulgare, vers laquelle les adhésions affluèrent de
toutes parts.

III. Organisation

Immédiatement après le départ de M. Barton, on procéda à l'organisation de la Croix-Rouge de la Jeunesse en Bulgarie. A l'invitation de

notre Société de la Croix-Rouge, le corps enseignant de Sofia désigna un Conseil d'administration provisoire, composé du directeur du deuxième, gymnase de Sofia, de l'inspecteur des établissements scolaires de la ville, d'un instituteur et du secrétaire général de la Société de la Croix-Rouge.

Le premier soin de ce Conseil d'administration provisoire fut d'élaborer les statuts de la Croix-Rouge de la Jeunesse en Bulgarie, statuts qui, par la suite, furent approuvés par la Société nationale de la Croix-Rouge et par le ministère de l'Instruction publique.

Nous estimons qu'il est superflu de reproduire ici les articles de ces statuts, qui ont été publiés intégralement dans le numéro d'août 1922 de la *Revue Internationale de la Croix-Rouge* ; ces articles, d'ailleurs, contiennent des dispositions d'ordre général communes à tous les statuts. Ce qui importe, ce ne sont pas les principes établis dans les statuts — ils sont presque partout les mêmes — c'est que ces principes soient réalisés.

Après l'élaboration et l'approbation de ces statuts, qui dotaient la Croix-Rouge de la jeunesse bulgare d'une organisation conforme à l'organisation scolaire du pays, le texte en fut communiqué à toutes les écoles; en même temps, la Société de la Croix-Rouge et le Conseil d'administration provisoire de la Croix-Rouge de la Jeunesse firent des démarches auprès du ministre de l'Instruction publique, le priant de prescrire à toutes les autorités scolaires, et notamment aux professeurs et aux instituteurs, de prendre à cœur la tâche d'organiser la Croix-Rouge de la Jeunesse dans toutes les écoles bulgares. Le ministre voulut bien agréer nos sollicitations et il adressa aussitôt une circulaire au recteur de l'Université, aux directeurs des écoles d'enseignement général et spécial et aux inspecteurs scolaires des départements, circulaire dans laquelle, exposant le but et l'importance de ia Croix-Rouge de la Jeunesse créée en Bulgarie, il exprimait le souhait d'en voir l'organisation trouver une complète réalisation aussi rapidement que possible. Il faisait les recommandations suivantes :

1º Remettre à chaque classe un exemplaire des statuts de la Croix-Rouge de la Jeunesse. Sous la direction de leur professeur, les élèves de chaque classe élisent un bureau de classe comprenant deux écoliers, dont un secrétaire et un trésorier. Le bureau inscrit les élèves désireux de devenir membres de la Croix-Rouge et note la cotisation qu'ils s'engagent à payer, exonérant de tout paiement les écoliers pauvres;

2º Immédiatement après, les directeurs et les proviseurs convoquent les bureaux de classe avec les précepteurs et deux délégués élus par le Conseil des professeurs; cette assemblée élit un bureau d'école composé de deux professeurs délégués et de trois écoliers;

3º Dans les localités où existent plusieurs écoles, les bureaux d'école se réunissent et élisent un bureau central, désignant un écolier pour chaque école, deux ou trois professeurs et un médecin scolaire;

4º Dans les chefs-lieux d'arrondissement ou de département, la sphère d'action des bureaux centraux s'étend à tout l'arrondissement ou à tout le département et c'est par eux que le bureau central de Sofia entre en communication avec toutes les sociétés du département ou de l'arrondissement.

Le ministre concluait par ces mots :

« En invitant encore une fois les professeurs à prendre, avec leur énergie et leur tact bien connus, la direction des jeunes organisations, je désire de tout cœur voir, dans le plus bref délai possible, la jeunesse bulgare unie et puissante, ralliée sous le drapeau de la Croix-Rouge de la Jeunesse, contribuer par ses efforts, avec une ardeur juvénile, à la rééducation de la jeune génération bulgare, en l'engageant dans la voie de la solidarité internationale. »

Le Conseil d'administration provisoire de la Croix-Rouge de la Jeunesse adressait de son côté, par une circulaire spéciale aux groupes scolaires des Sociétés de la Croix-Rouge, une série de recommandations dont nous croyons devoir citer ici les plus essentielles :

1º Les groupes doivent veiller à renforcer leurs ressources matérielles afin de pouvoir bientôt venir en aide à leurs membres nécessiteux ainsi qu'à d'autres personnes pauvres ou malades; à encourager les excursions, organisées par leurs membres; à se procurer des balles et autres instruments de gymnastique et des matériaux de pansement; à préparer eux-mêmes des jouets pour les enfants malades soignés dans les hôpitaux, les orphelinats, les crèches, etc. En outre, ils devront munir les salles de classe de crachoirs, de frottoirs et autres objets analogues;

2º On conseille aux écoliers et aux écolières de prendre une part aussi active que possible aux travaux champêtres et aux travaux domestiques, afin de soulager leurs parents; on leur recommande de travailler régulièrement dans les jardins scolaires, et on leur signale combien il est désirable qu'ils puissent produire des légumes, dont la vente servirait à alimenter leur caisse;

3º Les sommes disponibles réunies par les divers groupes doivent être déposées dans les établissements de crédit d'État qui existent dans la localité (banque, caisse d'épargne, etc.);

4º En vue de faciliter le travail des groupes de classe et d'école et surtout afin d'aider à la propagation des idées de la Croix-Rouge de la

Jeunesse et de donner une plus large publicité à ce que font les Sociétés
de la Croix-Rouge de la Jeunesse dans le monde entier, le Conseil d'administration commencera bientôt la publication d'une revue spéciale,
le prix de l'abonnement étant aussi réduit que possible; il envisage aussi
la possibilité de créer une bibliothèque formée d'une série d'ouvrages
traitant de l'hygiène;

5° Les professeurs ayant la direction des groupes sont priés d'expliquer aux élèves comment ils peuvent utiliser leurs forces physiques et
intellectuelles pour le bien des autres. Ils ont le devoir de profiter de
toutes les leçons pour faire connaître aux enfants les usages, les besoins,
les occupations des enfants des autres pays;

6° On évitera d'établir des règles de travail. Au contraire, chaque
groupe se laissera guider par les conditions locales et élaborer a son
propre programme.

Toutefois, chaque groupe dans la mesure des possibilités :

a) Instituera des cours de travaux manuels pour la confection d'objets utiles, tels que boîtes, étagères, tablettes, chaises, jouets ou orne-
ments; ces objets seront remis à l'hôpital le plus proche ou à une œuvre
de bienfaisance, ou encore on les vendra pour alimenter la caisse du
groupe ou de l'œuvre de bienfaisance;

b) Fournira des machines à coudre aux jeunes filles qui se chargeront
de la confection de lingerie, de couvertures et de matériaux de pansement destinés aux hôpitaux, à des œuvres de bienfaisance ou aux
pauvres;

c) Organisera des jeux et des amusements, soit en percevant une taxe,
soit à titre gratuit;

d) Visitera des enfants malades pour leur remettre des fleur ou des
jouets préparés par les membres du groupe;

e) Participera à des quêtes et à des ventes de billets ou de programme
pour le compte des œuvres locales de bienfaisance;

f) Recommandera à ses adhérents de devenir membres actifs des
sociétés de tourisme, de sport et de gymnastique;

g) Adoptera en général toute forme d'entr'aide par laquelle on pourra
procurer la joie ou la santé à tout enfant ou à tout groupe d'enfants
nécessiteux, soit en Bulgarie, soit à l'étranger.

h) Le Conseil d'administration s'adresse à tous les médecins attachés
aux écoles, aux municipalités ou aux établissements d'État et les prie
de faire tout ce qui dépend d'eux pour l'organisation de cours de premiers
soins et d'hygiène élémentaire.

La circulaire se terminait ainsi :

« *Qu'on n'oublie pas que le principe fondamental et l'idéal de la Croix-Rouge est l'amélioration de la santé, la préservation de maladies et le soulagement des souffrances dans le monde par le développement de l'idée d'altruisme.* »

Pour obtenir des résultats plus rapides et plus efficaces, le Conseil d'administration, cette fois encore, sollicita le concours de la haute administration scolaire et, à cet effet, il écrivit le 10 mai 1922 au ministre de l'Instruction publique une lettre pour le remercier d'avoir adopté et appuyé la création, en Bulgarie, auprès de chaque école, d'un groupe de la *Croix-Rouge de la Jeunesse*, groupes qui forment entre eux une union dont le siège est à Sofia. Cette union constitue une section de la Société nationale de la Croix-Rouge bulgare. La lettre portait aussi à la connaissance du ministre que de différentes villes et de nombreux villages parvenaient des renseignements montrant que l'idéal de la Ligue internationale de la Croix-Rouge de la Jeunesse était agréé par notre jeunesse avec un réel enthousiasme et un remarquable empressement et que la Bulgarie se trouvait en pleine période d'organisation active dans le domaine de la Croix-Rouge de la Jeunesse.

Se fondant sur la situation existant en Bulgarie, sur l'expérience de organisations de la jeunesse dans les autres pays d'Europe et d'Amérique, sur les opinions des représentants de la Ligue des Sociétés de la Croix-Rouge, le Conseil d'administration ajoutait qu'il croyait au succès complet de l'œuvre entreprise. Il priait le ministre de vouloir bien étudier les décisions suivantes du Conseil d'administration.

1º L'âme des Sociétés de la Croix-Rouge de la Jeunesse étant constituée par les professeurs et les instituteurs, il y aurait lieu de prescrire que dès le début de l'année scolaire 1922-1923 un des professeurs ou des instituteurs fût désigné, par décision du Conseil du corps enseignant de chaque école, pour diriger le groupe scolaire de la Croix-Rouge, et que cet instituteur fût dispensé d'une partie de ses occupations officielles;

2º Il est nécessaire d'entreprendre des démarches auprès des médecins du pays afin qu'un grand nombre d'entre eux s'engagent à faire des causeries aux Sociétés de la Croix-Rouge de la Jeunesse sur l'hygiène et sur les premiers soins;

3º Dans l'application du principe du travail obligatoire dans les écoles, on doit prendre en considération les conditions locales et procéder de telle sorte que la Croix-Rouge de la Jeunesse puisse en retirer quelques avantages matériels en argent, en ustensiles de ménage, en vêtements, en jouets, etc.;

4° Les autorités scolaires devraient encourager les Sociétés de la Croix-Rouge de la Jeunesse à concourir à l'extension des *repas gratuits pour écoliers et écolières pauvres, des colonies scolaires de vacances, des sanatoria pour enfants malades, des institutions pour jeunes délinquants,* etc., en vue de mettre en pratique le principe adopté par la Croix-Rouge de la Jeunesse de rendre les enfants sains et heureux;

5° On recommanderait aux élèves de prendre une vive part aux organisations *younaks,* sportives et touristiques existant auprès de leurs écoles;

6° Les écoles primaires et les autres écoles s'abonneraient obligatoirement à la *Revue de la Croix-Rouge de la Jeunesse* et à la Bibliothèque de cette organisation; on prescrirait au photographe du ministère de l'Instruction publique de prendre, dans ses tournées à travers le pays, des vues relatives à la Croix-Rouge de la Jeunesse; ces photographies seraient remises au Conseil d'administration de cette section de la Croix-Rouge.

Le ministre de l'Instruction publique accueillit avec la plus grande bienveillance les sollicitations du Conseil d'administration. Il fit adresser aussitôt à toutes les autorités scolaires une circulaire conçue dans le sens des décisions ci-dessus exposées.

IV. ACTIVITÉ

Le premier semestre de l'année 1922 s'est écoulé pour ainsi dire dans la fièvre de l'organisation; constitution des groupe de classe et d'école et des groupes centraux, recrutement de membres, orientation de l'activité future des Sociétés de la Croix-Rouge de la Jeunesse.

Le nombre des adhérents inscrits dans tout le pays dépasse 30.000 écoliers et écolières, dont 10.000 à Sofia.

Durant les vacances d'été, ceux des enfants qui appartiennent à des familles aisées donnèrent une première preuve de solidarité en secourant, avec les modestes ressources qu'ils avaient pu se constituer depuis la formation des groupes, leurs camarades pauvres incapables de prendre les vacances nécessaires à leur santé. Ainsi :

1° Les élèves du Ier gymnase de jeunes filles à Sofia, aidées par l'organisation de la Croix-Rouge de la Jeunesse du même établissement, organisèrent, pendant l'été, au pied du mont Vitoch, dans le voisinage immédiat de la capitale, une colonie estivale scolaire pour leurs camarades de constitution faible;

2° Dans plusieurs autres localités, les membres de la Croix-Rouge de la Jeunesse recueillirent, par des matinées, des soirées, des tombolas, etc., une somme de plus de 68.000 levas au profit des enfants affamés de Saratow, en Russie;

3º Au cours des vacances de Noël, des visites furent faites aux enfants malades. Par exemple, un groupes d'écolières des gymnases de Sofia — les gymnases sont des établissements d'instruction secondaire équivalents aux lycées français et aux collèges anglais, sans l'internat, qui n'existe pas en Bulgarie — ayant recueilli entre elles une somme de plus de 5.000 levas, se rendit à la section infantile du grand hôpital « Alexandre » et distribua aux enfants malades qui s'y trouvaient des cadeaux que les jeunes filles avaient préparés elles-mêmes;

4º Les élèves bulgares exécutèrent et envoyèrent à l'exposition de la section des Croix-Rouges de la Jeunesse auprès la Ligue des Croix-Rouges, à Paris, ainsi qu'à celle de Dublin, en Irlande, une série d'objets soigneusement faits à la main;

5º A l'occasion de la fête annuelle de la Croix-Rouge de la Jeunesse, le 1er novembre, les groupes de Sofia jetèrent les bases de deux fondations pour la création d'un sanatorium de montagne et d'un sanatorium marin.

A la rentrée des classes, au début de l'année scolaire 1922-1923, les groupes de la Croix-Rouge de la Jeunesse se sont remis au travail avec une énergie renouvelée. Toutefois, nous ne possédons pas encore en ce moment de renseignements précis sur la formation et la composition des groupes nouveaux de la Croix-Rouge de la Jeunesse en Bulgarie. Ces renseignements seront consignés dans un supplément au présent rapport.

Il convient cependant de relever ici une particularité spéciale de l'activité de la Croix-Rouge de la Jeunesse bulgare. On sait, en effet, qu'en Bulgarie une loi, promulguée il y a deux ans, institue le travail obligatoire. Or, cette innovation, née après la guerre et touchant tous les hommes valides jusqu'à l'âge de quarante-cinq ans et les jeunes filles jusqu'à leur mariage, est également appliquée dans les écoles pour les élèves des deux sexes; à cet effet, on a institué dans tous les établissements scolaires une semaine spéciale, dite « semaine du travail obligatoire », pendant laquelle on fait exécuter aux pupilles de chaque établissement des travaux d'utilité publique. La fixation de cette semaine du travail obligatoire et des travaux sur lesquels elle doit porter étant laissée au Conseil du corps enseignant de chaque école, le Conseil d'administration de la Croix-Rouge de la Jeunesse bulgare prend soin d'utiliser la situation extrêmement favorable qui découle pour lui de cette institution nouvelle afin de mieux faire fructifier le travail des enfants dans le sens envisagé par la Croix-Rouge. Déjà les premiers résultats de l'application de ce principe, au cours de la dernière année scolaire, sont très encourageants.

Le Conseil d'administration envoie maintenant des directives nouvelles aux groupes existants pour leur expliquer comment ils doivent utiliser la semaine du travail obligatoire au printemps prochain.

V. Propagande

En dehors de sa correspondance courante et de ses circulaires, le Conseil d'administration de la Croix-Rouge de la Jeunesse a, aux fins d'une bonne propagande en faveur des buts de la Société, entrepris la publication d'une revue intitulée *La Croix-Rouge de la Jeunesse*, dont quatre numéros ont déjà paru. Il a décidé de commencer l'édition d'une Bibliothèque de la Croix-Rouge de la Jeunesse, qui propagera les principes de l'hygiène populaire. Il envisage, en outre, la création d'un service spécial chargé de diriger, par des tournées et des entrevues personnelles, la création de groupes nouveaux et l'activité de tous les groupes en général. Le contact direct est toujours plus efficace que la correspondance.

Le Conseil d'administration a fait mettre en circulation, toujours dans le même but, des tableaux et des cartes postales illustrées pour la popularisation des connaissances relatives à l'hygiène, à l'éducation physique, à la prophylaxie des maladies infectieuses, à la propagation de l'amour de la nature, etc...

Enfin, estimant hautement les bienfaits qui résultent de relations suivies entre les Sociétés de la Croix-Rouge de la Jeunesse des différents pays, le Conseil d'administration met le plus grand zèle à encourager les enfants des groupes à échanger entre eux des lettres, des cadeaux, des collections de cartes illustrées; cette correspondance se fait isolément ou par groupes, elle sera d'une grande portée éducative et même utilitaire.

VI. Fête

La Croix-Rouge de la Jeunesse bulgare a choisi le 1er novembre comme date de sa fête annuelle. Cette fête a été célébrée pour la première fois l'année passée; malgré un temps peu propice, elle fut brillamment célébrée à Sofia par l'organisation d'un cortège auquel prirent part tous les membres de la Société, soit plus de 10.000 enfants ou jeunes gens. Ainsi l'existence de la Croix-Rouge de la Jeunesse fut solennellement affirmée.

Au jour de la fête annuelle de la Société nationale de la Croix-Rouge, à la sainte Trinité, les services des membres de la Croix-Rouge de la Jeunesse seront utilisés pour le recrutement de membres nouveaux de la Société nationale.

VII. Conclusion

C'est là tout ce que nous avons pu faire pendant une période d'environ un an et demi. Si modestes que fussent nos moyens, le manque de ressources ne nous a pas empêchés de travailler.

Nous nous efforcerons de persévérer dans la même voie, en suivant l'exemple de nos grands amis de l'autre côté de l'Océan.

On le voit, nous avons toujours recherché et nous continuerons à rechercher le concours de la haute administration scolaire comme celui des professeurs et des instituteurs. Et cela est très naturel; car c'est seulement si le corps enseignant se fait le squelette de cette organisation nouvelle et encore fragile qu'elle pourra devenir une réalité, se développer, se consolider et acquérir la puissance nécessaire pour réaliser les tâches assignées aux Croix-Rouges de la Jeunesse dans le programme établi par la Ligue des Sociétés de la Croix-Rouge.

A la suite des fatigues et de l'épuisement de la guerre, il était bien naturel qu'une partie des professeurs et des instituteurs manifestât quelque scepticisme au sujet de l'opportunité et de l'utilité de l'organisation des groupes de la Croix-Rouge de la Jeunesse; néanmoins, les autres, qui forment la grande majorité du corps enseignant, ont favorablement accueilli l'initiative de la constitution des groupes en question et ont aidé volontiers à sa réalisation. Aussi sommes-nous fermement convaincus que nous réussirons à dissiper le scepticisme des hésitants et à faire pénétrer la Croix-Rouge de la Jeunesse jusque dans les villages les plus reculés; ceux-ci constituent un terrain très favorable, notamment en ce qui concerne la propagation des connaissances relatives aux premiers soins et à l'hygiène.

Qu'il nous soit permis de clore ces quelques notes rapides sur l'organisation et l'activité de la Croix-Rouge de la Jeunesse en Bulgarie par la reproduction de l'article-programme du premier numéro de la *Revue de la Croix-Rouge de la Jeunesse bulgare*, dû à la plume de Mlle Raïna Ganeva, rédactrice de cette publication. Ce programme, notre Société s'attache à le réaliser et c'est dans ces cadres qu'elle persévérera à travailler pour la paix mondiale.

Voici cet article :

« Dans tous les pays se fonde la Croix-Rouge de la Jeunesse. Les enfants et les jeunes gens du monde entier sont appelés par les Sociétés de la Croix-Rouge à prendre part à leur action désintéressée et huma-

nitaire. Les adultes ne peuvent-ils donc suffire à ce travail, que l'on
s'adresse à la jeunesse? Peut-être ! Tout travail veut un maître et toute
œuvre réclame du savoir-faire. Or, le bon citoyen naît rarement tel, et
presque jamais il ne le devient par le fait qu'il atteint sa majorité. Etre
bons et nous conduire humainement envers les autres en ayant conscience
de notre solidarité avec tous les hommes, c'est là une qualité qui s'inocule.
L'enfant qu'on habitue à penser avec bienveillance aux autres, le jeune
homme qui, aidé par ses camarades, travaille au profit d'autrui, deviennent capables d'une tâche féconde, désintéressée et humanitaire. Ainsi
grandit une génération chez laquelle l'esprit de solidarité est plus fort
et la conception des devoirs civiques plus large et plus élevée. Une telle
génération est en outre plus apte à la vie et plus saine, parce que l'altruisme actif est non seulement un sentiment noble, mais une vraie
hygiène de l'esprit.

« En appelant donc à elle la jeunesse, la Croix-Rouge assume une
mission éducatrice. Au surplus, elle se place sur un terrain ferme en
partant des nécessités de l'âme enfantine et des lois de son développement. Les éducateurs sont aujourd'hui convaincus que les préceptes ne
rendent pas les cœurs bons, que les prédications n'élèvent pas l'esprit
et que les récits moraux ne font qu'ennuyer la jeunesse. L'enfant qui
grandit éprouve à chaque instant le besoin de se livrer à des efforts personnels, d'exercer lui-même les capacités qui germent secrètement en
lui et c'est seulement par ce travail intérieur qu'il se développe. Voilà
pourquoi la bonne éducation tend à organiser les conditions, à créer les
possibilités d'une action directe chez l'enfant. Qu'on mobilise le bien
chez les enfants eux-mêmes, que ceux-ci en sentent les fruits acquis par
des efforts personnels, et ils deviendront vraiment bons. La Croix-Rouge
répond, par son appel, à un besoin d'éducation réel et non à une tâche
passagère : *Juventus pro juventute,* la jeunesse pour la jeunesse, telle est
la devise de la Ligue internationale de la Croix-Rouge de la Jeunesse.

« La *Revue de la Croix-Rouge de la Jeunesse bulgare* ouvre ses colonnes
aux éducateurs, aux parents, aux hommes préoccupés des affaires publiques qui voudraient orienter, encourager et stimuler la jeunesse dans
cette action directe. Elle fournira à ses jeunes lecteurs des renseignements
sur ce qui a été accompli dans le domaine humanitaire et sur le terrain
de la solidarité sociale chez nous et à l'étranger. De cette façon, elle servira d'interprète fidèle aux sentiments d'amitié et de fraternité des
enfants du monde entier. Elle travaillera ainsi à la paix universelle, sans
en parler beaucoup. »

En terminant notre présent rapport sur le développement de cette
belle et utile organisation, nous ne pouvons manquer d'exprimer ici

notre gratitude profonde aux dirigeants de la Ligue des Sociétés de la Croix-Rouge, pour le dévouement admirable avec lequel ils ont pris en main la réalisation d'une œuvre humanitaire qui, nous en sommes convaincus, grandira, s'affermira, et amènera l'entente si désirée entre les hommes et les peuples, assoiffés de paix durable sur la terre. Souhaitons donc que les générations à venir, illuminées par l'idée de fraternité et d'amour, créent les conditions d'une vie véritablement humaine. Et concluons par ce vœu que la Croix-Rouge de la Jeunesse atteigne à un développement florissant dans toutes les parties du globe terrestre afin de contribuer, pour sa part, à l'accroissement de la culture et du patrimoine moral de l'humanité.

LA LUTTE CONTRE LA TUBERCULOSE
PAR LA CROIX-ROUGE

Le Conseil général de la Ligue, dans son assemblée du 28 au 31 mars 1922, « attirait l'attention des sociétés nationales de la Croix-Rouge sur le besoin pressant qui existe actuellement de créer dans toutes les classes de la société le désir éclairé de s'assurer une meilleure hygiène et de mieux connaître les moyens à employer pour arriver à ce résultat ». Puis, « après avoir examiné le problème de l'enseignement populaire de l'hygiène, il estimait que celui-ci constitue un des domaines dans lesquels les Croix-Rouges peuvent rendre les plus grands services; il reconnaît d'ailleurs qu'il importe d'étudier les méthodes de l'enseignement populaire de l'hygiène, de les perfectionner et de les adapter aux conditions locales et nationales ».

Comment ce programme général comprend-il la lutte contre la tuberculose ? Je tiens essentiellement à remarquer tout d'abord que les idées présentées sont uniquement destinées à constituer une base de discussion; elles ne sont formulées sous une forme parfois trop catégorique que dans un seul but de concision et d'abréviation.

Au point de vue de la lutte contre la tuberculose, nous sommes extrêmement loin de défendre le point de vue trop absolu qui nous est parfois prêté et qui aurait consisté à faire établir par la Croix-Rouge dans tous les pays, un programme étendu de lutte antituberculeuse et de l'entreprendre directement. Dans la plupart des pays, il existe une ligue ou une société antituberculeuse qui réunit les savants et les chercheurs en des congrès périodiques et s'occupe à la fois du côté scientifique et du côté social de la tuberculose. Il faut reconnaître franchement que la Croix-Rouge ne doit ni ne peut se substituer à ces associations, mais il faut proclamer, en même temps, qu'il n'y a nullement double effort entre ces deux organismes. La Croix-Rouge ne peut assumer le rôle de centralisation scientifique que jouent les associations spécialisées. La direction militante de la Croix-Rouge pourrait théoriquement, mais ne peut être obligatoirement astreinte à placer à la tête de ses comités les meneurs scientifiques de chaque pays dans le domaine de la tuberculose. Par contre, nous voyons que dans tous les congrès, soit nationaux, soit internationaux, le côté social de la lutte antituberculeuse tend à occuper une

place toujours plus importante, et il semble désirable qu'en vue de ce
fait la direction centrale de la Croix-Rouge se maintienne en contact
étroit avec les associations antituberculeuses afin de soutenir leurs
efforts, les aider en ce qui concerne l'organisation sociale de la lutte
et participer avec elles à l'accomplissement de certaines tâches, soit exé-
cutives, soit démonstratives. Cette collaboration étroite peut se manifester de diverses façons. Sans vouloir poser en exemple la méthode suivie
par le Secrétariat de la Ligue, il est intéressant de mentionner que le
Secrétariat de l'Union internationale de la tuberculose a son siège dans
les bureaux de la Ligue, les fonctions permanentes de secrétaire général
étant assumées par le professeur Léon Bernard, de Paris et le secrétariat
exécutif étant entre les mains du chef de la Section de la tuberculose de
la Ligue.

On pourrait songer, dans chaque société nationale, à établir ainsi un
lien permanent avec l'Union antituberculeuse nationale, la modalité
devant en être laissée à l'initiative de chaque société. La variation dans
la collaboration peut aller d'une simple prise de contact périodique jusqu'à l'établissement des bureaux centraux de chaque association dans
le même local, ou jusqu'à la création dans chaque pays d'un conseil de
santé, sur le modèle des « Health Councils » des États-Unis, qui groupent
en une association centrale toutes les œuvres s'intéressant à la santé
publique, tout en laissant à chacune d'elles son autonomie absolue.

L'intérêt que les Croix-Rouges doivent prendre à la tuberculose
découle nettement du fait reconnu que la lutte antituberculeuse constitue dans chaque pays le meilleur indicateur des mesures prises pour le
bien-être d'une population et que l'index de la mortalité tuberculeuse est
l'un des signes les plus certains de la prospérité ou de la misère physiologique d'un peuple. Rien n'est plus facile que de le prouver. « Il est bien
établi, dit Calmette, que les villes proprement tenues, pourvues d'inci-
nérateur, pour leurs ordures ménagères et d'un bon réseau d'égout complété par une station d'épuration biologique, — c'est le cas d'un assez
grand nombre de villes anglaises, par exemple, — ont une morbidité et
une mortalité par tuberculose infiniment moindres que les agglomérations urbaines dont les services d'assainissement sont défectueux. »

Ceci peut être dû en partie à la contamination possible des aliments
par les bacilles provenant des déjections, à laquelle croit Calmette, et
s'effectuant « non seulement par les mains sales, les linges souillés, les
légumes et les fruits, mais aussi par l'intermédiaire des mouches et par la
terre ou la poussière provenant des champs d'épandage. »

Mais il est certain, d'autre part, qu'une hygiène municipale bien comprise
dénote un certain bien-être général, que le souci de l'approvisionnement
et de l'épuration des eaux révèle ou entraîne des habitudes soigneuses

d'hygiène personnelle, qu'une collectivité ainsi éclairée possède sans nul doute de nombreuses institutions antituberculeuses, et que l'ensemble doit concourir à la diminution de la maladie.

Inversement, il est indéniable que tous les efforts de lutte antituberculeuse ont un effet indirect sur toutes les autres branches de l'hygiène publique et il suffira de répéter ici l'argument bien connu de la démonstration de Framingham où l'abaissement de la mortalité tuberculeuse dans une proportion de 3 à 1 a été immédiatement accompagné d'un abaissement de la mortalité infantile d'environ 22 %. Ce fait s'explique admirablement bien par l'intense propagande créée par les enseignements collectifs et individuels, et par le contact répété de la population avec les infirmières et assistantes sociales qui, en parlant de tuberculose, ont été tout naturellement amenées à parler d'hygiène générale et d'alimentation rationnelle.

On voit donc jusqu'à quel point l'hygiène générale et l'hygiène antituberculeuse se confondent, et l'on peut ainsi affirmer que toute collectivité entreprenant une lutte active, conséquente et complète contre la tuberculose est sûre de marcher dans la plus sûre des voies du progrès, en embrassant presque toute l'hygiène personnelle et une très large part de l'hygiène collective.

Ces considérations nous sortent quelque peu de notre sujet, mais elles indiquent toute l'ampleur du champ de la lutte antituberculeuse et nous aident, du même coup, à tracer les limites de l'œuvre directe et utile qui peut être entreprise par toute société nationale de Croix-Rouge.

Par où doit-elle commencer?

Les sociétés de Croix-Rouge qui ont inscrit dans leur programme de paix l'amélioration de la santé de leur nation, doivent-elles vouer tous leurs efforts à la création d'un réseau étendu d'œuvres antituberculeuses, dispensaires, sanatoriums, hôpitaux, etc...? Je crois que cette obligation ne doit pas être généralisée et que la Croix-Rouge doit ici, comme dans beaucoup d'autres domaines, jouer le rôle de créatrice d'initiatives et de stimulatrice de l'opinion publique; si elle développe certaines activités pratiques, ce doit être dans le but de suppléer provisoirement à l'insuffisance des moyens municipaux ou gouvernementaux. C'est ainsi qu'en France, la création de nombreux dispensaires et sanatoriums par l'initiative privée, a été, grâce à une vigoureuse propagande, suivie de la législation sur les dispensaires (loi de 1917) et sur les sanatoriums (loi de 1919) qui enjoint à tous les départements de créer des sanatoriums; tous ceux qui dans un délai de cinq ans ne posséderont pas encore de sanatorium seront tenus de se rattacher à un sanatorium privé ou public pour le traitement de leurs malades. La création d'établissements hospitaliers doit, d'après notre conception finale, se rattacher à l'État,

c'est-à-dire soit aux pouvoirs centraux, soit aux pouvoirs provinciaux
et locaux. On ne peut demander aux associations volontaires de soutenir
d'une façon continue des œuvres qui doivent nécessairement posséder
un budget absolument stable. Le rôle d'une société de la Croix-Rouge,
si elle se charge d'un établissement antituberculeux, soit dispensaire,
soit sanatorium, doit tendre bien moins au nombre qu'à la qualité; viser
à créer, par exemple, une seule institution, mais une institution modèle,
organisme précurseur ou terrain d'études pouvant servir à la dissémination
ultérieure dans tous les pays d'un réseau complet d'œuvres antituberculeuses analogues. L'avantage que présente la création ou le patronage
par une Croix-Rouge d'une institution modèle est le suivant : l'État ou
la municipalité qui fonde des œuvres antituberculeuses peuvent être mal
placés pour la création autour de cette œuvre d'un mouvement de propagande ou d'extension. Au contraire, des considérations budgétaires
pourront peut-être les pousser à limiter leur action. Par contre, la Croix-
Rouge, directement intéressée à la propagande antituberculeuse, est à
même, par l'intermédiaire de ses sections provinciales ou locales, à créer
au sein de chacune d'elles et par leur entremise, un sentiment d'émulation
propre à faire essaimer partout des œuvres analogues.

C'est ainsi, en effet, que se comprend le mieux la propagande et l'enseignement populaire de l'hygiène, lorsque l'enseignement verbal est
doublé, dans la mesure du possible, par une démonstration pratique,
et la réalisation de l'hygiène par l'exemple.

La propagande d'hygiène que peuvent entreprendre les Croix-Rouges
doit en effet, dans bien des cas, changer de forme. Il faut abandonner la
propagande simpliste contre la tuberculose qui consiste uniquement
à parler de la protection contre l'expectoration bacillaire et la contagion
directe; du moins, s'il reste toujours nécessaire de poursuivre une propagande vraiment populaire tendant à éviter les trop grossières contaminations familiales, il est temps aujourd'hui d'organiser ce qu'on pourrait
appeler la propagande au second degré, c'est-à-dire d'instruire le public
cultivé qui peut utilement intervenir comme organisateur des problèmes
essentiels de la prophylaxie sociale,

C'est ainsi que les comités centraux devraient s'efforcer de transmettre à tous leurs comités locaux les notions essentielles à la préservation de l'enfance, qui, d'après la conception moderne, est la pierre angulaire de la prophylaxie antituberculeuse. Ces problèmes d'organisation
ne nécessitent pas de connaissances techniques spécialisées; ils peuvent
être attaqués partout en déchargeant l'organe technique qu'est le médecin de tout souci administratif, mais en lui réservant la voix prépondérante qu'il doit garder dans les conseils d'organisation. Il faut que
cette notion de prophylaxie infantile acquière partout la valeur qu'elle

164

mérite; il faut qu'on sache que la tuberculose chez les nourrissons, considérée autrefois comme une rareté, est en réalité excessivement fréquente et que, d'après les recherches récentes, il est absolument inévitable que des nourrissons, après six mois de contact avec des mères tuberculeuses, deviennent tuberculeux eux-mêmes. « Il est évident, dit le professeur Léon Bernard, que dans l'état actuel de la vie sociale il est impossible d'éviter les petites contaminations occultes, et que d'ailleurs il n'est pas souhaitable de les éviter, car elles permettent à l'organisme immunisé de se défendre plus tard contre les contagions abondantes qu'il a toutes les chances de rencontrer dans la vie. » Au contraire, « il est possible et désirable d'échapper aux contagions massives prises à une source bacillaire unique ». C'est pourquoi il est si important de faire connaître dans tous les milieux les splendides résultats obtenus par l'isolement précoce des enfants exposés à une contamination familiale massive, telle qu'elle est réalisée par exemple par l'œuvre Grancher en France, où sur un millier d'enfants provenant de familles sûrement tuberculeuses, on n'a constaté que deux décès dus à la maladie, — et encore ces deux décès, causés par des méningites tuberculeuses, étaient-ils sûrement dus à une incubation existant avant le placement. En prenant un groupe d'enfants de même importance et provenant de milieux analogues, laissés dans leurs familles, on observe une morbidité tuberculeuse de 60 % avec une mortalité de 40 %.

Il faut faire connaître aux comités locaux de Croix-Rouge la facilité d'organisation d'écoles de plein air, et, là où cette création se heurte à de trop grosses difficultés, la création de classes de plein air au milieu des écoles régulières. Le principe est facile à comprendre et à réaliser. On prétend souvent qu'il est impossible de s'immiscer dans l'organisation scolaire, dépendance de l'État, et que, par suite, la lutte contre la tuberculose scolaire se heurte à des difficultés insurmontables tant qu'elle n'est pas entreprise directement par la direction des écoles. Des exemples récents prouvent le contraire. On peut citer, entre autres, l'œuvre créée par l'association française « L'Hygiène par l'exemple », qui, en mettant le matériel nécessaire à la disposition d'une école d'un faubourg de Paris, a fait trier au milieu de plusieurs classes, les enfants particulièrement délicats et a pu les faire réunir dans une salle maintenue à une température plus basse que les classes ordinaires, où l'air et la lumière solaire pénètrent abondamment, où les heures de travail sont judicieusement interrompues par des heures de repos, où des jeux de plein air sont organisés sur un terrain situé à proximité sur les fortifications mêmes de Paris. Là, en quelques mois, les augmentations de poids, l'amélioration de la santé générale, la diminution des absences dues à la maladie, forment un contraste frappant avec les élèves des classes régulières de la

même école. « L'école de plein air, a dit un auteur qui s'est particuliè·
rement intéressé à la question, est par excellence, l'œuvre parascolaire
de préservation sociale de l'enfance contre la tuberculose. » Je mentionne
cette activité de préservation scolaire parce qu'elle se rattache étroitement
à l'un des buts que nous poursuivons par la Croix-Rouge de la Jeunesse.
Si nous voulons provoquer une rénovation de la conscience de l'hygiène
dans le peuple, nous pouvons nous adresser à l'adulte, mais il sera plus
efficace de s'adresser à l'enfant. Il ne s'agit pas de donner à l'écolier des
leçons théoriques d'hygiène; la théorie rentre dans le programme des
écoles depuis de nombreuses générations. Il faut lui en inculquer les
principes en les lui faisant vivre chaque jour. Dans les classes de plein
air, créées par l'association que je viens de citer, l'enseignement est pré·
cédé chaque matin d'un tub et d'une toilette complète surveillée par l'in·
firmière scolaire, et l'amélioration physique mise à part, l'enfant rafraîchi
et dispos semble se pénétrer bien mieux des leçons qui lui sont données :
il est un fait que le programme normal est suivi avec succès malgré l'abréviation des heures de travail.

Nous recueillons actuellement dans divers pays où la fiche de la
« croisade pour la santé » de la Croix-Rouge de la Jeunesse est en usage,
des statistiques qui nous permettront de préciser dans quelle mesure
l'amélioration de la santé, résultant de l'hygiène par l'exemple peut s'ex·
primer d'une façon numérique. Il serait heureux que les comités et les
sections locales de la Croix-Rouge s'occupant de l'amélioratio ; de l'hy·
giène scolaire, puissent poursuivre et partager cette enquête, en commu·
niquer au Secrétariat de la Ligue les résultats inédits et enrichir ainsi les
matériaux que nous possédons.

Les sections locales de Croix-Rouge peuvent encore s'occuper d'autres
œuvres parascolaires de prophylaxie proprement dite, telles que pré·
ventoriums, galeries de repos et de plein air, de jour ou de nuit, telles
qu'elles existent déjà dans plusieurs villes européennes et américaines.

Il est donc essentiel que, non seulement les infirmières visiteuses
formées par la Croix-Rouge, mais tous les comités et sections locales,
soient au courant de ces notions d'organisation.

Quant à la prophylaxie des adultes, je ne voudrais pas insister sur
l'hygiène du logement dont les infirmières visiteuses s'occupent partout
avec tant de zèle, mais il y a encore un autre point : il arrivera sans doute
un jour, en Europe Orientale comme en Europe Occidentale, où certaines
infirmières visiteuses assumeront le rôle de surintendantes d'usines, et
il est important que ces infirmières possèdent certaines notions d'hygiène
industr…lle s'appliquant à la tuberculose. On sait combien les conditions
de travail sont susceptibles d'influencer la contamination bacillaire.
Citons-en un seul exemple : dans une enquête récente d'un auteur anglais

sur les usines de munitions pendant la guerre, on a pu diviser les fabriques en deux catégories distinctes : *a*) grandes fabriques modernes, bien construites et aménagées conformément aux règles de l'hygiène; *b*) fabriques d'un type opposé, où les conditions hygiéniques étaient aussi arriérées que te type de construction.

Dans les fabriques du premier type, où la lumière, l'aération, la ventilation étaient satisfaisantes, les seules conditions défavorables se rencontraient dans quelques ateliers où les femmes étaient si rapprochées que leurs têtes se touchaient presque. Dans le second type, les ateliers étaient le plus souvent obscurs, mal éclairés, ou éclairés presque sans interruption à la lumière artificielle; le sol mal entretenu créait une poussière abondante; la propreté était défectueuse, l'habitude de cracher mal réprimée.

Le premier groupe d'usines eut 107 déclarations officielles de tuberculose sur 56.792 employés en 1917, soit une proportion de 2 %; le second groupe 55 déclarations officielles sur 5.496 employés, soit 10 %, sans qu'on ait pu trouver des sources de contamination directe parmi les ouvrières.

Dans nos écoles d'infirmières de la Croix-Rouge, faisons donc dans nos programmes une part suffisante à l'hygiène industrielle.

Tout ce qui précède concerne ce que j'appellerais la propagande d'organisation. Je crois inutile d'insister sur la propagande populaire proprement dite, dont les exemples sont trop connus. En Pologne, le Comité polono-américain de secours aux enfants (P. A. K. P. D.) avec la collaboration de la Croix-Rouge polonaise, et, d'autre part, la Croix-Rouge tchécoslovaque de sa propre initiative, font actuellement circuler des équipes mobiles de propagande avec conférences, films, projections lumineuses, et il est à souhaiter que cet exemple se généralise. Je puis rappeler ici que le Secrétariat de la Ligue s'intéresse vivement à ces initiatives, y a participé dans la mesure de ses moyens, et peut, dans certaines circonstances, mettre à la disposition temporaire des Sociétés nationales du personnel expérimenté dans ce genre de propagande.

La Section d'hygiène de la Ligue se préoccupe en outre actuellement de créer un matériel standardisé, films, affiches et projections fixes, susceptibles de former le cadre de conférences types sur les principaux sujets de l'hygiène publique. Dans la propagande populaire, il faut insister, à mon avis, sur un point : c'est d'éviter l'excès de détails anatomo-pathologiques qui sont la caractéristique de certaines expositions itinérantes, et de vouer la principale attention à la préservation sociale. En faisant de la propagande populaire, il faut se garder, en effet, d'un écueil créé de toutes pièces par les propagandistes, qui est la tuberculophobie, sentiment si préjudiciable au progrès de la lutte antituberculeuse et encore trop répandu chez ceux qui ne sont renseignés qu'à moitié sur le mécanisme de la propagation et de la préservation de la maladie. Ce sentiment est parfois poussé si loin que certaines municipalités se sont opposées à la création de dispensaires ou de sanatoriums pour tuberculeux et qu'une association antituberculeuse connue a dû publier une déclaration, pour combattre l'opinion publique craignant la construction d'établissements pour tuberculeux à proximité des habitations.

C'est également en influençant l'opinion publique que les Croix-Rouges pourront favoriser dans la mesure de leurs moyens les progrès de la législation antituberculeuse. Il serait intéressant que les organes directeurs des Croix-Rouges nationales étudient la législation déjà en vigueur ou proposée dans d'autres pays et s'attachent à combattre les préjugés qui seraient susceptibles d'entraver l'adoption d'une législation analogue dans leur patrie. On interprète souvent les mesures prises par l'État contre la tuberculose comme une ingérence inadmissible dans la vie privée du malade et une atteinte intolérable à sa liberté. Il est essentiel de rappeler à la population que la liberté individuelle trouve sa limite là où elle devient un danger pour autrui, et que nous devons en particulier tenter d'obtenir partout la déclaration obligatoire de la tuberculose, indispensable au point de vue de la statistique, précieuse au point de vue de sa valeur éducative pour le peuple autant que pour les pouvoirs publics, et arme pratique puisqu'elle est une mesure préliminaire essentielle à l'adoption de remèdes raisonnés contre le mal ». La Section de la tuberculose du Secrétariat de la Ligue collabore avec l'Union internationale contre la tuberculose pour réunir toute la documentation relative à la législation antituberculeuse dans divers pays et concentrer également toutes les statistiques récentes qu'elle pourra recueillir. C'est dire qu'au fur et à mesure de son travail, la Section d'Hygiène de la Ligue mettra toutes ses informations à la disposition des organisations centrales de Croix-Rouges qui en feront la demande.

Il me semble pouvoir tirer de ces considérations les conclusions suivantes :

1º Il paraît désirable que les Croix-Rouges de chaque pays se tiennent en liaison étroite avec les organisations ou ligues nationales antituberculeuses.

2º Les sociétés de Croix-Rouge, après avoir reconnu que la lutte antituberculeuse est le meilleur indicateur des mesures prises pour le bien-être d'une population et que la stricte application de l'hygiène antituberculeuse coïncide en grande partie avec l'application des mesures

générales propres à améliorer la santé publique, devraient s'efforcer d'intéresser toutes les sections locales à ce mouvement : -

a) Dans la mesure du possible par la création d'établissements antituberculeux modèles pouvant servir d'exemples à la dissémination
d'œuvres analogues;

b) Par la propagande d'organisation au sein des sections locales et
des comités locaux;

c) Par l'organisation largement comprise d'œuvres parascolaires de
préservation contre la tuberculose, ce mouvement pouvant être combiné
à l'activité de la Croix-Rouge de la Jeunesse;

d) Par la propagande populaire proprement dite;

3° Enfin, les Croix-Rouges semblent particulièrement bien placées
pour s'intéresser aux nouveaux projets de législation antituberculeuse
en préparation dans leurs pays respectifs, ou, le cas échéant, pour provoquer l'étude de projets de législation. Nulle organisation n'est mieux
placée que la Croix-Rouge pour favoriser cette future législation par la
préparation de l'opinion publique.

Dr F. Humbert.

RAPPORT DE LA CROIX-ROUGE DE DANTZIG SUR LA PART PRISE PAR LA CROIX-ROUGE A L'AMÉLIORATION DE LA SANTÉ PUBLIQUE ET SPÉCIALEMENT A LA LUTTE CONTRE LES MALADIES INFECTIEUSES CHRONIQUES, EN PARTICULIER LA TUBERCULOSE ET LES MALADIES VÉNÉRIENNES.

Périodiquement et de concert, la guerre, la famine et les épidémies s'abattent sur l'humanité, l'accablant de malheurs et de soucis.

Depuis bientôt dix ans, le monde souffre à nouveau de ces trois fléaux. Des millions d'hommes braves ont perdu la vie, sur terre, sur mer ou dans les airs. En Russie, des populations entières ont succombé à la famine. Les épidémies qui font cortège à la guerre, la fièvre récurrente, le typhus exanthématique, le choléra, la fièvre typhoïde, la dysenterie, ont fait un nombre incalculable de victimes, surtout dans les pays de l'Est de l'Europe.

Ces calamités, s'abattant sur le monde en un temps relativement court, ont vivement ému l'opinion publique, suscitant ainsi des concours empressés et nombreux.

A cette occasion s'est affirmée l'activité de la Croix-Rouge Internationale, cette œuvre admirable de Henri Dunant, le grand philanthrope, qui, ému par les horreurs du champ de bataille de Solférino, décida, en ce mémorable 25 juin 1859, d'attirer sur les souffrances de leurs semblables la compassion de toutes les âmes généreuses.

Nous ne rappellerons pas ici combien de blessures la Croix-Rouge a pansées pendant la guerre. Elle n'a pas borné son activité aux champs de bataille et aux lazarets, mais, dépassant son but initial, elle a prêté son assistance matérielle et morale aux prisonniers et combattu les épidémies dues à la guerre.

Ayant ainsi franchi les limites de son programme de guerre, elle fut amenée insensiblement à utiliser sa situation internationale en vue de soulager les maux de l'après-guerre.

Or, quel plus beau champ d'action pouvait s'offrir à elle pendant la paix que la lutte contre les maladies, qui, dévastant le monde depuis des siècles, font des millions de victimes : j'ai nommé la tuberculose et les maladies vénériennes.

Dans presque tous les pays, et particulièrement dans l'Europe Centrale et dans l'Europe Orientale, les ravages de ces maladies se sont récemment accrus.

Tout homme qui pense est surpris de constater avec quelle indifférence ces deux fléaux, si semblables par leur origine et leur développement, sont acceptés, tandis que les maux immédiats de la guerre, les grandes catastrophes, les épidémies soudaines, alarment aussitôt les cœurs compatissants et provoquent de puissants et fructueux efforts.

Cependant une activité persistante, soutenue par la collaboration du public, jugulerait ces deux maladies évitables.

Avant la guerre déjà, des hommes et des femmes à l'esprit éclairé, reconnaissant la nécessité de combattre systématiquement ces deux ennemis de l'humanité, avaient formé des associations, nationales d'abord, puis internationales.

Cependant ces associations ne comprenaient guère que des médecins, des sociologues, des économistes, qui portaient à ces maux et à leurs ravages un intérêt essentiellement professionnel, tandis que le grand public restait indifférent.

La notion du danger que présentent la tuberculose et les maladies vénériennes n'a pas encore pénétré suffisamment dans le grand public; il faudrait pour la propager une vaste institution qui, comme le disait l'illustre Henri Dunant dans son *Souvenir de Solférino*, « comprendrait tous les pays et toutes les classes, les puissants comme les humbles, les hommes et les femmes, prêts tous, la reine et la princesse dans leur éclat, comme la veuve et l'orpheline dans leur abandon, à donner jusqu'à leurs dernières forces pour le bien de leur prochain ».

La Ligue des Sociétés de la Croix-Rouge est en voie de devenir cette institution; elle est en première ligne qualifiée pour rallier toutes les associations qui poursuivent ce même but, pour les soutenir et diriger leurs efforts de façon à obtenir des résultats plus efficaces dans la prophylaxie de ces maladies.

Comme le disait si justement le professeur Rocco Santoliquido, l'année dernière, dans son rapport au Conseil général de la Ligue, à Genève, « seule la Croix-Rouge offre un caractère assez international pour entreprendre la lutte contre la propagation de ces maladies. » Voyons comment entreprendre cette lutte, et quels sont les devoirs qui incombent plus particulièrement à la Ligue des Sociétés de la Croix-Rouge.

Il est évident que nous ne pourrons pas examiner ici en détail les mesures à prendre dans cette lutte et les difficultés que cette lutte présente; je me bornerai à quelques généralités communes à ces deux affections et j'espère que des personnalités compétentes trouveront, dans la discussion, l'occasion de faire des propositions intéressantes.

Les progrès incomparables de la science bactériologique nous ont suffisamment renseignés sur les agents qui causent les maladies en question; il resterait donc peu de chose à faire si, comme on le croyait autrefois, le succès de la lutte dépendait exclusivement de la connaissance de ces agents; mais à notre grand regret, nous avons dû reconnaître que ces connaissances ne suffisent pas; nous avons constaté en outre qu'il existe entre ces causes premières et le malade d'une part, entre celui-ci et son entourage tant immédiat qu'indirect d'autre part, des rapports multiples dont nous ignorons le caractère, mais qui exercent une influence prépondérante sur la fréquence et la propagation de la maladie ainsi que sur son cours et son issue. Il nous faut donc, avant tout, élaborer une statistique générale et suffisamment exacte pour former la base de tous nos travaux dans ce domaine.

Toutes les personnes compétentes connaissent les difficultés qui, dans ces maladies en particulier, s'opposent à l'établissement d'une statistique satisfaisante : c'est, d'une part, le caractère insidieux de la tuberculose, d'autre part la condamnation morale attachée aux maladies vénériennes, condamnation qui porte à les dissimuler.

Les essais entrepris jusqu'à présent dans les différents pays n'ont pas donné de résultats appréciables; toutes les statistiques dont nous disposons ne portent que sur la mortalité des maladies en question; cependant, malgré leurs défauts, ces statistiques permettent d'établir des comparaisons utiles; il reste à faire une statistique exacte et comparable de la morbidité tuberculeuse et vénérienne. La Ligue ne pourrait-elle faire appel aux personnalités compétentes des Sociétés nationales de la Croix-Rouge pour en établir les bases? Alors seulement il serait possible d'obtenir une connaissance approfondie des conditions qui président à l'éclosion, à l'évolution et à la propagation de la tuberculose et des maladies vénériennes, pour les différents âges, dans les pays différents et dans les divers groupes professionnels. Une aussi vaste coopération internationale donnerait d'excellents résultats et permettrait de prendre des mesures vraiment efficaces.

Ces mesures doivent s'inspirer du principe que « prévenir vaut mieux que guérir »; il forme la base de la lutte contre la tuberculose et les maladies vénériennes; il a dicté à la Ligue des Sociétés de la Croix-Rouge la tâche essentielle de son programme de paix, l'éveil du sens de l'hygiène dans le monde.

Le caractère éminemment social de la tuberculose et des maladies vénériennes rend peu efficaces les mesures législatives prises par les Gouvernements des différents pays.

L'ignorance, le manque de compréhension, l'insouciance ont permis à ces deux fléaux d'exercer leur influence néfaste sur le sort des individus et des peuples. Et c'est ainsi que des milliers et même des millions de tuberculeux contagieux et un nombre égal, sinon plus élevé de malades vénériens également contagieux, peuvent, sans égard pour leurs semblables, rester en contact avec eux et les contaminer.

Ne voyons-nous pas tous les jours des enfants innocents devenir la proie de la contagion vénérienne, en partageant l'existence d'adultes qui ignorent eux-mêmes le caractère contagieux de leur maladie ou ne sont pas assez consciencieux pour s'isoler?

Seuls un enseignement adéquat, une éducation appropriée supprimeront les causes capitales de ces maladies sociales.

Cette éducation hygiénique offre un champ d'action encore presque vierge aux associations qui, comme la Croix-Rouge, ont pénétré dans tous les milieux sociaux et s'y font écouter.

La Croix-Rouge de la Jeunesse notamment, qui forme un article essentiel du programme de la Ligue, trouvera là un vaste domaine pour son activité future; n'est-il pas vrai du reste que les enseignements reçus dans la première jeunesse laissent leur empreinte sur tout le cours de l'existence?

Il faut, bien plus qu'on ne le fait actuellement, familiariser les écoliers avec la connaissance de l'organisme humain, de ses fonctions, des dangers qui le menacent; une éducation hygiénique efficace est indispensable. Elle tiendra particulièrement compte de la tuberculose et des moyens de la combattre. Le service médical scolaire devra dépister les premières manifestations de cette maladie, afin de la combattre en temps utile. Par la lumière, l'air et les sports on fortifiera le corps des enfants et on le rendra résistant aux attaques de la tuberculose.

La lutte antivénérienne trouvera aussi son avantage à cette éducation physique, car, seul, un corps sain peut loger une âme saine, capable d'être initiée aux connaissances qui permettent de se préserver de ces maladies. Donnons à nos jeunes gens un esprit sain dans un corps sain, nous éveillerons et nous maintiendrons facilement en eux l'intérêt que réclame la lutte qui nous occupe.

Il est également nécessaire de procéder à l'éducation des populations rurales en matière d'hygiène. On croyait jusqu'à présent que les campagnards étaient moins touchés par la tuberculose que les citadins, grâce à une meilleure alimentation et surtout grâce au travail au grand air. Cette croyance est erronée; nous savons aujourd'hui que les mauvaises conditions de logement et la livraison des aliments essentiels, tels que le lait et le beurre, aux marchés des villes, a propagé dans une large mesure la tuberculose parmi les paysans. De même, les maladies vénériennes ont considérablement progressé, depuis la guerre, dans les districts ruraux. La population masculine des villages et des petites villes a été contaminée par la prostitution officielle et par la prostitution clandestine. Les malades sont rentrés chez eux après un traitement insuffisant et y ont implanté les affections vénériennes.

A la campagne, la lutte est rendue difficile par le manque d'éducation en matière d'hygiène et par l'insuffisance des secours médicaux; aussi les sociétés spécialisées dans la lutte contre la tuberculose et les maladies vénériennes rencontrent-elles des difficultés inhérentes aux particularités de la vie rurale.

C'est dans ces conditions qu'une association neutre, telle que la Croix-Rouge, interviendra efficacement en éveillant l'intérêt général et en vulgarisant parmi les populations les principes de l'hygiène.

Cette éducation des campagnes est aussi très importante au point de vue sociologique, parce que la population des villes, dont une grande partie vit dans les conditions hygiéniques les moins favorables, se recrute sans cesse parmi les populations rurales; les grandes villes bénéficieront donc de l'éducation donnée aux campagnes.

C'est dans la lutte contre la tuberculose et les maladies vénériennes que la grande œuvre d'éducation populaire que s'est proposée la Ligue des Sociétés de la Croix-Rouge fera sentir à la collectivité ses premiers bienfaits; il faudra donc veiller à ce que, dans la formation des infirmières visiteuses dont l'activité constitue un autre point capital du programme de la Ligue, on insiste tout particulièrement sur l'origine et le développement de ces maladies et sur les mesures à prendre pour les combattre.

Les assistants et les assistantes sociales aussi, qui visitent les familles, doivent pouvoir dépister les malades dès le début de leur affection et leur procurer un traitement approprié; ces agents doivent éveiller et entretenir l'intérêt de leurs protégés pour les mesures de préservation et de traitement.

D'autres tâches, intimement liées à la première, pourront être accomplies par la Ligue en collaboration avec les grandes associations internationales, notamment le Bureau International du Travail, qui se voue particulièrement à la lutte contre les maladies industrielles.

De nombreuses relations existent entre l'exercice de la profession et les conditions du travail, d'une part, les maladies sociales, d'autre part; je rappelle simplement la fréquence de la tuberculose parmi les ouvriers exposés aux poussières, et celle des maladies vénériennes dans l'industrie et le commerce des boissons alcooliques.

On peut espérer que la collaboration de ces deux grandes associations supprimera les effets débilitants qu'ont, sur une constitution normale, les conditions mauvaises d'existence, de logement et de travail.

Si l'activité de la Ligue vise avant tout les mesures *préventives* (éducation populaire en lutte contre les facteurs sociaux défavorables), les

Sociétés nationales de la Croix-Rouge peuvent participer aux mesures curatives.

Bien avant la guerre, la Croix-Rouge allemande avait indiqué la voie dans la lutte contre la tuberculose. En 1895 déjà se fondait, sous ses auspices, une Société des sanatoria populaires qui, le 25 avril 1896, instituait à Grabowsee, près de Berlin, le premier sanatorium populaire, fait de vingt-cinq baraquements transportables. La Croix-Rouge allemande avait à ce moment un programme de paix, puisqu'elle mit son matériel et son personnel à la disposition de cette entreprise, dont le succès prouva le bien fondé. D'autres institutions furent bientôt créés par la Croix-Rouge en faveur des tuberculeux : établissements de convalescence, sanatoria pour enfants, colonies rurales, colonies scolaires, colonies balnéaires, jardins pour ouvriers convalescents.

Les Croix-Rouges doivent agir dans le même sens en entreprenant elles-mêmes l'organisation des institutions nécessaires, là où d'autres sociétés font défaut; elles encourageront et favoriseront les efforts déjà accomplis; elles prendront soin, notamment, d'hospitaliser les tuberculeux avancés, dont l'expectoration abondante en bacilles constitue un danger menaçant de contagion.

La lutte contre les maladies vénériennes est rendue difficile par le fait que même dans les pays disposant de nombreux hôpitaux bien outillés, les services de vénériens sont insuffisants comme importance, comme matériel et comme personnel. Les Sociétés de la Croix-Rouge prendront à cœur de faire remédier à l'insuffisance de ces services et de les faire placer sous une direction compétente; le cas échéant, elles les organiseront elles-mêmes. Il faudra également mettre le traitement à la portée des malades, en instituant des consultations ou des dispensaires gratuits, ouverts à des heures appropriées; les médicaments seront délivrés gratuitement. Les conséquences de ces maladies sont trop graves pour que le public puisse tolérer plus longtemps que l'ignorance et le charlatanisme empêchent l'application des mesures nécessaires.

Les maladies infectieuses chroniques, en particulier la tuberculose et les maladies vénériennes, ont une importance particulière par les rapports qu'elles ont avec la vie sociale. Non seulement des facteurs d'ordre social entrent en jeu dans l'éclosion, l'évolution et la propagation de ces maladies, mais celles-ci provoquent l'incapacité de travail, l'invalidité prolongée et la mort d'innombrables individus; enfin, elles exercent une influence défavorable sur le nombre de naissances et la santé de la descendance.

Si donc la mission de la Ligue des Sociétés de la Croix-Rouge est d'améliorer la santé dans le monde, elle devra tout particulièrement collaborer à la lutte contre ces maladies. Je crois avoir indiqué, dans mon exposé, les principales directives de cette collaboration.

La diversité des conditions nationales et locales ne permet pas d'entrer dans les détails, d'autant moins que les Gouvernements et les associations privées ont déjà pris des mesures, plus ou moins étendues et efficaces, contre ces épidémies.

Puisse la Ligue réussir bientôt à centraliser et à coordonner tous ces efforts, en les aidant de la documentation que son Secrétariat a puisée dans tous les continents, dans tous les pays; son œuvre sera une bénédiction pour l'humanité.

CONCLUSIONS

1º Si la Ligue des Sociétés de la Croix-Rouge ne compte pas borner son activité à la lutte contre les maux de la guerre, et si elle entend adoucir les souffrances physiques et morales du temps de paix, elle doit, avant tout, collaborer à la lutte contre les maladies sociales, parmi lesquelles la tuberculose et les maladies vénériennes sont les plus importantes.

2º Des statistiques exactes et comparables sont la base indispensable de cette lutte. La Ligue, avec sa vaste organisation, ses relations internationales et son personnel d'experts, semble particulièrement apte à établir ces statistiques.

3º Les mesures à prendre viseront avant tout l'ignorance, le manque de compréhension et l'insouciance; elles rentrent donc dans le programme de la Ligue, dont l'article essentiel est l'éveil du sens de l'hygiène dans le monde.

4º La section de la Ligue qui s'occupe de la Croix-Rouge de la Jeunesse accomplira une tâche importante, en instruisant les écoliers au sujet de l'origine de l'évolution et des conséquences de la tuberculose et des maladies vénériennes, et en développant la santé physique de la jeunesse. On vouera une attention particulière à l'éducation et à l'instruction des populations rurales.

5º Les mesures curatives consisteront surtout à fonder ou à assister efficacement les institutions nécessaires au traitement de la tuberculose infantile: colonies de vacances, asiles de convalescents, écoles forestières, sanatoria pour enfants. On organisera également des sanatoria pour adultes, des maisons de repos situées à proximité de la forêt, des jardins ouvriers, etc... Pour la lutte antivénérienne, on instituera un nombre suffisant de lits dans les hôpitaux et on ouvrira des dispensaires dirigés par des médecins spécialistes.

6° Il est impossible de formuler des prescriptions précises à raison de la diversité des conditions nationales et locales, et de l'existence d'institutions dirigées contre la tuberculose et les maladies vénériennes par les Gouvernements, les provinces, les communes.

Les Sociétés nationales de la Croix-Rouge auront pour tâche principale de coordonner les efforts en s'inspirant de la documentation précisée dans tous les pays du monde par le Secrétariat de la Ligue.

Dr C. STADE,

Membre du Comité élargi de la Croix-Rouge
de la Ville libre de Dantzig.

COMMENT LES SOCIÉTÉS DE LA CROIX-ROUGE
PEUVENT UTILEMENT COLLABORER
A LA LUTTE CONTRE LE PÉRIL VÉNÉRIEN

Pour résoudre un problème aussi complexe que la suppression progressive, mais définitive, de l'endémie vénérienne — suppression qui dépend avant tout du développement de l'éducation et de la morale, comme de la vulgarisation des moyens thérapeutiques — le rôle des infirmières de la Croix-Rouge est indispensable.

Quelque délicat qu'il puisse paraître, ce rôle peut trouver sa place dans l'activité normale de celles qui consacrent chaque jour leur existence à soulager les misères humaines, en temps de guerre comme en temps de paix.

Ce domaine que des préjugés anciens, mais encore tenaces, ont trop circonscrit par rapport aux autres maladies, doit se confondre avec celui de toutes les maladies sociales, puisque les maladies vénériennes déterminent sans conteste une proportion inquiétante des maladies contagieuses et chroniques dont souffrent les individus des deux sexes.

Auxiliaires précieuses des médecins, ces derniers seuls capables d'assurer un diagnostic précis et un traitement approprié, les infirmières peuvent, non seulement au cours d'une enquête, d'une visite ou d'un pansement, dépister le mal vénérien, cause unique ou associée de la maladie constatée, mais aussi mettre les malades en confiance vis-à-vis de leur maladie et plus spécialement pour les maladies vénériennes, leur faire comprendre le danger grave pour eux-mêmes, leur entourage direct et la société, de ne pas apporter aux soins nécessaires tout le sérieux et la diligence qu'ils comportent.

Que l'infirmière visiteuse ou soignante se trouve en présence d'une femme en état de gestation, d'un enfant nouveau-né, d'un écolier qui réclame son assistance pour un accident, pour une fièvre éruptive ou pour une maladie chronique, elle a toujours le devoir de rechercher, avec tout le tact et la délicatesse désirables, et de faire préciser par l'être souffrant, les origines, visibles ou invisibles, de l'affection diagnostiquée.

Sans élaborer un programme qui peut, dans certaines circonstances, ne pas s'adapter exactement aux conditions de telle ou telle organisation, il nous paraît, que dans l'énoncé du programme de l'Union internationale contre le péril vénérien, les infirmières de la Croix-Rouge ont la possibilité et le devoir, non de trouver une branche nouvelle d'activité spécialisée, mais de faire, bien au contraire, rentrer dans le cadre de leur activité journalière, la lutte contre les maladies vénériennes qui font, qu'on le veuille ou non, partie intégrante des maladies sociales au vrai sens du mot.

Ne peuvent-elles pas, en effet, contribuer d'une manière utile à développer une propagande continue et progressive auprès du public — hommes et femmes — du monde entier, pour détruire les préjugés, modifier les conceptions actuelles, et faire admettre avant toute chose, que les maladies vénériennes ne sont pas des maladies honteuses et doivent être considérées par tous — parents, médecins, malades — comme des maladies contagieuses rentrant dans le cadre des maladies transmissibles qui nécessitent une prophylaxie et un traitement appropriés?

Il n'est pas douteux que l'évolution si attendue se fait progressivement et que l'opinion publique est prête à recevoir l'enseignement scientifique et moral qui lui faisait défaut jusqu'à présent. Il serait regrettable que les infirmières de la Croix-Rouge retardent, par une sorte de résistance passive, le progrès de cette éducation dont elles peuvent être si facilement les propagandistes convaincues.

Nous nous permettons de demander au Congrès de Varsovie de prendre sérieusement en considération les deux résolutions suivantes qui, acceptées sinon dans leur lettre, du moins dans leur esprit, peuvent avoir sur le rôle de la Croix-Rouge en temps de paix une action bienfaisante dans le domaine de la lutte contre toutes les maladies sociales.

Les Croix-Rouges réunies au Congrès de Varsovie :

1º Constatant la gravité chaque jour croissante de l'endémie vénérienne, gravité certainement accrue par le silence dont elle fait l'objet :

Expriment le vœu que les Sociétés de la Croix-Rouge prennent en considération les nécessités immédiates du temps de paix, et fassent admettre par leurs comités respectifs la lutte contre les maladies vénériennes, au même titre que celle contre toutes les autres maladies sociales;

2º Considérant le rôle important des maladies vénériennes comme cause des maladies chroniques évitables :

Émettent le vœu que, dans les cours organisés par les Sociétés de la Croix-Rouge, un enseignement suffisant soit annexé au programme du temps de paix, afin de permettre aux infirmières de la Croix-Rouge de remplir complètement leur rôle d'éducation prophylactique et morale.

Émile WEISSWEILER,

Directeur de la Section des Maladies Vénériennes de la Ligue des Sociétés de la Croix-Rouge,
Secrétaire général de l'Union internationale contre le péril vénérien.

179

LA LUTTE CONTRE LES MALADIES VÉNÉRIENNES EN POLOGNE

Avant 1918, la lutte contre les maladies vénériennes et contre la prostitution a été menée conformément aux lois propres à chacune des trois parties de la Pologne.

Dans l'ancienne Pologne russe, des comités de police médicale existaient dans les grandes villes, mais ils se bornaient à pratiquer l'examen médical des prostituées. Ces comités n'existaient pas dans les agglomérations industrielles. La lutte contre la prostitution n'était donc pas établie sur une base uniforme. La législation russe, d'ailleurs, ne tolérait pas la prostitution et la punissait, mais en même temps elle établissait des organes qui avaient pour but de la surveiller. Dans les dernières années (1903), une loi avait mis fin à ces contradictions. Les maisons publiques, tolérées pendant assez longtemps, furent supprimées en 1910 à Varsovie à la demande des médecins, mais dans les villes de province elles existaient encore pendant la guerre.

En Pologne autrichienne, la lutte contre la prostitution avait pour base l'examen médical qui avait lieu dans les bureaux de police ainsi que dans les maisons publiques, tolérées par le Gouvernement autrichien. Les dépenses occasionnées par l'examen médical étaient payées par les propriétaires des maisons.

En Posnanie, et à Grudziadz, Tczew, Bydgoszcz, la lutte contre les maladies vénériennes était menée par les médecins de la police; à Chojnice, Gniezno, Inowroclaw et à Chelmno, elle était conduite par les médecins des arrondissements et à Ostrow par le médecin local.

Certaines prostituées payaient elles-mêmes la visite médicale.

En Prusse occidentale, ces frais étaient à la charge des établissements employant des femmes.

Pendant les cent cinquante années qui ont suivi le partage de la Pologne, aucun recensement des maladies vénériennes ne fut pratiqué, sauf une seule fois, en 1900, dans la Pologne allemande.

Après la guerre, le ministère de la Santé publique fit faire un recensement des prostituées, des vénériens et des hôpitaux où ces malades sont soignés.

Le recensement de juin 1918 porta sur le territoire de l'ancienne Pologne russe restée sous l'occupation allemande et autrichienne, à l'exception du gouvernement de Suwalki et de la partie orientale des gouvernements de Siedlce et de Lublin appartenant à la province de Ober-Ost. Sur un territoire comprenant 10 millions d'habitants, on trouva 394.952 cas de maladies vénériennes, soit 4 % de la population totale.

Le recensement de juin 1919 s'étendit aux trois parties de la Pologne, donc à une population de 25 millions d'habitants. On enregistra 1.100.000 malades, soit 4,4 % de la population totale.

Les malades se répartissaient comme suit :

	GONORRHÉE	SYPHILIS	CHANCRE MOU
En 1918. . . .	53,8 %	40,4 %	5,8 %
En 1919. . . .	57,7 %	32,73 %	9,52 %

Les chiffres de 1919, comparés par localités à ceux de 1918, montrent une augmentation du pourcentage des cas de chancre mou. Ceci s'explique par le retour de Russie d'un grand nombre de réfugiés privés de soins et de médicaments pendant leur exil.

RÉPARTITION DES MALADIES VÉNÉRIENNES, SELON LE SEXE ET L'AGE

	HOMMES	FEMMES	GARÇONS	FILLES
En 1918	57,26 %	40,43 %	1,04 %	1,27 %
En 1919	66,59 %	30,96 %	1,05 %	1,40 %

On voit que le retour des soldats et des prisonniers a provoqué un accroissement de la contagion parmi eux. On voit, d'autre part, que les filles ont été plus exposées que les garçons aux maladies vénériennes. La raison en est dans la conformation anatomique des organes féminins et dans le fait que les filles, partageant souvent le lit de leurs sœurs plus âgées ou de leur mère, sont contaminées par les pertes vaginales, notamment.

Sur 100 cas de gonorrhée, il y avait :

	HOMMES	FEMMES	GARÇONS	FILLES
En 1918	60,8	37,9	0,28	1,02
En 1919	66,49	32,38	0,25	0,82

Sur 100 syphilitiques :

	HOMMES	FEMMES	GARÇONS	FILLES
En 1918	51,4	45,0	2,1	1,5
En 1919	64,84	30,56	2,1	2,5

Sur 100 cas de chancre mou :

	HOMMES	FEMMES	GARÇONS	FILLES
En 1918	74,8	24,6	0,0	0,8
En 1919	77,46	22,16	6,38	0,0

L'invasion bolchéviste de 1920 a provoqué dans les parties orientales de la Pologne un accroissement de l'endémie vénérienne, en raison de la fréquence de la syphilis dans la nation russe (en temps de paix, 80 % de la population du gouvernement de la Volga est contaminée).

Dans la statistique des hôpitaux, faite en 1918, on a réparti ceux-ci en trois catégories : 1° les hôpitaux spéciaux pour les maladies vénériennes et cutanées; 2° les hôpitaux spéciaux pour prostituées; 3° les sections dermato-vénéréologiques des hôpitaux ordinaires.

En 1918 et 1919 existaient en Pologne (à Varsovie, Lodz, Plock et Lublin) 4 hôpitaux spéciaux avec 510 lits pour les maladies vénériennes et les maladies de peau.

En 1918, 10 hôpitaux avec 1.720 lits étaient rangés dans la deuxième catégorie; en 1919, il n'y avait plus que 9 hôpitaux avec 695 lits. Dans les hôpitaux ordinaires, les sections spéciales comportaient, en 1918, 684 lits, en 1919, 436 lits, dans 35 hôpitaux. Le chiffre total des lits destinés aux vénériens était donc en 1918 de 2.904, dans 56 hôpitaux, et, en 1919, de 1.641, dans 46 hôpitaux.

La diminution du nombre des lits destinés à la population civile est due aux nécessités de la guerre et de l'armée ainsi qu'aux épidémies.

En Pologne autrichienne, il y avait, en 1919, 856 lits réservés aux vénériens : 100 dans les deux cliniques de Cracovie et de Lwow, 22 dans l'hôpital spécial de Chabié, 736 dans les 36 sections pour vénériens des hôpitaux généraux.

Le nombre total des femmes se livrant à la prostitution sur le territoire recensé en 1918 (ancienne Pologne allemande) était, sur 7 millions environ d'habitants, de 5.726, soit 8,18 pour 10.000 habitants. A Varsovie, la proportion était de 31,11 pour 10.000 habitants!

Le nombre des femmes soumises à l'examen médical pendant l'occupation allemande a été de 1.593 en 1917 et de 1.170 en 1918. La rigueur du régime auquel les prostituées étaient soumises dans les hôpitaux amenait un grand nombre d'entre elles à fuir l'examen médical. Sous le régime du Gouvernement polonais, le nombre des femmes soumises à l'examen médical s'est élevé en 1919 à 1.204 et en 1920 à 2.286. La confiance augmentant à mesure que les méthodes changeaient, les prostituées se soumirent en plus grand nombre à l'examen médical.

DÉVELOPPEMENT DE L'ACTION ANTIVÉNÉRIENNE

Telle était la situation au moment où la Pologne allait redevenir indépendante.

Pour y remédier, le ministère de la Santé publique établit un plan dont la réalisation nécessitera plusieurs années et des sommes élevées; la guerre et les épidémies ont limité les sacrifices qui peuvent être faits à cet égard.

En 1919, le budget destiné à la lutte contre les maladies vénériennes s'élevait à 3.222.285 marks; en 1920, il était de 4.222.285 (Cette diffé· rence est due à l'extension des activités antivénériennes à la Pologne autrichienne).

Dans ces conditions, les résultats des efforts du ministère de la Santé publique ne pouvaient être différents de ce qu'ils ont été. L'année 1919 a été consacrée à la création des organismes sur lesquels la Pologne veut s'appuyer pour la lutte contre ces maladies. Elles ont été établies en 1919 en Pologne russe et en 1920 en Pologne autrichienne. Elles portent le nom d'*Offices Sanitaires des Mœurs.*

Après l'évacuation de la Pologne par les Russes en 1915, le Dr Wernic avait créé, à la place des comités de police médicale, un service sanitaire des mœurs; en 1917, les Allemands prirent possession de ce service et le transformèrent en une police des mœurs, qui fonctionna jusqu'en novembre 1918, date à laquelle les Allemands quittèrent la ville.

Le 1er janvier 1919, le ministère de la Santé publique prit sous sa direction la lutte contre les maladies vénériennes.

Il créa 14 offices sanitaires des mœurs à Varsovie, Lodz, Lublin, Tchenstochowa, Bendzin, Radom, Wloclawek, Plock, Kielce, Siedlce, Piotrkow, Pabjanice, Kalich, Lomza. Dans 71 villes, chefs-lieux de districts, des postes sanitaires furent établis. En 1920, des offices furent organisés en Galicie, à Tarnow, à Lwow; d'autres sont en voie d'installa· tion à Cracovie et à Przemysl. Des postes sanitaires importants sont organisés à Stryj, à Skalat, à Podhajce, à Brzezany, à Bobrka, à Kalusz et à Dolina.

Dans tout le territoire de la Galicie existeront 9 offices sanitaires des mœurs (Lwow, Cracovie, Przemysl, Stanislawow et Kolomya), d'autres seront établis à Zabieniec et à Kossow; 12 postes sanitaires importants seront créés à Bohoradczany, Petchenizyn, Boryslaw, Stryj, Drohobycz, Nowy Targ, Nowy Sacz, Rzeszow, Sambor; des postes sani· taires de moindre importance ont été institués dans d'autres localités.

Comme ces offices doivent se conformer au programme du ministère de la Santé publique, la question du personnel a été envisagée immédia· tement.

Des cours ont été organisés à Varsovie en février 1919 et à Lodz en avril 1920. Ces cours comprenaient : les maladies vénériennes et leur rôle au point de vue social; l'histoire de la prostitution; l'État et la société dans la lutte contre la prostitution et les maladies vénériennes; la prostitution chez les mineurs; les anomalies physiques chez les pros·

tituées; la législation contre les épidémies vénériennes et la prostitution.
Ils comprenaient aussi des cours théoriques et pratiques dans le domaine
de la bactériologie des maladies vénériennes. Les deux séries de cours
ont été suivies par 126 personnes (86 à Varsovie, 40 à Lodz), dont 90 %
ont passé l'examen avec succès.

Au mois de mars 1920, on a organisé pour les médecins des offices
des cours qui ont duré deux semaines; des cours semblables seront
donnés au mois de novembre à Lwow.

Le programme de ces cours est le suivant : examen anatomo-patho·
logique et travaux pratiques sur les maladies de la peau; démonstrations au sujet des maladies vénériennes et maladies de la peau; clinique
des maladies vénériennes; clinique gynécologique; urétroscopie; méthodes
de recherches sanitaires; exercices sur la bactériologie et la sérologie.
Ces cours ont déjà été suivis par 35 médecins qui ont passé l'examen sur
les matières enseignées. Les cours sont gratuits et les fonctionnaires
n'ayant pas les ressources nécessaires reçoivent des subventions pour leur
permettre d'y assister.

Ces principes découlent de la loi sur la lutte contre les maladies vénériennes sanctionnée par le Conseil des ministres. Les bases de cette loi
sont les suivantes :

1. Le devoir des malades de se faire soigner.

2. Le devoir de l'État de fournir à la population des moyens de
traitement appropriés (hôpitaux, cliniques, produits pharmaceutiques).

3. L'obligation de fournir un certificat de santé avant le mariage
(en commençant par les hommes pour ce qui concerne les maladies vénériennes).

4. L'examen obligatoire des personnes qui peuvent propager la
contagion d'une façon continue et qui ne sont pas responsables de leurs
actes (enfants sans protection, malades psychiques, prisonniers, pros·
tituées).

5. La déclaration obligatoire par les médecins des cas de maladie.

Ces principes montrent que le ministère de la Santé publique considère la lutte contre les maladies vénériennes comme devant avant tout
faciliter le traitement. Il a adopté la conception des abolitionnistes et a

abandonné complètement l'ancien système de la réglementation. Ce système était basé sur deux principes :

a) La ségrégation des prostituées dans les maisons publiques;

b) L'examen médical des femmes seulement.

Laissons de côté l'examen des méthodes employées en Autriche et en Russie, où les médecins se dispensent d'examiner au microscope les secrétions des malades. Les raisons de la décision prise par le ministère de la Santé publique sont les suivantes :

1. Les maisons publiques vivent de la traite des blanches;

2. Dans les maisons publiques, les maladies se développent plus que dans les locaux privés habités par les prostituées, à cause du nombre plus grand des hommes qui s'y rendent;

3. La surveillance médicale est fictive, puisqu'il est possible aux propriétaires des maisons de cacher les malades qui jouissent des faveurs des clients;

4. Il n'est pas possible d'organiser dans les maisons publiques un examen sanitaire des hommes et des femmes; un examen semblable ne peut pas être considéré comme suffisant là où les orgies continuent souvent pendant dix-huit heures et plus;

5. L'alcoolisme, qui facilite la contagion, est très répandu dans les maisons publiques;

6. La vie en commun d'un grand nombre de personnes contaminées (il est avéré que dès les premières années une prostituée devient malade), l'emploi de lavabos et de linge non individuels, le fait de partager le même lit, tout tend à contaminer les nouvelles recrues, et par suite, les clients; la contagion y est spécialement favorisée par le développement des pratiques lesbiennes;

7. Le sort des femmes est très dur au point de vue moral et physique; elles dépendent du propriétaire de la maison qui les exploite et, d'autre part, l'intelligence très peu développée de la plupart d'entre elles ne permet aucune protection.

Le ministère, d'accord avec l'opinion européenne, grâce à laquelle on a réussi à faire disparaître les maisons publiques même dans les pays où la réglementation a été adoptée, considère qu'il est impossible de tolérer les lieux de débauche. Toutefois, puisque les prostituées professionnelles existent, le ministère leur permet d'habiter dans des appartements privés, à condition qu'elles n'y soient pas plus de deux et que ces appartements ne soient pas loués par des intermédiaires qui pourraient les sous-louer aux prostituées.

Le deuxième principe du système de la réglementation, qui consistait à faire subir un examen médical aux femmes seulement, a été remplacé par l'application de la protection sanitaire à tous ceux qui peuvent transporter la contagion, sans différence d'âge et de sexe.

Le ministère de la Santé publique, s'appuyant sur le fait que les deux tiers des malades sont soignés dans les consultations externes, a porté son attention sur l'organisation des dispensaires qui ont été établis à proximité des offices sanitaires de mœurs, grands et petits. Dans l'ancienne Pologne russe, on en a établi 18, en Galicie 2, et 19 sont en voie d'organisation. Toutefois, le ministère considère que la meilleure méthode est l'isolement des malades pendant la période de contagion; il porte tous ses efforts sur le traitement des malades dans les hôpitaux. Il existe trois types d'hôpitaux pour les maladies vénériennes :

1. Les sections pour les maladies vénériennes dans les hôpitaux généraux;

2. Les hôpitaux spéciaux pour les maladies de la peau et les maladies vénériennes;

3. Les hôpitaux pour les prostituées.

Bien que les hôpitaux généraux conviennent le mieux, puisque les malades s'y rendent sans honte, plusieurs raisons s'opposent à leur installation.

1. Le manque de locaux appropriés pour les grands hôpitaux;

2. L'absence des fonds nécessaires pour les faire construire dans un délai très court;

3. La situation spéciale des malades vénériens, qui, n'étant pas obligés de rester constamment au lit, doivent faire quelques petits travaux (afin de ne pas influencer les autres malades au point de vue moral), et recevoir un traitement spécial;

4. La mentalité et l'état psychique de la plus grande partie des malades, surtout de ceux qui exercent la prostitution.

HOPITAUX SPÉCIAUX POUR PROSTITUÉES

Les hôpitaux pour maladies vénériennes et cutanées ne sont plus appropriés aux besoins actuels. Ils demandent à être complétés par des sections gynécologiques et urologiques. Il y a en tout quatre hôpitaux de ce genre dans l'ancienne Pologne russe. Par contre, les hôpitaux pour les prostituées sont plus récents. Ils ont été établis en 1912 à Hambourg et ont donné de très bons résultats. La Pologne russe en possède six. Le ministère les considère avec raison, non seulement comme des hôpitaux pour le traitement des maladies vénériennes, mais aussi comme des institutions pour le traitement moral de leurs pensionnaires temporaires,

La nécessité de faire une sélection parmi les prostituées professionnelles, qui contaminent d'autres femmes tombées malades accidentellement, a amené la création de ces hôpitaux. La contagion morale et le racolage ne se font nulle part plus facilement que dans les services vénériens des hôpitaux. Parmi les prostituées, il y a beaucoup de femmes déséquilibrées, arriérées au point de vue moral et psychique. Ces malades sont des sujets d'études non seulement pour les syphiligraphes, mais aussi pour les aliénistes. Les prostituées ne se laissant pas volontiers soigner, ces hôpitaux doivent avoir à la fois le caractère d'institutions en partie fermées et celui d'établissements d'éducation. La séparation des prostituées non seulement d'après leur âge et leur ancienneté dans leur profession, mais aussi d'après leur niveau mental et leurs déviations psychiques, doit être faite par un aliéniste. Les prostituées jeunes, ayant peu exercé leur profession, doivent former une catégorie à part et être spécialement surveillées et entourées de soins.

On leur apprend à lire et à écrire et on leur enseigne les éléments d'un métier.

A la question des hôpitaux est liée celle des ateliers qui doivent être organisés pour permettre aux personnes guéries de trouver une occupation. Enfin, ces hôpitaux doivent être en rapports étroits avec les offices sanitaires des mœurs d'où provient le principal contingent des malades. Comme la guérison des prostituées contaminées demande plusieurs années et que, pour arracher les jeunes recrues à leur milieu, il faut les isoler pendant un temps assez long, le ministère a proposé de créer des institutions sanitaires d'enseignement dont le projet est prêt; elles pourraient constituer en même temps l'hôpital et l'institut d'enseignement pour les prostituées.

Les instructions temporaires publiées pour les médecins et les fonctionnaires des offices donnent un aperçu de l'organisation intérieure de ces institutions. Elles sont dirigées par le deuxième Service du ministère de la Santé publique auquel est rattaché le Conseil principal pour les offices sanitaires des mœurs. Chaque office, ainsi que chaque poste sanitaire principal, est dirigé par un médecin payé par l'État. Les petits postes sanitaires sont dirigés par les médecins des arrondissements. Les offices sont divisés en deux sections : section médicale et section sanitaire de surveillance.

Les médecins-chefs des offices sanitaires des mœurs doivent faire l'inspection des arrondissements pour y contrôler le fonctionnement des postes sanitaires des mœurs.

Auprès de chaque office et de chaque poste, on a établi un Conseil local composé de représentants des ministères de la Justice, de la Guerre, du Travail et de la Prévoyance sociale, des Affaires intérieures, des hôpitaux spéciaux, des institutions sociales et, dans les villes universitaires, de l'Université.

Le Conseil se réunit au moins une ou deux fois par mois. Son rôle consiste à coordonner l'action des différents organes du Gouvernement, des institutions municipales et des œuvres sociales. Il a le droit d'initiative dans les questions qui relèvent de sa compétence; enfin, il surveille les problèmes de la vie locale quand ceux-ci ont trait à la lutte contre les maladies vénériennes et la prostitution.

La Section médico-sanitaire est composée de médecins, hommes et femmes, ainsi que d'un nombre approprié de garde-malades et d'auxiliaires, qui aident le médecin pendant l'examen. Chaque office possède un laboratoire pour l'examen au microscope des sécrétions de l'urètre et du col; le laboratoire envoie des échantillons de sang aux instituts épidémiologiques de l'État, pour la réaction de Bordet-Wassermann.

Sous l'ancien régime, toute personne soumise à l'examen médical était inscrite comme prostituée et recevait un carnet de contrôle. Le ministère de la Santé publique a divisé les prostituées en deux catégories :

1. Celles dont la prostitution est la profession et l'unique moyen d'existence.

2. Celles qui exercent un métier et ne se livrent à la prostitution qu'en dehors de leurs occupations régulières.

Comme les personnes de cette dernière catégorie peuvent plus facilement être arrachées à la débauche et dirigées sur la bonne voie, et qu'elles représentent un élément meilleur, au point de vue social elles sont examinées à des heures spéciales afin qu'elles ne rencontrent pas de prostituées professionnelles. Elles ne sont soumises à aucune restriction; elles sont simplement obligées de se présenter périodiquement à la visite médicale, de se faire soigner et de suivre les prescriptions et les indications sanitaires inscrites sur un imprimé distribué à toutes les personnes soumises à l'examen médical. Les prostituées de profession ne peuvent pas habiter près des écoles, des casernes et des églises.

Pendant la visite, les médecins doivent enseigner, verbalement et pratiquement, aux personnes examinées, la façon d'éviter les maladies vénériennes. Dans ce but, on vend sur place les moyens prophylactiques.

Aux offices sanitaires des mœurs sont annexées des consultations dans lesquelles, à des heures spéciales, les prostituées reçoivent un traitement préventif (mercuro-salvarsan), une fois par trimestre, au moment où la syphilis est à l'état latent; le soir, on donne des consultations médicales à toutes les personnes qui se présentent, pour les maladies externes et nerveuses, sans distinction d'âge ni de sexe. Un fonctionnaire de l'office sanitaire des mœurs fournit sur demande les moyens prophylactiques, et prend éventuellement des mesures contre l'auteur de la contamination.

Afin de surveiller les prostituées atteintes de maladies fébriles ou épidémiques, (angine, typhus exanthématique, scarlatine) transmises par leurs clients ou par les personnes avec lesquelles elles habitent, le service médical ordonne l'isolement des malades en cas de besoin, les fait admettre à l'hôpital, désinfecte leur appartement.

Dans les anciens comités de la police des mœurs, les femmes se livrant à la prostitution étaient complètement sous le pouvoir de la police qui, pendant la visite médicale, menait l'instruction des délits qui leur étaient reprochés. Il s'ensuivait qu'une prostituée, en butte aux actes arbitraires de la police, était obligée de chercher à gagner les faveurs de la police par toutes sortes de moyens. Désormais, les employés des offices sanitaires des mœurs et leur chef, qui dépend du médecin en chef de l'office, ne peuvent plus s'occuper que de questions sanitaires; tout ce qui concerne les délits est transmis à la police et aux tribunaux, suivant les règles générales. Les fonctionnaires des offices sont chargés de rechercher les sources de la contagion et de lutter contre elle, aussi bien parmi les femmes que parmi les hommes. C'est pourquoi les hommes sont aussi convoqués à l'office pour y subir un examen médical, s'ils sont soupçonnés de propager la contagion. Le personnel des offices compte un grand nombre de femmes qui exercent leurs fonctions dans les bureaux et à l'extérieur.

En dehors des prostituées qui ne se soumettent pas à l'examen et qui sont photographiées, on photographie aussi les souteneurs et les trafiquants de la traite des blanches. Les uns et les autres sont surveillés par les offices qui, le cas échéant, les remettent entre les mains de la justice.

Les femmes suspectées par les fonctionnaires des offices d'exercer la prostitution et de propager ainsi la contagion, sont placées dans un asile temporaire. Il se compose de trois chambres : la première pour une employée, la deuxième pour les femmes qui sont amenées pour la première fois et la troisième pour les prostituées notoires. C'est là, sous la surveillance d'une femme et non pas comme auparavant dans le poste de police, qu'elles trouvent un lit et un repas chaud.

Le lendemain matin, elles sont examinées par une doctoresse; si la famille des femmes arrêtées pour la première fois se trouve sur place et si elle offre des garanties suffisantes, ces femmes sont libérées sous la responsabilité de la famille. Celles qui ont déjà été arrêtées plusieurs fois sont remises à la Commission chargée de la surveillance de la prostitution, qui se compose du médecin-chef et de deux femmes déléguées par les institutions sociales qui s'occupent des jeunes filles. La Commission entend l'accusation prononcée par le fonctionnaire et les explications de la personne arrêtée. La Commission prononce ensuite le verdict.

Si la personne malade est prostituée, elle est envoyée à l'hôpital des prostituées; dans le cas contraire, on l'adresse à la section vénérienne d'un hôpital ordinaire. La Commission décide si la malade doit être considérée comme une prostituée de profession ou bien comme une femme pour qui la prostitution est une occupation secondaire. Si une femme n'a de relations qu'avec un seul homme, elle n'est pas assimilée aux prostituées. Sont seules considérées comme telles les femmes qui vivent exclusivement de la prostitution. La Commission s'occupe aussi des questions de contagion et de séduction, ainsi que de la protection des filles-mères. Les affaires relatives à ce dernier objet sont examinées par la Commission et transmises aux tribunaux.

Dans le but d'arracher les femmes à la débauche, le ministère accorde des subsides aux asiles permanents créés par les sociétés de protection de la femme; ces asiles sont dirigés par le Conseil de surveillance des asiles, qui dépend du ministère.

Il est composé de délégués du ministère de l'Instruction publique et des Cultes, du ministère du Travail et de la Protection sociale, des Sociétés de protection de la femme, des Sociétés pour la lutte contre la dégénérescence de la race, du Département de la protection de la mère et de l'enfant et du ministère de la Santé publique (service psychiâtrique).

Les règlements pour les asiles permanents élaborés par le Conseil de surveillance sont mis en vigueur dans les asiles en existence; ils s'appliqueront aussi à ceux qui seront créés. On y vise surtout à l'éducation des jeunes filles, à leur préparation en vue de la vie pratique.

Les asiles doivent avoir le caractère d'établissements fermés. L'éducation et le séjour ne doivent pas durer moins d'un an. On y reçoit les jeunes filles âgées de plus de douze ans, et, en général, les personnes débutant dans la prostitution. Les filles plus jeunes ou coupables d'autres délits ne peuvent y être admises. Les pensionnaires y apprennent à lire, à écrire et à exercer un métier susceptible de leur procurer des moyens d'existence à leur sortie de l'asile.

A partir de la deuxième année de son séjour, la pensionnaire qui a appris un métier reçoit 50 % du bénéfice produit par son travail. Cependant cette somme ne lui est pas remise; elle est déposée au bureau de l'asile et remise à l'intéressée lors de sa libération. Toutes les pensionnaires sont soumises à l'examen médical, en tenant compte surtout des maladies nerveuses et vénériennes. Celles qui sont reconnues malades sont envoyées à l'hôpital. Les faibles d'esprit, les arriérées sont dirigées sur des établissements spéciaux. Après une année d'observation, les pensionnaires sont divisées en groupes suivant l'âge, le développement moral et intellectuel, etc. Les peines corporelles sont interdites. A mesure que la conduite des pensionnaires devient meilleure, la direction leur accorde plus de confiance : on leur confie certaines fonctions importantes et parfois même honorifiques (protection de leurs camarades, etc...); on leur permet de sortir en ville pour faire des achats, et de disposer d'une partie de l'argent qu'elles ont gagné. Elles sont punies, en cas d'infraction au règlement, par la suppression des faveurs et des acomptes sur leur salaire et par la limitation de leur liberté.

Le ministère de la Santé publique prévoit, pour les jeunes filles sortant des asiles, la création de coopératives de production, telles que : ateliers de couture, de broderie, de blanchissage, etc., où elles pourraient trouver immédiatement une occupation et participer aux bénéfices. Dans certains cas, on procure aux anciennes pensionnaires, contre remboursement à terme, des outils et des instruments de travail tels que : machines à coudre, à tricoter, afin qu'elles puissent travailler chez elles.

BUDGET DU MINISTÈRE DE LA SANTÉ PUBLIQUE
POUR LA LUTTE CONTRE LES MALADIES VÉNÉRIENNES

Pour compléter notre exposé de l'activité du ministère de la Santé publique dans la lutte contre les maladies vénériennes, voici un tableau de ses dépenses annuelles :

Direction centrale.	124.000 mk.
Subsides pour asiles permanents, pour Sociétés contre la prostitution et les maladies vénériennes	144.000 —
Cours pour médecins et fonctionnaires	30.000 —
Instruments et microscopes	150.000 —
Subsides aux hôpitaux pour malades vénériens	710.000 —
Offices sanitaires des mœurs dans l'ancienne Pologne russe	2.164.000 —
Offices sanitaires des mœurs dans la Pologne autrichienne	1.000.000 —

CONCLUSIONS

Le ministère de la Santé publique se rend compte que l'élément le plus important dans la lutte contre les maladies vénériennes est la collaboration du public, qui doit être spécialement éduqué dans ce but. C'est pourquoi le rôle des œuvres sociales est aussi important. Il faut éveiller chez le public la conscience du danger que présentent les maladies qu'il considère comme honteuses; c'est le meilleur moyen de les combattre.

Le ministère soutient énergiquement l'action de la Société contre la dégénérescence de la race et subventionne les publications de cette Société. Le ministère publie aussi des centaines de milliers de brochures et d'affiches de propagande.

Dr L. WERNIC,
Président de la Société polonaise contre la dégénérescence de la race.

L'ŒUVRE DE LA CROIX-ROUGE SUÉDOISE
EN VUE D'AMÉLIORER LE SERVICE SANITAIRE
DANS LES RÉGIONS PEU PEUPLÉES DE LA SUÈDE

Les parties les plus montueuses de la Suède se trouvent au nord-ouest du pays, le long de la frontière norvégienne; de là, le sol descend en pente douce vers le sud-est et le sud, c'est-à-dire vers le golfe de Botnie. Le nord de la Suède, compris entre la Norvège, la Finlande et le golfe de Botnie, fait partie d'une des régions les plus montagneuses de la Scandinavie septentrionale; les cimes les plus élevées y atteignent jusqu'à 2.000 mètres au-dessus du niveau de la mer. Au nord-ouest de cette région, s'étend la partie montagneuse de la Laponie, avec ses grands lacs et ses marais circonscrits de rochers; à l'est, s'étend une partie moins accidentée de la Laponie, couverte d'immenses forêts et de vastes marécages. Ces régions sont peu habitées, les fermes y sont situées à de grandes distances l'une de l'autre. Entre les montagnes courent de longs fleuves rapides qui traversent d'énormes étendues boisées et forment en passant les lacs qui parsèment la région. Le climat de cette partie du pays est beaucoup plus rigoureux que celui du reste de la Suède; l'hiver y dure neuf mois et la neige y tombe plus abondamment que partout ailleurs dans le pays. Les industries principales consistent dans l'exploitation des forêts et des gisements de fer; la population s'adonne à la chasse et à la pêche. Les moyens de communication sont médiocres, les chemins de fer peu nombreux et ce n'est que depuis quelques années qu'il y existe des routes et des chemins satisfaisants. L'exploitation des forêts se pratique pendant tout l'hiver : nombreux sont les habitants qui s'y livrent; ils s'enfoncent dans la forêt, en emmenant leurs chevaux, et emportant avec eux les provisions nécessaires pour une absence de plusieurs mois, ils vivent toute la saison froide dans des huttes primitives; les arbres qu'ils abattent sont expédiés aux scieries situées sur la côte, soit par flottage, soit par voie de terre, par de mauvais chemins d'hiver. La Botnie du Nord et la Botnie de l'Ouest sont les deux provinces de la Suède dans lesquelles la population est la plus clairsemée. Cependant, cette partie du pays dispose de richesses considérables : forêts, mines, terrains en friche et forces hydrauliques puissantes fourniraient les moyens d'existence à une population considérablement plus dense. Les Finnois et les Lapons

forment la majeure partie de la population; à ceux-ci viennent s'ajouter
les colons venus des parties méridionales de la Suède. Ce sont là les
régions peu peuplées de la Suède, dont nous aurons à nous entretenir
quoiqu'il convienne d'y ajouter certaines autres régions du pays, où la
nature et les conditions d'existence sont à peu près analogues.

Depuis plusieurs années, l'attention de la Croix-Rouge suédoise est
dirigée vers l'amélioration des conditions sanitaires qui règnent dans
ces vastes districts. Dès 1918, en vue de remédier à la pénurie de médecins et d'hôpitaux dans ces régions où les communications sont difficiles
et la population clairsemée, la Croix-Rouge de Suède y envisagea al création de nouveaux hôpitaux. En conséquence, le Comité central décida, au
début de 1920, d'organiser, à titre d'essai, quelques établissements, de
dimensions modestes, destinés à recevoir de quatre à six malades; les
crédits nécessaires furent accordés pour trois infirmeries provisoires.
L'une de celles-ci devait être installée à Karesuando, le village le plus
septentrional de la Suède, établi au bord du fleuve Muonio, un lieu fort
isolé, situé à 200 kilomètres au nord du cercle polaire, à 100 kilomètres
de la demeure du médecin le plus proche et à 220 kilomètres d'une station
de chemin de fer. Mais un don de S. M. la Reine permit, au lieu de la
petite infirmerie projetée, de bâtir en cet endroit un hôpital plus considérable auquel fut annexé un hospice pour les Lapons malades ou âgés. Cet
établissement héberge actuellement de nombreux pensionnaires.

Les projets de la Croix-Rouge suédoise en vue de l'amélioration du
service sanitaire furent étudiés et approfondis par un comité spécial composé de représentants de la Croix-Rouge suédoise et de membres du
Conseil supérieur de Médecine. Ce Comité fut chargé, en premier lieu,
de déterminer les régions peu peuplées de la Suède et les parties de ces
vastes étendues les moins bien partagées sous le rapport du service
sanitaire. Le Comité décida de comprendre sous le titre de régions peu
peuplées les districts de 1.000 à 1.500 kilomètres assignés à un seul
médecin, ceux où les infirmières visiteuses ne peuvent atteindre tous
ceux qui ont besoin de leurs soins, où les routes font défaut ou sont
impraticables pendant le long hiver, quand la glace, selon un vieux dicton
populaire, « ne porte ni ne se rompt ». A ces régions peu peuplées situées
dans les marches de Laponie et les contrées montagneuses du Norrland,
où la Croix-Rouge suédoise se fit un devoir de remédier aux conditions
sanitaires déplorables, le Comité décida d'adjoindre les régions finnoises
septentrionales et la majeure partie de la contrée montagneuse qui borde
la frontière norvégienne aux environs de Charlottenberg.

L'organisation du service sanitaire dans ces régions fut extrêmement
difficile, non seulement en raison des grandes distances, du manque

de personnel sanitaire, et de la pauvreté, de l'ignorance et de la répugnance héréditaires de la population à l'égard de toute hygiène rationnelle; mais encore à cause de l'habitude invétérée de ne compter que sur les forces naturelles de guérison et des pratiques superstitieuses.

Dans ces régions, au climat rude, aux communications rares et défectueuses, on ne peut appliquer les mêmes principes que dans les parties du pays où la population est plus dense; le service sanitaire doit y être *décentralisé* jusque dans les moindres détails. Il ne convient point d'avoir ici de grands hôpitaux centraux, il faut au contraire avoir de nombreuses infirmeries, dispersées par toute la région, où les malades puissent, sans trop de difficulté, être transportés sur brancards, en skis ou en traîneaux, lors même que les chemins sont mauvais ou font complètement défaut.

Les infirmeries les plus importantes, comptant de huit à douze lits, doivent être aménagées dans les endroits où résident les médecins. Les dispensaires de quatre à six lits doivent être établis dans les endroits qu'habitent nos dévouées infirmières-visiteuses, de façon à permettre à celles-ci d'y faire transporter les malades et de leur donner leurs soins.

Ces dispensaires, grands et petits, doivent, d'après le projet de la Croix-Rouge, être entretenus par l'État, le Conseil général et la commune. En raison de la crise économique qui sévit dans le pays comme dans le monde entier, le projet n'a pu être complètement réalisé. La Croix-Rouge suédoise s'est alors efforcée de leur venir en aide. Ayant fait appel à la générosité publique, elle réussit, au cours des dernières années, à rassembler des sommes considérables qui lui permirent de créer de nombreux hôpitaux dans les régions du Nord. La population de ces contrées a accepté avec reconnaissance l'aide généreuse que leur offraient les habitants, plus favorisés par le sort, de la partie méridionale du pays. Grâce à cette aide, le service sanitaire fort primitif jusque-là fut considérablement amélioré.

Toutefois cette réforme ne put se faire dans chaque localité. Le nombre des médecins et des infirmières visiteuses établis dans ces régions est trop restreint par rapport aux immenses étendues dans lesquelles doit s'étendre leur action. Afin de remédier à cet état de choses et de procurer le personnel sanitaire indispensable à ces malheureuses populations, à l'endurance desquelles il faut rendre hommage, la Croix-Rouge suédoise a appliqué une méthode qui semble donner les meilleurs résultats : elle a recruté, au sein même de la population locale, un nombre considérable de jeunes filles et d'institutrices et les a formées aux connaissances nécessaires en vue d'en faire des *samaritaines locales* destinées à agir dans les régions peu peuplées; leur rôle consiste, dans les endroits où réside une infirmière de district, à seconder celle-ci; ailleurs à agir indépendamment;

elles doivent pouvoir donner les premiers soins aux malades, veiller au
bien-être des malades intransportables ou les soigner jusqu'à ce qu'ils
puissent être conduits à l'hôpital.

L'aide des «samaritaines», quoique insuffisante, est cependant un
grand bienfait, et il est à déplorer que, dans bien des cas, celle-là même
fasse défaut.

Les cours pour ces samaritaines durent vingt jours, à raison de deux
heures et demie d'enseignement par jour. Leur salaire s'élève à 300 couronnes (1.200 francs) par an.

La Croix-Rouge suédoise s'est également efforcée de remédier aux
conditions déplorables du service sanitaire en pourvoyant ces contrées
des moyens de transport et de l'outillage sanitaire indispensable; elle
prête aux membres de la Croix-Rouge, aux communes et à de nombreux
particuliers, des caisses de pansement d'un agencement pratique, contenant tous les médicaments et objets de pansement d'urgence; elle prête
aussi le matériel nécessaire en cas de soins à domicile, ainsi que des brancards, qu'elle met à la disposition des infirmières de district, des samaritaines locales, des hôpitaux et des infirmeries.

Outre cet équipement sanitaire, la Croix-Rouge suédoise a mis à la
disposition des habitants de ces contrées une quantité considérable de
lits, la literie nécessaire, des vêtements de malades; elle a distribué ces
objets non seulement dans les infirmeries et les hôpitaux, mais principalement dans les familles nécessiteuses, afin d'adoucir les souffrances de
leurs malades et améliorer les conditions sanitaires dans lesquelles ils se
trouvent.

Mais l'œuvre de la Croix-Rouge suédoise ainsi décrite ne peut être
considérée que comme un premier essai de remédier aux défectuosités dans
le domaine sanitaire. Si ces essais réussissent pleinement — comme tout
porte à le croire — si la crise économique actuelle s'atténue de sorte que
des subventions puissent être obtenues de l'État, du Conseil général et
des communes, l'œuvre de la Croix-Rouge suédoise s'élargira sans tarder
dans des proportions considérables. En dehors même de ces suppositions,
la Croix-Rouge continuera à développer et multiplier les hôpitaux et dispensaires, à former de plus nombreuses «samaritaines locales» et mettra
tout en œuvre pour venir en aide à la population nécessiteuse de ces vastes
régions.

Hugo Jungstedt.

LISTE DES ORATEURS

TABLE ANALYTIQUE

TABLE DES MATIÈRES

IMPRIMERIE BERGER-LEVRAULT, NANCY-PARIS-STRASBOURG